Hilary Hemingway
und Jeffry P. Lindsay

Fischen und Jagen mit Hemingway

Hilary Hemingway
und Jeffry P. Lindsay

Fischen und Jagen mit Hemingway

Aus dem Englischen
von Michael Mundhenk

Claassen

Die Originalausgabe erschien 2000 unter dem Titel
Hunting with Hemingway
bei Riverhead Books, a member of Penguin Putnam Inc., New York

Der Claassen Verlag ist ein Verlag
der Ullstein Buchverlage GmbH

ISBN 3-546-00332-2

Satz: Leingärtner, Nabburg
Druck und Bindung: Clausen & Bosse, Leck

Für unsere Töchter
T. L. Bear und Pookie

Leicester Hemingway, 1918

»Mit der Wahrheit
ist es ’ne komische Sache, Junge.«

Leicester Hemingway

Anmerkung der Autorin

Die Geschichte dieses Buches beginnt am 17. Januar 1997, dem Tag, an dem meine Mutter, Doris Hemingway, starb und ich eine Kassette erhielt, auf der mein Vater, Leicester Hemingway, Geschichten über Jagdausflüge mit seinem Bruder Ernest erzählt. Später fanden mein Mann Jeff und ich dann die dazugehörenden Manuskriptseiten und fügten die sehr viel kürzeren Geschichten von der Kassette in diese geschriebenen Erzählungen ein. *Fischen und Jagen mit Hemingway* ist zwar aus meiner Perspektive geschrieben, geht aber keineswegs nur auf meine Arbeit zurück. Obwohl Jeff und ich unabhängig voneinander erfolgreiche Karrieren als Autoren hatten, haben wir uns in den letzten zehn Jahren die Verantwortung für die Schriftstellerei sowie für unsere Ehe und die Erziehung unserer Töchter geteilt – bei diesem großen Gemeinschaftsprojekt stehen wir uns in unserem Arbeitsaufwand, unserem emotionalen Engagement und unseren gedanklichen Anstrengungen in nichts nach. Jeff hörte sich die Kassette mit mir zusammen an und hatte so daran teil, wie ich meinen Vater aufs Neue kennen lernte.

Diese Sammlung seiner Jagdabenteuer mit Papa hat mich etwas über den Mut meines Vaters gelehrt, über seinen Humor, seine echte Anteilnahme und den Wert, den die Hemingways einem leichten, schmerzlosen Tod beimessen. Während ich dieses Buch zusammenstellte, war ich endlich imstande, um meinen Vater zu trauern. In seinen Geschichten entdeckte ich seine Liebe zum Leben wieder.

Es ist eine Hemingway'sche Eigenschaft, die eigenen Leistungen auszuschmücken. Mein Vater tat dies, um sich selbst wie auch andere zu unterhalten. Ich hoffe, dass die Abenteuergeschichten in diesem Band in dem gleichen spielerischen Sinne Aufnahme finden, in dem sie unserem Empfinden nach erzählt wurden. Ich freue mich, das, was Jeff und ich über zwei unvergleichliche Hemingway-Brüder und ihre höchst ungewöhnlichen Jagdabenteuer erfahren haben, mit Ihnen zu teilen.

Hilary Hemingway

Prolog

Ein Vierteljahrhundert lang lag Ernest Hemingways letztes unveröffentlichtes Buch, eine dichterische Darstellung seiner afrikanischen Safari im Jahre 1953, in zwei Bibliotheken unter Verschluss. Lediglich meine Verwandten, einige Verleger und ein paar Literaturwissenschaftler hatten es gelesen.

Am 21. Juli 1999 wurde nicht nur Ernest Hemingways hundertster Geburtstag gefeiert, sondern auch die Veröffentlichung von *True at First Light* (*Die Wahrheit im Morgenlicht*). Das Buch enthält mehr Komik als Papas andere Werke. Die Geschichte beschreibt Großwildjagden, einen Stammesaufstand und Papas Versuche, in Ostafrika unter den Kamba zu leben. Außerdem enthält sie auch noch eine vielleicht wahre, vielleicht unwahre Schilderung von Papas Ehe mit einer achtzehnjährigen Afrikanerin.

Mein Cousin Patrick Hemingway, der mittlere Sohn von Ernest und der Herausgeber des Buches, war überzeugt, dass Papa Wert auf das darin mitschwingende Element der Mehrdeutigkeit gelegt hätte. Ernest liebte gute Witze ebenso wie gute Geschichten. Und da war er nicht der Einzige. Meinem Vater, dem Bruder von Ernest, machte es auch Spaß, eine gute

Geschichte zu erzählen, und er hatte eine wahre Begabung dafür.

Zwar könnte man meinen, dass es ideal gewesen sei, als jüngerer Bruder von Ernest Hemingway aufzuwachsen, doch gab es Zeiten – als Papa die Kraft, den Mut und die Schießkunst der Menschen in seinem Umkreis auf die Probe stellte –, wo diese Art von Nähe auch unangenehm sein konnte. Mein Vater hat über diese Dinge allerdings nie gesprochen, zumindest nicht mit mir.

Aber dann, 1997, habe ich eine Entdeckung gemacht, die dazu führte, dass ich dieses Buch schrieb. Ich lege es vor als ein Zeichen meiner Hochachtung vor diesen beiden Brüdern, die alle beide eine ebenso große Schwäche fürs Jagen wie fürs Jägerlatein hatten.

Es begann am 17. Januar, dem Tag, an dem meine Mutter starb. Sie hatte ihren langen Kampf gegen den Lungenkrebs verloren und fand Frieden im Tod. Keine Chemotherapie mehr, keine Bestrahlungen, kein Morphium, keine Sauerstoffschläuche. Sie war erlöst.

Ich allerdings war, nachdem ich mich sechs Jahre lang um sie gekümmert hatte, fix und fertig. Eine Woche nach ihrem Tod besuchten meine Brüder meine Schwester und mich in unserem Haus im Südwesten Floridas. Wir setzten uns hin und gingen Mutters Testament durch. Gemeinsam öffneten wir ihren Safe, in dem wir Versicherungspolicen und Unterlagen über das Haus fanden – sowie vier braune Umschläge. Meine Schwester Anne öffnete den mit ihrem Namen. Unsere Mutter hatte ihr, so sahen wir, einige ihrer Ringe vermacht. Meine Brüder, Jake und Peter, hatten einen Teil der Münzsammlung meines Vaters erhalten.

In meinem Umschlag lag eine alte Kassette. Darauf stand in Druckbuchstaben »Les Hemingway«. Ich konnte die Handschrift nicht erkennen und hatte keine Ahnung, warum Mom mir ein altes Tonband von Dad hinterlassen hatte. War das eine letzte Botschaft von meinem Vater? Obwohl er schon fast fünfzehn Jahre tot war, dachte ich noch oft an ihn. Er fehlte mir, so wie mir jetzt meine Mutter fehlte. Wenn ich still dasaß, konnte ich ihr Gelächter hören oder ihre ruhigen Stimmen. Ich schüttelte die Kassette wie eine Schachtel *Good and Plenty*-Lakritzstäbchen. Was konnte da nur drauf sein?

»Willst du sie dir nicht anhören, Hil?«, fragte mich meine Schwester, während ich in dem großen alten Schaukelstuhl in unserem Wohnzimmer saß.

»Sicher, wenn ich irgendwo einen Kassettenrekorder auftreiben kann. Ich glaub, wir haben bloß einen CD-Spieler.«

Ich legte die Kassette beiseite und verbrachte den Großteil des Tages damit, die Papiere aus dem Nachlass durchzugehen, zu beschäftigt mit Behördenkram und zu überwältigt von Kummer, um lange über meine seltsame Erbschaft nachzudenken.

Irgendwann brauchte ich eine Pause und wanderte durchs Haus. Angestellte des Hope Hospice waren gekommen und hatten das Krankenbett und verschiedene Flaschen und medizinische Geräte abgeholt. Meine Schwester hatte einen Arm voll Kleidungsstücke meiner Mutter zum Laden des Kiwanis-Wohltätigkeitsvereins gebracht. Da plötzlich alle ihre Sachen verschwunden waren, begann ich, Moms Tod nun wirklich als endgültig zu empfinden. In ihren verlassenen Zimmern hallte es beunruhigend. Und obwohl sie nur eine Seite des Hauses bewohnt hatte, kamen mir ohne sie alle Zimmer leer vor.

Neben meinem Mann war meine Mutter die Person gewesen, mit der ich am besten befreundet war. Ich blieb im Esszimmer stehen, um ein Hochzeitsfoto zurechtzurücken. Da war sie – die Arme um Jeff und mich gelegt. Der einzige Rat, den sie mir je gegeben hatte, war, keinen Schriftsteller zu heiraten und nie selbst Schriftstellerin zu werden. Natürlich hatte ich das Gegenteil getan, genau wie sie. Und als sie dann krank wurde, wusste ich, dass ich nach Hause zurückziehen musste.

Jeff und ich verließen Kalifornien, wo wir mit Warner Brothers einen Vertrag für ein Drehbuch in Aussicht hatten. Während der sechs Monate, die die Ärzte ihr gegeben hatten, wollten wir uns um meine Mutter kümmern. Sechs Jahre später war sie ein lebendes Beispiel dafür, dass Schriftsteller den Ausgang ihrer Geschichten umschreiben können.

Wir kauften uns zusammen ein größeres Haus an der Westküste Floridas. Und die meiste Zeit schien Mutter glücklich zu sein. Jeff und ich begannen eine neue Karriere als Romanschriftsteller und hatten gerade einen Vertrag über drei Bücher unterschrieben, als sie starb. Ich machte ihr keinen Vorwurf; sie war die Schmerzen, das Morphium, die Unmengen Tabletten, die regelmäßige Aerosoltherapie, die ständige Sauerstoffbeatmung, das Leben in Bett und Rollstuhl leid gewesen.

Ich konnte ihr also keinen Vorwurf machen – aber sie fehlte mir. Ich spürte, wie die Tränen wieder in mir aufstiegen. Ich wandte mich von den Bildern ab und suchte im Kinderzimmer Trost bei unserer kleinen Tochter, einem blond gelockten Cherub. Sie schlief noch. Gott hatte mir mit der einen Hand meine Mutter genommen und mit der anderen einen Engel gegeben.

Wir nannten unser Baby Pookie. Aus privaten Gründen wollen wir es dabei belassen. Aber in meiner Familie wie auch in der meines Mannes sind Spitznamen Tradition. Ich wuchs als Hillsides auf, mein Vater war der Baron, und Ernest wurde Papa genannt. Mein Mann Jeff ist den Großteil seines Lebens Flash genannt worden. Und meine ältere Tochter nennen wir T. L. Bear.

Bear war damals sieben Jahre alt und hatte eine recht enge Beziehung zu meiner Mutter gehabt, meinen Vater jedoch nie kennen gelernt. Ein- oder zweimal hatte sie im Laufe der Jahre Interesse daran bekundet, etwas über ihn zu erfahren, aber ich hatte ihr nie viel erzählt. Das lag wohl auch daran, dass ein Teil von mir ihm seinen Selbstmord nie verziehen hatte. Wie alle Mädchen wollte ich, dass mein Vater bei meiner Hochzeit dabei war und meine Kinder bewunderte. Dazu war es aber nicht gekommen. Diabetes hin und her … verdammt, es war mein gutes Recht, wütend zu sein. Warum hatte er sich nicht zusammennehmen können? War er wirklich ein Feigling? So hatte Ernest seinen Vater genannt, als Clarence Hemingway sich das Leben genommen hatte.

Ich saß neben dem Kinderbett und knüllte die Bettdecke in meine Faust, bis ich sah, was ich da tat. Ich stand auf und strich sie wieder glatt. Pookie schlief weiter. Zum ersten Mal wurde mir klar, wie viel emotionales Gepäck ich noch vom Tod meines Vaters her mit mir herumschleppte. Und jetzt, im Schatten des Todes meiner Mutter, brach meine ganze Wut und Trauer aus mir heraus. Als sie starb, war mir klar geworden, wie sehr Dad ihr gefehlt hatte. Das war ein Grund für den Schmerz, den ich empfand – und der mich zornig machte. Hätte Vater nicht Hand an sich gelegt, er hätte bei ihr sein können. Sein Selbstmord kam mir noch schwächer und egoistischer vor.

Als ich das Kinderzimmer verließ und mich wieder daranmachte, den mit dem Nachlass verbundenen Papierkram zu erledigen, konnte ich unmöglich wissen, dass ich in Kürze den Mut meines Vaters wiederentdecken sollte.

Was meine ältere Tochter Bear betraf, so würde sie schon bald herausfinden, was es hieß, in der Familie Hemingway aufzuwachsen. Sie sollte einen Großvater und einen Großonkel entdecken, die sie selbst nie kennen gelernt hatte, und ein Geheimnis lüften, das für ein sensibles, tierliebes Kind vielleicht sogar noch größer war: den Grund, weshalb ihre Familie jagen ging.

Eins

Mit einem Mal fiel mir dieser knalllila Barney-Kassettenrekorder im Zimmer meiner älteren Tochter ein, und ich ging ihn holen, fest entschlossen, mir die Kassette anzuhören. Ich fand Bear in ihrem Zimmer; sie hatte es sich – ironischerweise, wie sich später herausstellen sollte – mit einem Buch über bedrohte Tierarten gemütlich gemacht.

»Na, Mom«, sagte sie, blickte jedoch kaum von dem Bild eines sibirischen Tigers auf.

»Na, meine Süße«, sagte ich und setzte mich neben sie aufs Bett. Ich nahm den Barney-Kassettenrekorder in die Hand. »Meinst du, den könnt ich mir mal borgen?«

T. L. Bear zog ein Gesicht. Sie war kürzlich über Barney »hinausgewachsen«, weil man sich in der Schule seinetwegen lustig über sie gemacht hatte. »Mir egal«, sagte sie. »Das hier ist das einzige Tier, von dem ich froh bin, dass es ausgestorben ist.« Neugierig blickte sie auf die Kassette in meiner Hand. »Was ist ’n das?«

»Weiß ich auch nicht genau«, sagte ich. »Das ist von Oma.«

Bear setzte sich auf. »Kann ich mir das auch anhören?«, fragte sie erwartungsvoll. Oma war ihre beste Freundin gewesen, und ihr Verlust schmerzte sie sehr.

Nur ihre Überzeugung, dass es wirklich eine Reinkarnation gibt, machte den Tod für sie überhaupt erträglich.

»Sicher«, sagte ich. Ich steckte die Kassette hinein und drückte die Play-Taste.

Plötzlich kam knackend die Stimme meines Vaters aus dem Lautsprecher, ganz so, als stünde er direkt im Zimmer. Ich war so überrascht, dass ich den Kassettenrekorder fallen ließ. »Mein Gott«, sagte ich. »Das ist ja Dad …«

Bear hob das Gerät auf, drückte die Stop-Taste und legte es aufs Bett. »War das Opa?«

»Ja«, antwortete ich. Der Nachdruck in seiner Stimme, die Art und Weise, wie er in jedes Wort seine Begeisterung hineinlegte, waren unverkennbar. »Allerdings ist er das«, sagte ich und ergriff Bears Hand. »Du hast ihn ja nie kennen gelernt, aber ich glaube, du hättest ihm gefallen.«

Sie lächelte und meinte: »Ich will ihn hören.« Ich drückte auf Play und wir sanken beide auf ihr Bett zurück. Es waren fast fünfzehn Jahre vergangen, seit ich die Stimme meines Vaters gehört hatte, aber als ich die Augen schloss, kam es mir vor, als säße Dad direkt neben uns.

Ich kauerte mich an den Rand des Baches und spürte, wie mir Wasser in den einen Stiefel hineinrann. Ich hatte nicht den Eindruck, als säße ich ernsthaft in der Patsche. Mein Sturz schien mir jetzt sogar eine glückliche Fügung gewesen zu sein. Ich hatte mehr Deckung als Papa, der sich auf die andere Seite hinüberarbeitete. Wenn er in Position gegangen war, würde er mir ein Signal geben und wir würden unserem bedauernswerten Bären auf den Leib rücken. Dann sah ich die schwarze massige Gestalt ganz deutlich in dem Erlendickicht fünfzig Meter vor mir. Ein klein wenig näher und ich würde einen sauberen Schuss abgeben können. ☙

Plötzlich stand die Kassette still. »Einen Moment mal«, sagte meine Tochter. Mit einem Finger hielt sie die Stop-Taste heruntergedrückt. »Du hast mir nie erzählt, dass die beiden Tiere totgeschossen haben.«

»Also, ich weiß doch selber nicht, was auf der Kassette drauf ist«, sagte ich. Sie sah mich immer noch streng an. »Na schön. Ich weiß, dass sie kleinere Sachen gejagt haben«, sagte ich. »Dad hat davon erzählt, wie er mit seinem Bruder Vögel jagen ging – und was sie getötet haben, das haben sie dann auch immer gegessen.« Sie blickte mich voller Entsetzen an. »Also hör mal, Bear. Du isst doch auch Hühnchen, das ist doch nicht so was anderes.« Sie verdrehte die Augen. Ich konnte sehen, dass das nicht einfach werden würde.

»Er hat ›Bär‹ gesagt«, sagte meine Tochter in sehr bestimmtem Ton. »Du weißt doch, wie sehr ich Bären mag, Mom.«

Ich blickte mich um und sah ihre über das ganze Zimmer verteilten Plüschtiere. Die meisten waren tatsächlich Bären. Sicher waren da auch ein paar andere Tiere darunter – ein Tiger, ein Hund, eine Schildkröte, ein Vogel, eine Schlange, ein Affe und ein halbes Dutzend andere Tierarten –, aber Bären machten den Großteil ihrer Sammlung aus. So hatte sie ja auch ihren Spitznamen bekommen. Es war schon ein eigenartiger Zufall, dass das Erste, was wir auf der Kassette hörten, eine Geschichte über ihr Totemtier war.

»Bären, Mom«, betonte sie noch einmal.

»Na ja, also, das war damals eben anders«, sagte ich, aber sie schüttelte den Kopf. Auch in meinen Ohren klang das wenig überzeugend. Tiere zum Vergnügen zu töten war nicht richtig. Das stand für sie, wie wahrscheinlich für die meisten Menschen heutzutage, völlig außer Frage. Wie konnte ich ihr also eine Familie erklären, die den Großteil ihrer Freizeit damit verbrachte, zu jagen und zu fischen, wenn sie dazu erzogen worden war, alle Lebewesen zu achten und vor allem auch vorsichtig zu sein?

»Hör mal zu, mein Liebling«, begann ich, »die dreißiger Jahre, das war eine andere Zeit. Da haben die Leute nicht über bedrohte Tierarten nachgedacht. Man hat zum Vergnügen gejagt – und des Nervenkitzels wegen.«

»Das ist wirklich ätzend«, sagte sie.

Ich zuckte mit den Schultern. »Also, wenn dich die Kassette stört, dann brauchst du sie dir ja nicht anzuhören.«

»Nein, nein, so hab ich das ja nicht gemeint. Ich will die Geschichte schon hören. Es ist bloß, dass …« Bear zog ein Gesicht.

»Also gut, dann halt dich mit deinem Urteil einfach zurück, bis wir alles gehört haben«, sagte ich, und dann wurde mir klar, dass das genauso für mich galt. Auch ich hatte Fragen, aber meine waren persönlicher und sehr viel schwerer zu beantworten.

In der Hoffnung, die Antworten zu finden, drückte ich die Play-Taste.

Mein Blick wanderte zum Büchsenlauf hinunter. An den vorderen sieben bis acht Zentimetern klebte Schlamm. Mein Herz hämmerte. Wenn meine Vermutung zutraf, dann würde ich die Tatsache, dass ich an diesem Bachrand gerade den Halt verloren hatte, wahrscheinlich mit dem Leben bezahlen.

Papa war zu weit weg, als dass ich ihm ein Signal hätte geben können, ohne den Bären auf uns beide aufmerksam zu machen. Er würde vermutlich verdammt wütend werden, wenn er meine Büchse sah. Wenn uns unser Vater irgendetwas eingebläut hatte, dann, gut auf unsere Jagdgewehre Acht zu geben.

Ich zog die Springfield mit der rechten Hand hoch und wischte mit der linken die Mündung ab. Mit der sauberen Hand stellte ich die Büchse hochkant, um absolut sicher zu sein. Dort wo ein Loch mit einem Kaliber von siebeneinhalb Millimetern hätte sein sollen, verstopfte ein Schlammpfropfen den Lauf. Teufel auch, dachte ich. Wir sind so gut wie tot.

Ich stand ohne jede Waffe da. Völlig hilflos. Wenn ich die Büchse, ohne den Schlamm herauszuholen, abgefeuert hätte, wäre sie explodiert. Ich hatte kein Messer bei mir, und Papas würde mir nichts helfen. Und weniger als fünfzig Meter entfernt, zerrte der alte Moccasin Joe, dieser massive Schwarzbär, an unserem Köder. Mit meiner schlammverstopften Büchse kam ich mir so hilflos vor wie ein gefangenes Tier.

In wenigen Minuten würde Papa sich dem Bären so weit genähert haben, dass dieser ihn riechen könnte. Dann würde der alte Knabe wahrscheinlich vor ihm zurückweichen und auf mich zukommen. Gemeinsam wären wir ihm ebenbürtig gewesen. Papa hätte sich mit dem Schießen zurückgehalten und mir Rückendeckung gegeben. So hatte er es jedenfalls erklärt, und wenn man ihn kannte, dann wusste man, dass man das tun musste, was Papa einem sagte.

Warum hatte er mir den ersten Schuss zugestanden? Vielleicht, um zu sehen, ob sein kleiner Bruder die Nerven für so etwas hatte – um zu sehen, was ich machen würde, wenn der Bär mich angriff. Natürlich hatte er alles noch spannender gemacht, als er mich warnte: »Der alte Joe da hat das Zeug, Hackfleisch aus uns beiden zu machen. Schieß also nicht daneben, Baron!«

Und jetzt musste ich, verdammt noch mal, den Schlamm aus meiner Büchse herausholen, wenn ich mich jemals wieder an einem Lagerfeuer wärmen, geschweige denn bei Papa gut angeschrieben bleiben wollte. Was an sich schon kein kleines Kunststück war. Wenn ich nur einen Putzstock hätte. Ich hatte aber keinen. Und es stand auch kein junger Baum in der Nähe, an den ich mit dem Büchsenlauf herangekommen wäre. Wo der Bär war, da standen lauter Erlen, aber ich wollte verflucht sein, wenn ich mit einer nutzlosen Büchse in der Hand zu dem Bären hinging und ihm eins über den Kopf gab.

Vorsichtig, den Blick auf den Bären gerichtet, kauerte ich mich noch tiefer. Ich hatte eine einzige, geringe Chance – besser, aber nicht sehr viel besser, als überhaupt nichts zu tun. Langsam, ganz langsam klappte ich den Verschluss hoch und zog ihn zurück. Man hörte ein leichtes Knacken, als der Verschluss zurückkam und die Patrone aus der Kammer auswarf. Ich fing sie mit der Hand auf und steckte sie in die Tasche. Ich hörte, wie sie dabei gegen irgendetwas stieß. Mit beiden Händen hielt ich das Gewehr mehr oder weniger im Gleichgewicht, hob es hoch und versuchte, durch den Lauf zu blasen. Aber ich bekam nur einen öligen Geschmack im Mund. Der Schlamm ließ sich nicht hinauspusten, und damit war der Fall erledigt.

Ich hielt den Kassettenrekorder an and blickte zu meiner Tochter hinüber. Ich machte mir Sorgen darüber, wie mein hochsensibles Kind das alles verkraften würde.

Sie sah mich mit einem Stirnrunzeln an. »Hey, warum hast du das ausgemacht? Ich will hören, was weiter passiert ist.«

»Ich auch. Ich hab diese Geschichte noch nie gehört.«

»Wieso nicht? Wieso hat Opa dir die denn nie erzählt?«, fragte Bear.

»Gute Frage. Wahrscheinlich ist das einfach nicht die Art von Geschichte, die er mir erzählt hat.«

»Aber wem hat er sie denn dann erzählt?«, fragte sie.

Ich griff nach dem orangeweiß gestreiften Tiger aus ihrer Tiersammlung. »Also, Tiger, ich glaube, es gibt nur einen Ort, wo mein Vater diese Geschichte erzählt hätte.«

»Und wo?«, fragte meine Tochter.

»Kannst du dich noch an Omas großes altes Haus in Miami Beach erinnern? Das Haus, in dem ich groß geworden bin?«

Bear schüttelte verneinend den Kopf.

»Also«, fing ich an, und meine Gedanken wanderten zurück in das Haus meiner Kindheit, unseren alten Familiensitz. Ich konnte noch immer das Licht vor mir sehen, das von Vaters Außenkamin über die gelbbraunen Wände und den rot gefliesten Terrassenboden tanzte. »Manchmal nahm Opa am Abend mit Freunden zusammen einen Drink und bewunderte den Sonnenuntergang über der Biscayne Bay. Das Wasser war so schön im Licht der untergehenden Sonne – blaugrün, mit orangen Streifen …«

»In Miami?«, fragte Bear. »Da sind doch viel zu viele Häuser.«

Ich lächelte. »Jetzt schon. Aber damals, da war das höchste Gebäude der Skyline von Miami der Freedom Tower. Es war einfach herrlich, dort aufzuwachsen. Und dann kannten wir da noch einen ganzen Kreis von Schriftstellern. Die trafen sich oft, und Vater machte dann immer ein Feuer, und sie nahmen ein paar Drinks und erzählten sich gegenseitig Geschichten.«

»Ein *Feuer*?«, gluckste Bear. »In *Florida*?«

»Das war schon Tradition geworden.« Ich sah sie lächelnd an. »Da hatte dann jeder das Gefühl, es sei ein besonderer Abend.«

»Und, hat's geklappt?«, fragte sie. »Ganz sicher?«

»Und ob, mein Schatz«, nickte ich und musste an die vielen Leute denken – Schriftsteller und andere –, die mich nach dem Tod meines Vaters alle mit dem gleichen wehmütigen Gesichtsausdruck angesprochen und mir erzählt hatten, dass diese Zusammenkünfte immer etwas ganz Besonderes gewesen seien. »Das hat wirklich geklappt. Diese Kassette muss von einem dieser Abende stammen. Ich glaub nicht, dass er sonst oft von Ernest gesprochen hat.«

»Und warum nicht? Hat er ihn nicht gemocht?«

»Er hat ihn schon gemocht. Ernest war ja sein großer Bruder. Er war sechzehn Jahre älter als Vater und, als er jung war, sein Held. Es ist nicht so, dass er irgendetwas gegen ihn gehabt hätte. Nur dass er nicht von ihm sprach, es sei denn, jemand bat ihn darum. Ich glaube ...« Ich versuchte, mir von dem Ganzen erst einmal selbst ein klares Bild zu machen, bevor ich ihr antwortete. »Ich glaube, dein Opa hatte das Gefühl, Ernests Rolle als älterer Bruder sei etwas Besonderes, etwas, worüber niemand anders Bescheid wusste, egal, wie berühmt Ernest wurde. Vielleicht wollte Dad das für sich behalten.«

»Hey«, unterbrach mich meine Tochter, »die Kassette hier hat in der Mitte angefangen. Kein Wunder, dass wir ganz durcheinander sind.«

»Allerdings. Hier, lass mal 'n Fachmann ran.« Ich nahm die Kassette aus dem Gerät und sah mir die Seite an, auf der in Druckbuchstaben der Name meines Vaters stand. »Hoppla«, sagte ich. »Nicht nur in der Mitte, sondern auch noch auf der falschen Seite. Komm, wir drehen sie um und fangen am Anfang an.« Ich steckte sie wieder in das Gerät. Dann drückte ich die Rückspultaste, und einen Augenblick lang kicherten wir beide bloß. Meine Tochter setzte sich auf meinen Schoß, und ich drückte auf Play.

Fast sofort erfüllte das Gelächter meines Vaters das Zimmer. Man hörte ein Geräusch, wie das Knacken von Holzscheiten in einem Feuer, und dann vernahmen wir plötzlich andere Stimmen. Ich hörte eine Weile zu, bis ich sie dann schließlich erkannte. Da war das tiefe Lachen von Charlie Willeford – Onkel Charlie hatten meine Schwester und ich ihn immer genannt. Willeford war ein Romancier aus Miami, an den ich mich hauptsächlich seines heiteren Wesens und seines Walrossschnurrbarts wegen erinnern konnte.

Außerdem war auf der Kassette auch die weiche Zigarettenstimme meiner Mutter zu hören. Und dann war da noch ein geheimnisvoller Gast – jemand, den ich nicht unterbringen konnte. Aber sein Lachen hatte etwas an sich, das mir nicht gefiel. Er lachte immer eine halbe Sekunde nach allen anderen los, als hätte er erst gewartet, um zu sehen, ob das, was gerade gesagt worden war, auch wirklich lustig war. Oder schlimmer noch, als wartete er auf die Erlaubnis zu lachen – als wollte er erst sehen, ob Dad das auch wirklich wünschte. Und außerdem hatte das Gelächter etwas

Gezwungenes an sich, als hätte er es zu Hause einstudiert, bis es so klang, wie er es wollte. Ich weiß, es war eine ganze Menge, was ich aus dem Gelächter eines Mannes auf einer alten Kassette heraushörte. Aber ich konnte ihn nicht leiden. Anders kann ich das nicht erklären.

Ein Professor, dachte ich. Noch so ein Möchtegern-Hemingway-Verehrer. Aber was soll's. Vater hatte im Laufe der Jahre ein paar sehr eigenartige Gäste bei sich zu Hause gehabt, von Jeane Dixon bis hin zu Janet Reno. Es waren sogar ein paar nette Professoren darunter gewesen, wie beispielsweise der Vorsitzende des Fachbereichs Kunst an der Universität von Miami. Vielleicht hatte ich mich in dem Kerl ja auch getäuscht.

Während ich mir die Kassette anhörte, versuchte ich mir unser altes Haus vorzustellen. Wir hatten ein herrliches, im spanischen Kolonialstil gebautes Haus voller Antiquitäten, Orientteppiche und imposanter Gemälde. Als Kind fand ich das Zeug natürlich alt und schimmelig und gruselig. Aber auf die Schriftsteller, die uns besuchten, übte das Haus eine ganz eigene Faszination aus. Vater entfachte sein Feuer jeden Freitagabend auf einem Hibachi-Grill; als Brennmaterial benutzte er trockenes Kiefernholz und Meertraubenblätter. Die ganze Gesellschaft blickte dann immer auf die Biscayne Bay hinaus und trank Cocktails. Wenn die Sonne unterging, stießen sie auf die zauberhaften Farben an. Und dann ging es mit den Geschichten los.

Plötzlich war die Stimme des Professors ganz deutlich zu hören. »Aber Les, selbst auf der letzten Reise nach Spanien schien Ernest diesem jungen Stierkämpfer Antonio Ordeñez leidenschaftlich treu ergeben zu sein. Er saß stundenlang an seinem Bett.«

»O Gott, jetzt geht das wieder los«, hörte ich meine Mutter murmeln, bevor Dad eingriff.

»Das war so«, sagte mein Vater geduldig. »Papa konnte sich außerordentlich gut in andere Leute hineinversetzen. Ich glaube, in gewissem Sinne hat er versucht, sich da einzufühlen, um etwas schreiben zu können, wo er ein junger Stierkämpfer war. Er hat versucht, in die Haut dieses Jungen zu schlüpfen.«

»Sie meinen also nicht, hinter Ernests Vorliebe für einen machohaften Lebensstil verbarg sich irgendein unterschwelliges homosexuelles …«

Man hörte ein lautes Gelächter, das den Professor verstummen ließ. Charlie Willeford meldete sich zu Wort. »Sie armer Hund. Damit haben Sie Ihr eigenes Todesurteil gesprochen.«

Und dann die Stimme meines Vaters. »Blödsinn, Charlie, du hast ihn doch hierher gebracht, also bin ich auch nett zu ihm. Mensch, Papa war kein Homosexueller, das ist die reine Wahrheit. Weder unterschwellig noch spätreifend.«

»Hört, hört«, murmelte meine Mutter.

»Aber er hatte enorm große Fähigkeiten, sowohl für Männer als auch für Frauen Zuneigung zu empfinden – das hatte nichts mit Erotik zu tun, sondern einfach mit der Devise ›Du bist mein Mitmensch‹. Und wenn ihm jemand am Herzen lag, dann lag er ihm so sehr am Herzen, wie das bei einem Menschen überhaupt nur geht.«

Der Professor fing erneut an. »Entschuldigen Sie bitte, aber, äh – ich glaube einfach, dass die breite Leserschaft vielleicht den falschen Eindruck von Papa hat. Es ist wichtig für die Jagdgeschichten …«

Vater schnitt ihm das Wort ab. »Nur ein vollkommener Idiot stellt sich Papa in irgendwelchen rosa Klamotten vor. Haben Sie mich verstanden?« Er klang jetzt richtig hitzig.

»Natürlich, Les. Sicher. Ich wollte damit nur sagen ...«

»Ist das klar, verdammt noch mal?«

»Jaja, auf jeden Fall. Entschuldigung, Les.« Der Professor gab nach.

»Gut. Es wär mal ganz wichtig, wenn Sie sich in Erinnerung rufen könnten, dass niemand ihn jemals Mama genannt hat.«

Ich hörte, wie Charlie kicherte und dann sagte: »Les, fass!«

»Ja, ich weiß, ich bitte um Entschuldigung«, sagte der Professor.

»Man hat ihn Papa genannt. Das ist kein Spitzname, den er sich selbst ausgesucht hat. Den hat man für ihn ausgesucht – und man hat ihn so genannt, weil er halt so war. Vollkommen maskulin, ein Typ, dem die Leute um ihn herum am Herzen lagen und der versucht hat, ihnen zu zeigen, was er konnte, was er wusste. Mein Bruder hat mir mehr übers Jagen, Fischen und Kämpfen beigebracht, als unser Vater es je getan hatte. Er wurde dem Namen Papa – und allem, was damit verbunden war – vollkommen gerecht. Und zwar ohne Ausnahme.«

»Es tut mir Leid, ich werde mich dann auf Fragen übers Jagen beschränken«, sagte der Professor mit einer Stimme, mit der man eine Toastscheibe hätte buttern können. »Ich habe in Ihrer Biografie *Mein Bruder Ernest* Ihre Beschreibung der Kaninchenjagd gelesen.«

»Sicher haben Sie das. Wollen Sie mich damit fragen, ob Sie sie stehlen dürfen?«

»Nein, nein, natürlich nicht. Ich würde sie selbstverständlich frei nacherzählen.«

»Aha. Ich nehme an, Sie haben gerade einen Kassettenrekorder laufen. Aber nur weil Sie ein Interview aufnehmen, sind Sie noch lange kein Schriftsteller. Sondern ein Blutegel.« Von den anderen in der Runde hörte man ein kurzes Gekicher.

»Na ja – ich habe tatsächlich gerade ein Aufnahmegerät laufen.«

»Na toll. Von wegen ›Leben, fühlen und dann aufschreiben‹.« Es entstand eine Pause. Im Hintergrund zündete jemand ein Streichholz an und hustete gleich darauf – steckte Mutter sich eine Zigarette an? Dann fuhr Dad an den Professor gewandt fort: »Sie kommen nicht viel raus, was?«

»Was ist denn los, Les, traust du diesem bleich glänzenden Chicago-Teint etwa nicht?« Charlie lachte.

»Charlie, du unterrichtest doch auch Englisch – könntest du mich vielleicht noch einmal daran erinnern, weshalb ich dich überhaupt toleriere?«

»Weil dir meine Bücher gefallen.«

»Stimmt. Sind auch verdammt gute Bücher.«

Ich konnte Vater vor mir sehen, wie er in seinem schweißgetränkten kubanischen Guayabara-Hemd beim Feuer stand. Die massiven Arme verschränkt, würde er diesen unbeholfenen und bleichen Professor im flackernden Licht anstarren. Es war keine Absicht, aber mit seinem grau melierten Bart, der ausgeprägten Hemingway'schen Kinnlade und seinen breiten, muskulösen Schultern sah er genauso aus wie sein Bruder. »Was meinen Sie eigentlich, was Sie mit diesem Kassettenrekorder da erreichen werden, Doktor?«

»Na, ich kann ja wohl kaum die Uhr zurückstellen und mit Ernest auf die Jagd gehen. Und da habe ich mir gedacht, ich fange Sie ein.«

Man konnte Mutter kichern hören. »Les, geh doch nicht so hart mit dem Mann ins Gericht. Wir sind doch alle hier, um uns zu amüsieren. Wenn der Professor seine Karriere voranbringen möchte, warum erzählst du dann nicht ein paar von Papas Jagdgeschichten? Ich glaube«, sie hielt kurz inne, »da hätten wir alle unseren Spaß dran.«

»Vielen Dank, ja, sehr freundlich von Ihnen«, sagte der Professor.

Willeford gab ein eigenartiges Räuspern von sich, hinter dem er möglicherweise ein Prusten verbergen wollte. »Ja, du weißt doch, wie wissbegierig Hemingway-Verehrer sein können. Na los, Les. Erzähl ihm von – der verirrten Safarigesellschaft.«

Verirrte Safarigesellschaft? Wovon redeten die denn da? Ich sah, wie meine Tochter mich mit glänzenden Augen anstarrte. Ich zuckte mit den Schultern, um ihr anzudeuten, dass auch ich nicht wusste, wovon die Rede war, und dann beugten wir uns beide ein wenig näher zu unserem Rekorder hinunter, um besser hören zu können.

»Verdammt, Charlie …«

»Au ja – bitte, erzähl uns davon, Les«, fügte meine Mutter noch hinzu.

Es entstand eine Pause. Das Feuer prasselte, und jemand rückte einen Stuhl. Dann hörte ich ein Knurren – mein Vater. »Na gut, Herr Doktor Professor«, meinte er schließlich. »Die haben's geschafft und mich rumgekriegt. *Una noche de verdades oscuras*. Sie sprechen doch Spanisch, oder?«

»Aber ja doch, sicher – *claro que sí*.« Der Professor lachte nervös auf, sein erstes echtes Lachen. Man hörte etwas rascheln; wahrscheinlich wurde gerade der Kassettenrekorder aus seinem Versteck hervorgeholt.

Vater sprach ins Mikrofon. »Test – Test, eins, zwei, drei. Okay, Doktor Sony? Wo soll ich denn anfangen, Charles?«

»Krokodile«, sagte Willeford. Es hörte sich an, als hustete er, und diesmal war ich mir sicher, dass er versuchte, nicht laut loszulachen.

»Au ja, das ist meine Lieblingsgeschichte«, ertönte die Stimme meiner Mutter. »Erzähl uns von den Krokodilen, Les.«

Ich lächelte und blickte meine Tochter an. Sie war völlig konzentriert. Fast so konzentriert wie beim Fernsehen, mit einem entrückten Blick, lauschte sie den Worten meines Vaters und malte sich, was er sagte, in Gedanken aus. Ich überlegte, ob sie begriffen hatte, was mir auf der Hand zu liegen schien – nämlich, dass Mutter und Onkel Charlie ein abgekartetes Spiel trieben. Vater konnte den Professor nicht leiden, so viel war klar. Mutter und Charlie hatten das begriffen und beschlossen, sich ein bisschen zu amüsieren. Das Ganze musste eine Art Witz sein.

»Äh …«, hörte ich meinen Vater sagen. Er räusperte sich. »Na gut, verdammt noch mal. Krokodile.« Ich hörte, wie er Atem schöpfte. Fast konnte ich vor mir sehen, wie sich seine Stirn in Falten legte und seine Hände in die Höhe hoben, damit sie ihm, wie immer, beim Erzählen helfen konnten.

Es waren viel zu viele Jahre vergangen, seit ich meinen Vater eine seiner berühmten Geschichten hatte erzählen hören – und diese hier hatte ich, soweit ich wusste, noch nie gehört. Etwas in mir geriet in Erregung. Ich lehnte mich zurück und lauschte.

Zwei

»Jawohl, Krokodile«, sagte Vater. »Professor, ich möchte, dass Sie sich das mal durch den Kopf gehen lassen. Was würden Sie tun, wenn sich zwischen Ihnen und einem sechs Meter langen Krokodil nichts als eine Taschenlampe befände? Ein unhandliches Ding, das Sie notdürftig an Ihrem Büchsenlauf festgebunden hatten?«

»Ich glaube eigentlich nicht, dass ich mich in solch eine Situation begeben würde.«

»Natürlich würden Sie das nicht«, sagte Vater und machte eine kurze Pause, um den Satz wirken zu lassen, ehe er fortfuhr: »Fairerweise sollte man allerdings sagen, dass die meisten Leute das wahrscheinlich nicht tun würden. Ich allerdings hab's getan. Und ich kann nicht die Augen schließen, ohne es wieder vor mir zu sehen. Ich war nämlich dort, verstehen Sie. Weniger als drei Meter von diesem Krokodil entfernt. Seine Augen glänzten im Widerschein des Taschenlampenlichts. Augen, die bei diesem sechs Meter langen Körper rund dreißig Zentimeter auseinander lagen. Ich war so erpicht darauf, einen sauberen Schuss anbringen zu können – dass es mich fast das Leben kostete.«

»Und Ernest?«, fiel ihm der Professor ins Wort.

»Herrgott, wollen Sie die Geschichte erzählen?«

»Aber nein doch, Entschuldigung.«

»Wollen Sie die nackte Wahrheit hören? Ich werd Ihnen ein paar Geschichten erzählen, die Papa nie veröffentlicht hat. Nie. Passen Sie also auf die Details auf, dass die auch stimmen, Kollege.« Als Vater noch einen Schluck von seinem Drink nahm, hörte ich Eiswürfel klappern. Dann begann er.

❧ Ein Krokodil dieser Länge ist ein riesiger Bursche, der leicht eine halbe Tonne wiegen kann. Ich hab welche von der Größe gesehen, die von besseren Jägern als Papa und mir enthäutet worden waren. Und ich hab mal versucht, nur ihren Schwanz hochzuheben. Diese Schwänze sind gefährlicher als ihre Kiefer, wie Sie bald sehen werden. Aber bis zu dieser ersten Nacht, als ich endlich lernte, wie man sich so einem riesigen Burschen, dessen Haut über hunderttausend Dollar wert war, näherte, wusste ich nie so richtig, was ich wirklich machen würde.

Charlie Thompson war krank geworden und in ein größeres afrikanischen Dorf gebracht worden, wo es ein Krankenhaus gab. Deswegen hatte ich von Papa ein Telex mit der Aufforderung bekommen, mich seiner Gruppe anzuschließen. Ich war bloß ein zwanzigjähriger Junge, ich hab da nicht groß über irgendwelche Gefahren nachgedacht. Und ich hatte eigentlich überhaupt keine Ahnung von der Großwildjagd. Aber bei uns in der Familie haben wir immer alles auf die mühsame Art und Weise gelernt.

Ich traf, nur ein paar Tage nach Papas sechsunddreißigstem Geburtstag, in Ostafrika ein. Er meinte, mein Geschenk für ihn wäre es, ihm dabei zu helfen, ein richtig großes Krokodil zu erlegen. Ich witzelte noch und fragte, wo ich denn die Siegerschleife anbringen sollte, aber in Wahrheit hatte ich keine Ahnung, wie schwer diese Jagd werden würde.

Wir verbrachten eine Woche damit, auf kleine, anderthalb bis zwei Meter große Krododile zu schießen, und trafen auch ein paar. Aber wir bekamen nur sehr wenig Häute, weil wir aus solch großen Entfernungen schossen. Und wir waren völlig außerstande, auch nur auf Schussweite an die riesigen Burschen heranzukommen – die einzigen, die es sich wirklich lohnte abzuschießen, da es uns an allererster Stelle um die Häute ging.

Ihr müsst verstehen, Ernest war begeistert von den Berichten gewesen, die ab und zu in den afrikanischen Zeitungen gestanden hatten, Berichte über das Geschick und den Schneid von »B. Dempster«, wie die Presse ihn nannte, einem der ersten professionellen Krokodiljäger. Dempster, der fast schon eine Legende war, hatte jahrelang am oberen und unteren Sambesi gejagt. Er hatte Tausende von großen Krokodilen abgeschossen, und obwohl es dort immer noch viele gab, war, als die Grenzen des großen Wildschutzgebiets ausgedehnt wurden, die kommerzielle Jagd am Sambesi schließlich verboten worden.

Aber das sollte uns, und übrigens auch Dempster, nicht abschrecken. Er jagte danach einfach auf portugiesischem Gebiet, in Angola, weiter, und war dort ebenso erfolgreich. Na ja, Papa wollte es ihm gleichtun, allerdings ohne Dempster persönlich aufzusuchen. Er hatte von einer Gruppe gehört, die das getan hatte, damit aber eher schlecht gefahren war. Dempster hatte zu der Zeit noch am Sambesi gejagt, und obwohl er sich bereit erklärt hatte, ihnen das Krokodiljagen beizubringen, wurde gemunkelt, dass sie es sich mit ihm verscherzt und ihn irgendwie gekränkt hätten –

und er nichts mehr mit Grünschnäbeln oder sonst irgendwelcher Konkurrenz zu tun haben wolle. Papa glaubte, Dempster besser als irgendein anderer Mensch auf der ganzen Welt zu verstehen.

Jedenfalls haben wir Dempster nie getroffen oder mit ihm gesprochen. Papa dachte daran, ihm zu schreiben, aber dann hörten wir, dass er sogar noch schwieriger geworden sei. Wir waren also auf uns selbst angewiesen.

Papa beschloss, dass wir es weiter östlich versuchen würden. Dort gab es keine gesetzlichen Beschränkungen, und wir hofften, wenn wir klein anfingen, würden wir einfach durch Erfahrung lernen. Wir hatten nichts als unsere Büchsen, .303 Enfields, mehrere hundert Teilmantelgeschosse, die Ausrüstung, die sich Papa auf der letzten Safari zusammengeklaubt hatte, und genügend Geld für einen Einbaum.

So begann unsere Ausbildung als Krokodiljäger. Und so merkten wir, dass man, bevor man ein Krokodil erlegen kann, erst einmal seine gefiederten Begleiter, die Krokodilwächter, töten oder überlisten musste. Denn jedes Mal, wenn wir unser Lager verließen und stromaufwärts zu den guten Sandbänken paddelten oder uns völlig geräuschlos mit der Strömung zu einem wunderbaren, nur ein paar Kilometer unterhalb unserer kleinen Uferlichtung gelegenen Sumpfgebiet treiben ließen, stießen diese verfluchten weißen Krokodilwächter ihren Warnruf aus, und all die Riesenechsen glitten ins Wasser, bevor wir wenigstens bis auf rund fünfhundert Meter an sie herangekommen waren. Diese Vögel sind das ständige Warnsystem aller fetten Reptilien der Welt, und inzwischen habe ich gehört, dass es sie auch in Indien, Südamerika und Australien gibt.

Wir versuchten alles Mögliche, um uns an unsere Häute heranzupirschen. So benutzten wir, oben am Ufer, nur ein paar Meter von der Stelle entfernt, wo wir die großen Krokodile aus dem Wasser hatten kommen sehen, eine halb über Papa drapierte gelbbraune Plane. Aber selbst wenn ich ihn bei Tagesanbruch begleitete und wir die Tauben gleich hinter der sandigen Landzunge in den Bäumen gurren hören konnten und er sogar schon in Position war, entdeckten ihn die Krokodilwächter. Sie machten einen derart heillosen Lärm, und zwar auf der ganzen Sandbank, dass keiner der großen Dickhäuter das Wasser verließ, und da saßen wir dann, ohne eine einzige Gelegenheit zu einem Schuss. Einmal versuchte er, einem zwischen die Augen zu schießen, aber die Kugel prallte nur von der Wasseroberfläche ab.

Kleine Krokodile konnten wir manchmal überraschen, wenn wir, frühmorgens weit flussaufwärts beginnend, auf dem stillen Strom dahintrieben. Die Vögel schienen ihnen weniger Wert beizumessen, und so brachten wir ein paar zur Strecke und schafften es auch, sie halbwegs zu häuten. Aber bei den großen – Fehlanzeige. Pech auf der ganzen Linie. Diese verfluchten Vögel verrieten uns jedes Mal.

Schließlich bekamen wir unsere große Chance aber doch noch. Wir hatten so viele Pläne geschmiedet und so wenig Erfolg gehabt, dass die Eingeborenen zu uns gekommen waren und mit unserem ersten Boy, einem Mann aus der Küstenregion, sprachen.

»Bwana«, meinte er. »Sie fragen, warum jagen wir nicht *nyo-koko*, so wie ihre Vorfahren?«

»Frag sie, wie das geht«, sagte Papa. Er hatte von unseren nutzlosen Feldzügen gegen die Krokodilwächter genauso die Nase voll wie ich.

Unser Boy unterhielt sich noch eine Weile mit unseren Besuchern. Dann meinte er zu Papa: »Bwana, das ist etwas, wovon ich gar nichts wusste. Er sagt, früher«, und dabei gestikulierte er, als hielte er einen Speer in der Hand, »da wurden die großen immer bei Fackellicht und mit *assagais* gejagt, mitten in der Nacht.«

»Weißt du, Baron«, sagte Papa. So nannte er mich immer. »Das ist eine verdammt gute Lösung. Wenn es richtig dunkel wird, dann hocken diese verfluchten Vögel immer in irgendeinem Baum hoch oben auf den Ästen. Und die Krokodile haben von der Abend- bis zur Morgendämmerung nichts, was sie warnen könnte, außer ihrer Nase und ihrer Phantasie.«

»Was ihre Phantasie angeht, brauchen wir uns keine Sorgen zu machen«, sagte ich, und wir schüttelten uns stumm die Hände, weil uns klar war, dass wir gerade unser größtes praktisches Problem gelöst hatten.

Aber wir hatten immer noch keine gute Lichtquelle. Es war völlig nutzlos, einfach mit Handfackeln vorzupreschen, so, wie der alte Mann es von den frühen Stammesjagden erzählt hatte. Wir hatten nicht viele Männer, und ohne eine Menge Männer und Fackeln würde das Ganze nur dazu führen, dass jemand in zwei Hälften gebissen wurde, bevor wir von unseren Büchsen irgendwie Gebrauch machen konnten.

»Eine Chance haben wir allerdings«, meinte Papa. »Wir könnten deine große Taschenlampe mit einem Klebeband unter deinem Büchsenlauf festmachen und uns ganz nahe herantreiben lassen, ehe wir sie dann anmachen.«

»Da dass deine Idee ist, darfst du dann auch den ersten Schuss abgeben«, sagte ich.

»Im Gegenteil, Baron, es ist deine Lampe. Und außerdem, wenn du deine Waffe nach deinem Schuss weiter aufs Ziel richtest, dann feuere ich den zweiten Schuss ab, damit ich auch ja nicht meinen einzigen kleinen Bruder verliere.«

So stellten wir uns die Sache jedenfalls vor, und so war es dann auch abgemacht, als wir uns spätnachmittags einen Überblick über die verschiedenen Sandbänke weiter unten in der Nähe der Flussmündung verschafften. Uns war damals beiden nicht klar, wie wahnsinnig es war, dieses Kunststück zu wagen – ohne Außenbordmotor, ohne einen weiteren Begleiter, der uns dabei helfen konnte, den unsicheren Einbaum zu paddeln, und ohne jede Erfahrung, wie man in den hin- und herschwankenden Strahlen einer Taschenlampe die lebenswichtige Gehirngegend eines Riesenkrokodils ausfindig machen konnte.

An jenem Abend sprachen wir über die Jagd, oder, besser gesagt, Papa sprach bis zu später Stunde darüber. Er rief unseren ersten Boy herbei. Das war ein guter einheimischer Fährtensucher, dem klar war, dass uns das nötige Kleingeld fehlte, um eine ganze Gruppe von Fischern aus dem Küstendorf weiter unten anzuheuern und uns nachts mit einer Vielzahl von Fackeln und Speeren an die großen Krokodile heranzumachen. Aber wir wollten, dass er uns in dem Einbaum begleitete, und dann würden wir es auf eine weniger aufwendige Art und Weise versuchen, unten an der ersten großen Sandbank, wo eine Menge Geröll angeschwemmt wurde und die Untiefen es den Krokodilen leicht machten, sich an Fischen satt zu fressen.

»Nein, Bwana«, erwiderte unser erster Boy. »Wenn das jemand machen will, dann kann er das gerne tun. Aber ich jage nur bei Tageslicht, und ich fische nur bei Tageslicht, außer ich bin in einer großen Gruppe und auch dann nur auf trockenem Land. Die Nacht gehört den Wassergeistern.«

Das war zwar Papas Übersetzung, aber was der Einheimische sagte, klang plausibel. Die Fischer aus der Küstengegend waren arm, benutzten eine primitive Ausrüstung und erlitten jedes Jahr durch die Krokodile so manche Verluste, darunter auch die Frauen, die am Ufer der klaren Flüsse Wasser schöpften und Wäsche wuschen.

»Das wird also unsere Privatveranstaltung, Baron«, meinte Papa, und ich stimmte ihm zu. Wir wussten beide, dass uns, sollte das Ganze klappen, jede Nacht wenigstens eins von den großen Krokodilen vor die Flinte kommen würde und dass uns das in Kürze eine Menge Häute und ein paar verdammt gute Geschichten einbringen würde.

Der Professor fiel Vater ins Wort. »Papa wusste also, dass Sie Schriftsteller werden wollten?«

»Aber klar doch. Er war ziemlich stolz darauf, dass ich in der High School einen landesweiten Kurzgeschichtenwettbewerb gewonnen hatte. Da ich meinen Beitrag anonym eingereicht hatte, hat er es einen ehrlich erworbenen Preis genannt.«

»Hat er Ihnen irgendwelche klugen Ratschläge erteilt?«

»Er hat gesagt: ›Baron, wenn es dir ernst damit ist, Schriftsteller zu werden, dann hast du einen höllisch schweren Weg vor dir. Alles, was du tust, wird mit meinem Werk verglichen werden. Aber wenn du wirklich ein Schriftsteller wirst, dann schreib. Und denk daran, wenn du von irgendetwas einen emotionalen Schüttelfrost bekommst, dann finde heraus, was genau dich ergriffen hat. Erinnere dich an jedes Detail.

Wenn noch andere Leute dabei waren, bring heraus, ob sie dasselbe empfunden haben und wie tief und warum. Je mehr Seiten von einer Geschichte du sehen kannst, desto mehr weißt du.‹«

Dad machte eine Pause und fügte dann hinzu: »Jetzt wird aber nicht mehr dazwischengeredet, Blutegel – verstanden?« Der Professor muss das akzeptiert haben, denn Vater fuhr fort.

WIR TRIEBEN FLUSSABWÄRTS zu dem ersten riesigen Krokodil. Ich musste an die Geschichten denken, die unser erster Boy Papa erzählt hatte, Geschichten von Krokodilen, die einst von Dutzenden von Speeren niedergestreckt worden waren und in deren Mägen man, als man sie aufschlitzte, Kupferarmbänder fand, die weiter unten am Fluss verschwundenen Familienmitgliedern gehört hatten. Dieses große hier hatte ganz sicher schon Menschen verschlungen. Sonst hätte es gar nicht so lange leben und so groß werden können. Aber gleich würden wir's ihm besorgen. Ein strenger Moschusgeruch stach in meine Nase, während es stier in mein Taschenlampenlicht glotzte. Die Strömung trieb uns langsam vorwärts, und als wir bis auf weniger als fünf Meter an das Tier herangekommen waren, flüsterte Papa: »Jetzt!«

Wenn wir gewartet hätten, bis wir flussabwärts genauso weit von unserer Beute entfernt waren wie nun flussaufwärts, dann wäre das, was jetzt geschah, vielleicht nie passiert. Aber hinterher ist man immer schlauer; letztendlich hätte niemand das, was uns jetzt unmittelbar bevorstand, vorhersehen können. Mein Korn befand sich in der Kimme und ruhte genau zwischen den Augen des Tieres. Ich wusste, dass Papa auch angelegt hatte und nur darauf wartete, meinen

Schuss zu hören, bevor er losfeuern würde. Ich zog den Abzug durch und hörte die .303 im gleichen Augenblick auf das weniger als drei Meter entfernte Ziel losdonnern.

Die Kugel hinterließ eine kleine weiße Wunde direkt zwischen den Augen, und dann hörte ich Papas Büchse und sah, wie mehrere Zentimeter über meiner Wunde noch ein paar Schuppen in die Luft gewirbelt wurden. Und dann sah es so aus, als erhöbe sich der ganze Körper auf den beiden Vorderbeinen des Krokodils – und er erhob sich in der Tat hoch in die Luft und kam in einer purzelbaumartigen Drehung direkt auf uns zu. Unser Einbaum lag quer zu seiner Fallrichtung. Instinktiv hielt ich meine Büchse quer vor mich, um den Schlag abzuwehren. Einen Augenblick lang konnte ich die Sterne im tiefen Blau des Nachthimmels sehen, bevor die große schwarze Form wie eine nasse Ramme auf uns herunterkrachte, und dann war alles schwarz.

Mit zappelnden Bewegungen kam ich zu mir und strampelte im Wasser herum. Ich bewegte meine Füße wie beim Wassertreten und paddelte leicht mit den Händen. Ich schien kaum atmen zu können und wusste doch, dass ich über Wasser war. Ich konnte hören, wie Papa mich rief: »Baron, Baron!« Ich spuckte krampfartig aus. Der schlammige Geschmack des Flusswassers vermischte sich in meinem Mund mit Galle und Blut, aber schließlich brachte ich doch ein Wort heraus: »Was?«

»Wo bist du?«, fragte Papa.

Ich versuchte ihm zu sagen, dass ich keine Ahnung hätte. Stattdessen kam nur irgendetwas zwischen einem Stöhnen und einem Grunzen heraus. Mit der rechten Hand berührte ich mein Gesicht. Irgendetwas stimmte da nicht. »Versuch, hier rüberzukommen!«, rief Papa. Ich hörte zwar, aus welcher Richtung seine Worte kamen, konnte aber überhaupt nichts sehen. Ich bewegte mich träge voran, wie im Traum, und dann fiel mir plötzlich wieder ein, was passiert war.

Es war sehr gut möglich, dass das Riesenkrokodil noch irgendwo in der Nähe war und meine Beine beäugte. Ich unterdrückte ein weiteres Stöhnen und schwamm auf der Seite leise in Richtung von Papas Stimme. Dann hatte ich wieder Grund unter den Füßen und stolperte ans Ufer, in seine Arme.

»Wir haben ein unverschämtes Glück gehabt, Bruder«, sagte er. »In dem Fluss gibt's mehr Krokodile, als wir im Augenblick gebrauchen können, und jetzt stehen wir hier auf dieser Sandbank.« Dann richtete er in der Dunkelheit den Blick auf mich und sah sich mein Gesicht von nahem an. »Mein Gott«, sagte er und wiederholte: »Ein absolut unverschämtes Glück. Bei dem Blut, das aus dir rausschießt, und dem Schlag, den du abgekriegt hast, ist es ein Wunder, dass du überhaupt noch atmest, Baron.« Er führte mich das Ufer hinauf und dann die Sandbank entlang zu einer Stelle, wo sich Treibholz angesammelt hatte, und dort legte ich mich hin. Er band die blutende Wunde mit Streifen von seinem Hemd ab, suchte sich ein paar feste Stöcke als Knüppel und passte bis zum Morgengrauen auf mich auf.

Später, als unser erster Boy ein Floß hatte bauen lassen und uns von der Sandbank wegholte und wir angeordnet hatten, dass man nach dem Frachtschiff, das uns zu der Flussmündung gebracht hatte, Ausschau halten sollte, fiel ich ins Delirium. Papa rettete mir das Leben, denn ich versuchte dauernd, mir den behelfsmässigen Verband abzureißen, den er über meine zerquetschte Nase und mein verwundetes Gesicht gelegt hatte. Ein rascher Hieb betäubte mich. Ich kam erst wieder im Krankenhaus in Daressalam zu mir, und wieder war Papa bei mir, als ich aufwachte.

»Das war der Großvater aller Krokodile, an dem wir uns da versucht haben, und wir haben ihn auf jeden Fall zur Strecke gebracht«, sagte er. »Aber wir haben ihn in beide Gehirnhälften getroffen und nicht genau in die Mitte, wie wir gehofft hatten. Er hätte dich fast erwischt, Baron. Hat dir deine Büchse direkt ins Gesicht geschlagen, unseren Einbaum zertrümmert, beide unsere Gewehre ins Wasser gestoßen und mir ein Schwitzbad und, als ich ans Ufer zurückschwimmen musste, ein Flussbad verschafft. In der Nacht wären wir dann fast aufgefressen worden. Aber keine Bange, Kleiner. Nächstes Mal machen wir's besser. Jetzt sind wir ja professionelle Krokodiljäger. Unsere Feuerprobe haben wir jedenfalls bestanden.«

Bei diesen Worten hielt er einen fünf Zentimeter langen Krokodilszahn hoch und reichte ihn mir. »Ein Andenken, Kleiner, eine Kleinigkeit, die ich aus deinem Gewehrkolben rausgezogen hab.«

Drei

Auf der Kassette herrschte Stille. Einen Augenblick lang war ich unsicher, ob sie abgelaufen war, aber dann hörte ich ein Geräusch: Charlie Willeford räusperte sich. Meine Tochter setzte sich auf und blickte mich an. »Dein Daddy war aber mutig.«

»Sicher, sicher war er das – wenn das alles stimmt.« Ich lächelte gezwungen. Ich wollte nicht ihre Vorstellung von einem richtig coolen Großvater zerstören. Und es gab auch vieles, was ich an meinem Vater mochte – aber noch konnte ich mein letztes Bild von ihm nicht abschütteln. Nicht wegen einer einzigen Krokodilgeschichte.

Es war ein für Florida typischer heißer, schwüler Tag gewesen. Vater, der in seinen Boxershorts am Esstisch saß, weinte, weil seine Beine froren. Im Nachhinein hört sich das albern an, aber in dem Augenblick hätte ich merken sollen, dass da irgendetwas ganz und gar nicht stimmte. Mein Vater war nicht jemand gewesen, der dauernd herumjammerte. Wenn wir bei orkanartigen Winden segelten, meinte er immer bloß: »Keine Bange, meine Kleine.« Und dann zog er an dem Großschot und ließ unser kleines Boot über berghohe blaue Wellen hüpfen.

Aber während seiner letzten drei Monate hatte er sich vier erfolglosen Operationen unterzogen, um die Durchblutung seiner Beine wiederherzustellen. Sein Kampf gegen einen Altersdiabetes neigte sich schnell dem Ende zu. Die Ärzte hatten ihm schon einen Termin für eine beidseitige Amputation gegeben.

Ich kann mich noch daran erinnern, wie ich ihn drängte, nicht aufzugeben. Da hörte er mit dem Selbstmordgerede einfach auf – und suchte am nächsten Tag den »Familienausweg«. So nannte er es, nachdem sein Vater und sein Bruder ihr Leben auf die gleiche Art und Weise beendet hatten. Ich nannte es immer noch Selbstmord, und ich hatte meiner Tochter nie davon erzählt. Das eine Mal, als sie nach ihrem Großvater gefragt hatte, da hatte ich gesagt: »Dein Opa ist krank geworden und gestorben.« Jetzt war er wieder da, quicklebendig, jedenfalls als Stimme, und erzählte von großen und spannenden Abenteuern. Wie konnte ich ihr das nehmen?

»So eine Geschichte kann kein Mensch erfinden«, sagte sie, und ich drückte sie kurz an mich.

»Da waren furchtbar viel gute Details drin«, stimmte ich ihr zu, »aber dein Großvater hat manchmal wirklich Geschichten erfunden, der konnte das sehr gut.«

»Okay, Mom, pass auf. Wenn er weiterredet und ›reingelegt‹ sagt, dann glaub ich, dass er sie sich ausgedacht hat.«

»Und wenn nicht, was dann?«, fragte ich.

»Wenn nicht, dann solltest du da ein Buch draus machen.« In ihren Augen war wieder dieses Funkeln, und ich schüttelte den Kopf. Ich wollte sie nicht entmutigen, aber –

»Bear«, sagte ich, »wenn es mal bloß so einfach wäre. Man braucht mehr als nur eine gute Geschichte, um ein Buch zu machen.«

»Hör dir doch erst mal den Rest von der Kassette an, Mom. Vielleicht ist der Rest auch noch drauf.«

Ich lachte. Wenigstens hatte ich herausgefunden, dass Jagdgeschichten auch bei der nächsten Generation ankommen konnten. Vielleicht war es mit der Hemingway'schen Tradition doch noch nicht vorbei.

Als Nächstes hörte man die Stimme des Professors. Er konnte sich nicht zurückhalten: »Sind Sie und Papa also noch mal zurückgegangen?«

»Um Krokodile zu jagen? Nein«, antwortete Vater. »Als ich aus dem Krankenhaus entlassen wurde, da hatte Papa schon von einem neuen Sport gehört, den er ausprobieren wollte. Er hatte gemeinsam mit Charles Thompson, der sich vor mir wieder erholt hatte, in der Serengeti gejagt. Papa hatte unsere verloren gegangenen .303er durch .30–06er Springfield-Büchsen ersetzt. Mit schweren Ladungen hatte er immer Erfolg. Er hatte bereits zwei Büffel und seinen Löwen erlegt. Er hatte ein enormes Vertrauen in die Genauigkeit und Stoppwirkung dieses Gewehrs entwickelt, selbst beim allergefährlichsten afrikanischen Wild.«

»Als da war?«, fragte der Professor.

»Mensch, nicht die wilden Strauße«, sagte Willeford. »Das wollte ich doch irgendwann mal verwenden.«

»Schwein«, knurrte mein Vater.

»Strauße?«, sagte der Professor. »Sie meinen die Vögel?«

»Das sind allerdings furchtbar große Vögel«, hörte ich meine Mutter einwerfen. »Aber Les erzählt diese Geschichte nicht so sehr gern.«

»Ich würde sie aber wirklich liebend gern hören«, sagte der Professor. »Strauße werden in Ernestos Afrika-Büchern nie erwähnt.«

»*Wilde* Strauße«, verbesserte Charlie. »Größer, heimtückischer, schneller, als man sie sich vorstellen kann, stimmt's, Les?«

»Bitte, Les«, sagte der Professor. »Ich meine – wenn es Ihnen nichts ausmachen würde. Warum hat Ernest diese Tiere denn nie erwähnt? Besonders, wenn sie wirklich so wild sind …« Selbst ich konnte die herablassende Belustigung im Tonfall dieses Mannes hören. Genau wie mein Vater offensichtlich auch, denn jetzt legte er gegen ihn los.

»Was meinen Sie mit *wenn*, Professor?«

»Ich, ich – ich meinte lediglich, verstehen Sie, eigentlich … sind es ja bloß Strauße, oder?«

Ich hörte meinen Vater leise sagen: »Sie halten sich wohl für so clever, dass Ihnen aber auch überhaupt nichts etwas anhaben könnte, was?«

»Äh … Nein, wirklich nicht«, meinte der Professor ganz kleinlaut. Ich konnte Dad vor mir sehen, wie er dieses blässliche kleine Frettchen turmhoch überragte.

»Sie glauben immer noch, das ist einfach bloß ein Vogel«, sagte Vater. »Aber das ist auch ein Kampfhahn. Haben Sie jemals einen Hahnenkampf gesehen, Professor?«

»Na ja, äh, ich hab auf jeden Fall eine Menge Geschichten gehört …«

»Das kann ich mir vorstellen. Wissen Sie auch, dass ein Kampfhahn durch und durch das heimtückischste, zäheste Tier auf der ganzen Welt ist?«

»Das, äh … entspricht auf jeden Fall dem, was ich gehört habe.«

»Gut. Ich freue mich über diese Entsprechung. Darauf trink ich jetzt einen.« Wieder hörte ich Eiswürfel klappern. »Und jetzt möchte ich, dass Sie sich einen

Kampfhahn vorstellen, der blitzschnell und über zweieinhalb Meter groß ist, dreihundert Pfund wiegt und in der wilden Kalaharisteppe aufgewachsen ist, wo nur die zähesten, bösartigsten Tiere überleben können.«

»Ganz so, so äh, lebendig hatte ich mir das Ganze nicht vorgestellt ...«, stotterte der Professor.

»Allerdings hatten Sie das nicht, verflucht noch mal«, sagte mein Vater.

»Bitte, Les, erzählen Sie die Geschichte doch. Ich meine, wenn es Ihnen nichts ausmachen würde.«

Es herrschte eine lange Stille. »Na gut«, sagte mein Vater schließlich, und ich konnte hören, wie sich Charlie und Mom der Reihe nach räusperten.

»Sie müssen verstehen«, begann mein Vater, »dass mein Bruder ein verdammt stolzer Mann war. Er sah diese Sache eher als ein potentielles Geschäft. Sicher war's ein Abenteuer, aber auch eine Möglichkeit, einfach wegzukommen. Nur sehr wenige wussten, wie dringlich er sich wünschte, Key West zu verlassen, um in Afrika zu leben. Natürlich hätte Pauline nie ihr Einverständnis gegeben, aber wenn es mit dem Straußenprojekt geklappt hätte, dann wäre es trotzdem dazu gekommen, egal, was es für ein Risiko war.«

Der Professor unterbrach ihn. »Strauße zu jagen kann doch aber unmöglich genauso gefährlich sein, wie mit Stieren zu kämpfen, sich an Löwen heranzupirschen oder blaue Marline zu fangen, oder?«

»Gefährlich? Was zum Teufel verstehen Sie denn schon von Gefährlichkeit, Professor? Haben Sie denn von meinen gottverdammten Worten gar nichts mitbekommen? Sie glauben, weil Sie noch nie einen wilden Strauß beim Angriff gesehen haben, das seien einfach bloß große Vögel. Es haben sich schon viele, die so gedacht haben, mit ihnen angelegt, und das Einzige, was ich dazu sagen kann, ist, dass das eine ganz ausgefallene Art zu sterben ist. Aber soll ich jetzt davon erzählen oder nicht?«

»Aber selbstverständlich. Entschuldigung, Les, erzählen Sie nur«, meinte der Professor. Ich hörte einen Stuhl scharren, dann schlug etwas gegen ein Glas, und darauf folgte ein zufriedenes »Ahh«.

Dann hob mein Vater an.

ICH DACHTE, ich hätte schon alles gesehen und das meiste auch bereits getan, bis ich da schwitzend, mit nacktem Oberkörper und schwer atmend unter der brennend heißen afrikanischen Sonne stand. Wenn Papa gewusst hätte, was uns bevorstand, hätte er das Ganze, glaube ich, gelassen. Genau wie Sie nahm er an, der wilde Strauß sei lediglich ein großer Vogel und die Geschichten, die wir gehört hatten, sollten uns nur Angst einjagen, seien nur als Scherz gedacht, um sich ein wenig über die weißen Jäger lustig zu machen. Wie gesagt, er war ein äußerst stolzer Mann, und als er diese Vermutung erst einmal hatte, musste er es allen zeigen.

Tja, da waren wir nun also.

Wir hatten schnell gelernt, dass der Kalahari-Strauß ein heimtückischer, zäher Vogel ist. Wir mussten also noch etwas heimtückischer und zäher sein, und natürlich brauchten wir auch Glück, so viel Glück wie möglich. Ich sollte schon sehr bald herausfinden, wie gefährlich der Straußenhahn sein kann, wenn einen das Glück verlässt.

Seit einer Woche hatten wir Strauße zusammengetrieben. Papa hatte sich in den Kontinent verliebt, und Charlie Thompson hatte vorgeschlagen, diese wilden Vögel zu züchten, um mit dem Land etwas Geld zu verdienen. Papa hatte gesagt, wenn ich mich tüchtig ins Zeug legte, sei die Hälfte des Erlöses für mich. Natürlich wurde mir schon bald klar, was genau damit verbunden war und dass ich vielleicht nie dazu kommen würde, den Gewinn zu genießen.

Wir waren am östlichen Rand des südwestlichen Afrikas zur Kalaharisteppe vorgestoßen. Wir hatten uns für drei Wochen Pferde gemietet – lange genug, um die Sache zu erledigen. Wir hatten beschlossen, dass wir entweder unseren Erfolg telegrafieren und uns mehr Geld schicken lassen würden, um die Vögel nach Hause zu transportieren, oder den Mund halten und uns unsere Niederlage nur selbst eingestehen würden.

Wir wussten, dass dort oben am Rand der Steppe kurze Zeit zuvor eine wissenschaftliche Expedition gewesen war. Man hatte gelegentlich Straußengruppen gesichtet, wirklich wilde Vögel, ganz anders, als man sie sich je vorstellt. Einmal war die Maschine der Expedition im Sturzflug auf fünf oder sechs beisammen stehende Vögel zugeflogen, und man hatte beobachtet, wie junge Hennen mit noch nicht voll entwickeltem Gefieder die Köpfe in den Sand gesteckt hatten.

»Das beweist noch gar nichts«, sagte Papa. »Ich hab jemanden, der eine Straußenfarm hat, danach gefragt. Er meinte, die versteckten sich nicht, wenn sie Angst haben, die hätten nur was zu fressen gesucht, als sie die Köpfe im Sand vergruben – und der müsste es ja eigentlich wissen.«

»Und wie fangen wir diese Vögel also?«, fragte ich, das Thema wechselnd.

»Ich dachte mir, diesmal fragen wir die Einheimischen«, sagte Papa. »Die müssen das doch wissen – die wohnen doch schließlich hier am Rand dieses gottverlassenen Kaktusmeers.«

Und so fragten wir sie. Und bekamen eine ganze Reihe von Schauergeschichten über die großen Vögel zu hören, die Papa geflissentlich ignorierte. Etliche Männer boten uns ihre Hilfe bei der Jagd an – aber das endete dann immer in einer Debatte darüber, wie viele Eier pro Nest ihnen zustehen würden. Und so beschloss Papa nach einem halben Dutzend Gespräche, die immer nach demselben Muster verliefen, die »Experten« vollends zu ignorieren.

»Entweder wissen sie's nicht, oder sie sagen's nicht«, meinte er. »Ich würde sagen, wir ziehen einfach los und versuchen unser Glück.«

»Gut«, sagte ich. »Sind ja bloß große Vögel, stimmt's?« Das war eine dieser beiläufigen unbekümmerten gottverdammten Bemerkungen, die einen dann später verfolgen, und ich wünschte, ich hätte das nie gesagt. Aber ich hatte es gesagt, und Papa stimmte mir zu, und wir machten uns auf den Weg in die Gegend, wo es diese wilden Strauße in rauen Mengen geben sollte.

Wir hatten die alten Berichte darüber gelesen, wie die ersten Straußenjäger die allerersten ausgewachsenen Vögel gesichtet und eingefangen hatten, und so dauerte es nicht lange, bis Papa und ich unsere ersten Erfolge erzielten. Die Jagd bestand aus zwei Teilen. Zuerst musste man die großen Vögel ermüden, und dann musste man sie einfangen. Beide Phasen hatten ihre Gefahren.

Am zweiten Tag fingen wir eine Henne, am dritten noch eine, und so ging es weiter, bis wir drei Wochen später, unsere Misserfolge und die schwierigen Jagden, bei denen uns die Tiere entkamen, eingerechnet, drei junge Hähne und sechs Hennen hatten, und zwar alle in verschiedenen Entwicklungsstadien – von zwei Jahre alten Jungstraußen bis zu wunderschönen ausgewachsenen Vögeln. Die Lektüre dieser alten Berichte hatte uns vielleicht mehr geholfen, als wir dachten; wir hatten Dinge gelernt, die Farmer in Afrika, die moderne Straußenhaltung betrieben, nicht zu wissen schienen. Zumindest hatten sie sie nicht auf die mühsame Art und Weise herausgefunden, was doch die einzige Methode ist, etwas zu lernen und auch zu behalten.

Es gibt ein altes afrikanisches Sprichwort, wonach ein ausgewachsener Strauß zwei Pferde erschöpft. Eins der ersten Dinge, die wir lernten, war, dass das stimmte. Am zweiten Tag kamen wir auf die Idee, uns auf einen einzelnen Vogel zu konzentrieren und uns aufzuteilen. So gelang es uns gewöhnlich, ihn zu ermüden, und zwar tagsüber, in je zwei einstündigen Staffeln. Natürlich wussten wir am Anfang der Jagd nie, wie fit der Vogel war. Wir gingen einfach immer davon aus, dass wir gewinnen würden, und auf mehr als zwei Dritteln unserer täglichen Jagden fingen wir die Vögel, die wir verfolgten, auch ein.

Wir zogen im frühen Morgenlicht los, wenn die Steppe am faszinierendsten – und erträglichsten – ist. Es gibt nur wenige Gegenden in der Welt, die am frühen Morgen derart schön sind. Die schlimmste Nachtkühle ist vorüber, und die Farben sind klarer als irgendwo anders. Jede noch so kleine Pflanze scheint die Feuchtigkeit, die man in der Luft spüren kann, aufzusaugen. Auf den Blättern und Trieben der seltenen, verstreut stehenden wilden Blumen sieht man winzige Tröpfchen. Man weiß, in einer einzigen Stunde glänzen sie und sind trocken und ihre Warteein-Weilchen-Blüten stehen aufrecht. Dann wirken sie, als seien sie schon immer dort gewesen, und man weiß, dass man ein Fremdling ist und immer einer bleiben wird.

Morgen um Morgen zogen wir von unserem Vorposten los und scheuchten ein oder zwei Strauße auf – manchmal auch mehr, denn es war Paarungszeit. Stets wählten wir uns einen bestimmten Vogel aus, konzentrierten uns auf ihn und machten ihn zu unserem Jagdziel des Tages. Bisher hatten wir unverschämt viel Glück gehabt. Jedes Mal, wenn wir einen Vogel mit dem Lasso eingefangen hatten, verbanden wir ihm die Augen und brachten ihn zurück in den Korral der Eingeborenen, den wir als Fanggehege benutzten.

Alles war gut gegangen, erstaunlich gut. Wir wollten nur noch einen Vogel haben und wussten auch, dass wir ihn bekommen würden. An diesem letzten Morgen waren wir zu der Stelle gezogen, wo wir eine Menge kleinere Gruppen gesichtet hatten. In jenem Teil der Steppe, fast fünfhundert Kilometer nördlich von Kapstadt, aber offiziell noch nicht im Kalahari-Nationalpark, gab es buchstäblich Hunderte dieser großen Vögel. Im Park selbst war das Jagen verboten, und wir hielten uns auch strikt fern von dort. Stattdessen arbeiteten wir weiter südlich und westlich, direkt an der Grenzlinie entlang, wo es ab und zu stehende Tümpel gab, von denen wir wussten, dass die Strauße sie aufsuchten. Allerdings war es auch dort verboten zu jagen. Man brauchte eine Erlaubnis, doch dauerte es Monate, eine zu bekommen, und so viel Zeit hatten wir nicht.

Trotzdem war Papa auf der Hut. Als junger Mann hatte er in Michigan einmal ohne Genehmigung einen Vogel geschossen. Seine Lektion erhielt er dann von

Onkel George. Onkel George lebte in einem benachbarten County, und Ernest hatte gedacht, er sei vor der dortigen Gerichtsbarkeit sicher. Aber Onkel George zeigte nicht die Spur von Verständnis. Er riet Ernest, sich zu stellen und die Strafgebühr zu zahlen. Papa tat es dann auch, und das half ihm, seine eigenen Verhaltensregeln zu entwickeln.

Papa war überzeugt, dass nur diejenigen Menschen etwas taugten, die einem halfen, wenn man irgendwie in der Klemme saß, und dass alle anderen Taugenichtse seien. Ich hatte den Eindruck, bei dieser Jagd auf die wilden Vögel würde ich auf die Probe gestellt und müsste zeigen, was ich taugte. Papa hatte ein stattliches Exemplar ausgesucht und war, den Straußenhahn direkt vor sich, einen Hügel hochgaloppiert.

»Jetzt nehm ich mir den erst mal vor!«, rief Papa, als er an mir, der ich auch auf meinem Pferd saß, vorbeiritt. »Halt dich da hinten bereit, wenn ich an dir vorbeikomme. Du reitest die letzte Etappe, und ich warte dann auf dich, wenn du ihn zu mir zurücktreibst.«

Und so geschah es dann auch. Ich folgte seinen Anweisungen, und als Papa den Vogel zu mir hintrieb, nahm ich die Verfolgung auf. Aber der Strauß spielte nicht mit. Er blieb nicht stehen, verlangsamte nicht einmal das Tempo. Er wurde einfach nicht müde. Ich jagte ihn über den brennend heißen Steppenboden, bis mein Pferd zu schnaufen anfing. Es schien unmöglich, dass Papa und ich diesen Vogel schon seit mehr als zwei Stunden in vollem Galopp gejagt hatten. Das hatten wir aber.

Nach einem langen, ermüdenden Galopp eine Schlucht hinunter, bevor es mir gelungen war, den Strauß dorthin zurückzutreiben, wo Papa und sein Pferd verschnauften, konnte meine Stute dann nicht mehr. Ich stellte mir Papa vor, wie er sich, hechelnd und völlig atemlos, wünschte, wir hätten uns nicht ausgerechnet diesen verflucht steinigen Weg zum Reichtum ausgesucht. Nur diesen letzten Vogel noch, dann hätten wir zehn, und das wäre der Anfang von unserer Farm. Allerdings hatten wir ihn noch lange nicht in unserem Korral.

Schließlich ließ ich mein erschöpftes Pferd im Schritt gehen. Die Verfolgungsjagd fortzusetzen hätte es das Leben kosten können. Und zu meiner großen Erleichterung fing auch der Strauß, nachdem er noch rund hundert Meter weitergespurtet war, an zu stolpern, blieb stehen und fiel um. Langsam ritt ich heran und brachte meine matte Stute knapp sechs Meter vor ihm zum Stehen. Ich griff mein Lasso und schwang mich aus dem Sattel, in der Absicht, hinüberzugehen und es dem Vogel um die Füße zu binden, damit er seine Beine nicht mehr weit genug auseinander bekam, um wegzurennen oder zuzutreten. So hatten wir es auch mit den anderen gemacht. Waren die Füße erst einmal zusammengebunden, dann zogen wir ihnen einen Strumpf über den Kopf und führten oder zerrten sie zurück in den Korral.

Als ich jedoch bis auf rund einen Meter herangekommen war, richtete sich das riesige Tier mühsam auf und kam auf die Knie. Das war nicht unbedingt gut. Der Vogel war weniger außer Atem als mein Pferd und ich und konnte jeden Augenblick wieder Reißaus nehmen. Ich zog an der Lassoschlinge und versuchte, sie weiter zu machen, damit ich sie direkt über ihn werfen konnte. Diese plötzliche Bewegung, die er aus dem Augenwinkel sah, reichte. Während ich die Schlinge ausschüttelte, gab der Vogel dumpfe Kehllaute von sich. Ich warf das Lasso los, und die Schlinge legte sich auch einen Augenblick lang um den auf der mir abgewandten Seite liegenden Flügel. Dann stand der Strauß auf, und die Heftigkeit dieser Bewegung riss mir das Seil glatt aus der Hand. Ich spürte einen plötzlichen brennenden Schmerz in den Handtellern und sah, wie das Seil wegschnellte – hatte jedoch keine Zeit, darüber groß nachzudenken.

Denn in diesem Augenblick ging der riesige Straußenhahn, ein prächtiger Vogel, auf mich los. Ich wusste, ich saß in der Tinte.

Er lief auf mich zu, und ich trat den Rückzug an. Sein massiver Körper saß genau ausbalanciert auf den beiden stangenförmigen Beinen, und sein dünner Hals überragte meinen Kopf um gut einen halben Meter. Wie er mit seinem kolbenartigen Gang auf mich zukam, wirkten seine Bewegungen unbeholfen, zugleich jedoch effizient.

Wie gesagt, ich wusste, ich saß in der Tinte, und hatte keine Ahnung, was ich machen sollte. Ich war völlig allein da unten in dieser Schlucht. Papa konnte nicht in sie hinabsehen, und ich hatte auch keine Ahnung, wie weit weg er überhaupt war. Das Seil hatte ich verloren, meine Büchse war bei meinem Pferd, das ebenso gut auch in Kapstadt hätte stehen können. Bis auf mein Taschenmesser war ich unbewaffnet, und der Vogel wirkte, so wie er auf mich zugestapft kam, kein bisschen erschöpft.

Ich machte die obersten drei Hemdknöpfe auf, riss die letzten beiden ab und zog das Hemd aus – damit ich wenigstens etwas in der Hand hatte, wenn er versuchte, den tödlichen Stoß anzubringen. Ein Hemd gegen einen Fußstoß, der einem Löwen die Eingeweide herausreißen konnte. Wie sehr wünschte ich mir eine »Keule«, einen dieser Knüppel mit Mimosendornen, den die professionellen Züchter auf den Straußenfarmen haben. Sie verwenden sie zur Verteidigung gegen genau solche Hähne, wenn diese in der *quei*, der Brunst, und kaum noch zu kontrollieren sind. Mir fielen verschiedene Geschichten ein über die Wildheit des Straußenhahns während der Paarungszeit, wo es zu vielen Todesfällen kommt. Man hatte uns erzählt, dass ein brünstiger Hahn alles und jeden angreift. Plötzlich schienen diese Geschichten nicht mehr ganz so weit hergeholt zu sein.

Der gigantische Vogel blieb ein paar Schritte vor mir stehen und stieß seinen eigenartigen Schrei aus. Es waren zwei kurze »Buhs« und dann ein lautes »Buhm«. Es kam tief aus seiner Kehle. Beim Buhm breiteten sich seine Flügel aus, und er griff fauchend an. Als er auf mich zukam, kauerte ich mich zusammen, bereit, mich auf ihn zu stürzen. Mir war nur eines klar: Ich würde ihm keine Gelegenheit geben, mir mit dieser üblen Kralle an seinem Zeh die Gedärme herauszureißen.

Ich starrte auf die riesigen Füße, die nur noch zwei Schritte von mir entfernt waren, und auf den hässlichen Kopf, der mir fast direkt ins Gesicht fauchte. Dann machte er den letzten Schritt vorwärts, und ich sah, auf welchem Bein er stehen würde. Ich stürzte mich mit ausgestrecktem Arm nach vorn, bereit, ihm das flatternde Hemd über den Kopf zu werfen – als ich das Gleichgewicht verlor und ihm der Länge nach direkt vor die Füße fiel. Ich zog die Beine an, um meinen Unterleib zu schützen.

Aber er stieß nicht zu. Meine Vorwärtsbewegung hatte ihn zum Ausweichen bewogen. Plötzlich brauchte er das Bein, mit dem er hatte zustoßen wollen, zum Stehen. Als er es wieder auf die Erde brachte, rappelte ich mich hoch, das Hemd noch immer in der Hand. Der Vogel drehte sich zur Seite, um in einem Bogen erneut auf mich zuzukommen.

Als er zum Angriff überging, wusste ich, dass ihm das Hemd diesmal keine Angst einjagen würde. Aber als er dann nur noch mehrere Meter von mir entfernt war, drehte er plötzlich den Kopf weg, blieb stehen und fauchte irgendetwas hinter meinen Schultern an. Ich wagte es nicht, den Blick von ihm abzuwenden, um zu sehen, was da war, fragte mich jedoch, was diesem Hahn solche Angst einjagen könnte, dass er seinen Angriff abbrach.

Gleich darauf bekam ich meine Antwort.

»Baron«, hörte ich meinen Bruder aus einer Entfernung von vielleicht dreißig Metern sagen, »gib nicht auf, du hast ihn fast.«

»Oder er mich!«, rief ich zurück und traute mich immer noch nicht, den Blick zu wenden.

»Mein Gott, gib doch jetzt nicht auf«, sagte Papa. »Ich könnte dir helfen, aber wenn du ihn selbst fängst, dann bedeutet das entschieden mehr.«

Mir ist klar, dass jeder normale Mensch Papas Logik fraglich gefunden hätte, aber na ja, ich war eben sein kleiner Bruder. Ich tat, was er mir sagte. Jetzt weiß ich, dass ich hätte versuchen sollen, den Vogel zu meinem Lasso herüberzulocken. Aber in meinen Schläfen hämmerte das Blut. Das erste Mal war ich den Dolchen an seinen Füßen entgangen, und mein einziger Gedanke war, ihnen wieder zu entgehen. Aber wie?

Dann hatte ich eine Eingebung. Ich musste etwas anderes benutzen. Ich hatte nur noch Hosen und Stiefel an. Aber ich trug einen Gürtel!

»Ich lass diese verdammte Bestie meinen Gürtel spüren«, sagte ich laut.

»So ist schon besser, Kleiner«, sagte Papa, noch immer gut fünfzehn Meter entfernt, von dem sicheren Platz auf seinem Pferd herunter.

Der Strauß hatte entschieden, dass Papa keine unmittelbare Bedrohung darstellte, und begann wieder, mich anzufauchen. Aber er hatte noch keine fünf dieser kolbenartigen Schritte getan, als ich auch schon die glänzende Schnalle aufmachte.

Dem Hahn musste klar geworden sein, dass nur einer von uns beiden diesen Kampf überleben würde, denn als er diesmal angriff, wurden seine Schritte länger. Sein Kopf ragte hoch auf, und er fauchte. Das war alles andere als der erschöpfte Vogel, den ich nur wenige Minuten zuvor fesseln und ohne Papas Hilfe einfangen zu können glaubte.

»Jetzt oder nie«, sagte ich mir und zog den Gürtel der Länge nach heraus. In einer Hand hielt ich das Hemd, in der anderen den Gürtel, während der dreihundert Pfund schwere Straußenhahn voll böser Absicht auf mich zukam. Ich hielt den Gürtel mit der Schnalle nach außen, um ihm damit gegen den Kopf zu schlagen.

Den Gürtel und das Hemd in den Händen stand ich da. Ich wusste, dass ich unangenehm nah an ihn herangehen musste – vielleicht zu nah. Aber es war meine beste Chance. Der Gürtel fühlte sich gut an in meiner rechten Hand. In meiner Linken hielt ich das Hemd, zusammengeknüllt und bereit, loszufliegen und ihn zu zwingen, die Augen zu schließen – wenn ich alles richtig machte.

Er war nur noch einen Schritt entfernt – vier bis fünf Meter bei seinen Schritten – als er stehen blieb, um den verhängnisvollen Stoß auszuführen.

»Sieh auf seine Füße, er deutet seinen Stoß an!«, rief Papa, als gäbe er einem Boxer Anweisungen. In dem

Moment sprang ich wieder nach vorn. Aber diesmal hatte ich nicht ganz so viel Glück. Die Kralle des riesigen Zehs kam in einem Bogen auf mich zu und erwischte mich am äußeren Rand meines rechten Oberschenkels, während ich blitzartig nach links auswich. Mit der schnellsten Doppelreaktion meines Lebens warf ich ihm das Hemd ins Gesicht und schwang den Gürtel mit der Schnalle gegen seinen Hals.

Diesmal stürzten der Vogel und ich gleichzeitig zu Boden. Wie wild griff ich mit beiden Armen nach seinem Hals und spürte, wie sein gewaltiger Körper auf dem Boden seitwärts hin- und herschlug. Es war schwer, ihn festzuhalten. Zweimal entwand sich sein Hals fast meinem Griff, wie eine geradezu unheimliche Schlange.

»Vögel sind nichts als Riesenreptilien!«, schrie Papa von seinem Pferd herunter.

»Dann ist diese Teufelsbrut eine Boa constrictor!«, brüllte ich zurück und hielt den Hals mit einem Todesgriff umklammert. Dann kam sein Kopf unter dem Hemd hervor. Blitzschnell erfolgte ein Hieb auf meinen Kopf, und ich hörte und spürte, wie das Fleisch meines Ohrs riss. Warmes Blut strömte mir übers Gesicht und den Hals hinunter und schien meine Nerven zu beruhigen. Es gelang mir, seinen Kopf wieder zu bedecken. Die stacheligen Federn an diesem langen, sich windenden Hals fühlten sich eklig an, aber ich zog seinen Kopf auf meine Brust herunter und wickelte meinen Gürtel los. Dann kniete ich mich hin und begann, das Hemd festzubinden. Die ganze Zeit über saß ich auf seinem Körper, die Beine unter den weichen, gefiederten Flügeln und dem Bauch, so dass seine kräftigen Beine vergeblich nach hinten ausschlugen.

In einiger Entfernung hörte ich ein dumpfes Geräusch – ich war mir nicht sicher, ob das von dem Blut in meinem aufgeschlitzten Ohr kam oder nicht. Als ich den dritten Knoten machte, sah ich Papa heranreiten. Ich blieb, wo ich war, schwer atmend und wohl wissend, was für ein Glück ich hatte, noch am Leben zu sein.

»Gute Arbeit!«, rief Papa im Näherkommen. »Und wie hat's sich angefühlt?«

»Das wär mal was ganz was Neues für die Hahnenkämpfe in den Keys!«, rief ich zurück und sah, wie Papa langsam den Hügel hinunterkam, damit sein Pferd den Vogel nicht erschreckte.

»Stimmt. Wir würden ein Vermögen verdienen. Vorausgesetzt, du kommst dabei nicht um.«

Ich schüttelte mit dem Kopf, um den Blick frei zu bekommen. Ich spürte, wie mir das Blut von dem verletzten Ohr auf die Brust lief.

»Alles in Ordnung, Baron?«, fragte Papa, als er auf mich zugeritten kam. Sein Ton verriet echte Besorgnis. Er sah mich noch einmal an und blinzelte ungläubig. »Du bist ja verletzt, Kleiner. Warum hast du das denn nicht gesagt?« Er sprang herab und kam herübergerannt.

Er sah sich die Seite meines Kopfes an und die Hosen, dort, wo der Vogel sie aufgerissen und meinen Oberschenkel aufgeschlitzt hatte. »Mein Gott, Junge, da müssen wir was raufmachen.« Er ging zu seinem Pferd zurück und holte sein Lasso und aus der Satteltasche eine Flasche Gin. Ein paar Sekunden später waren die Beine des Straußenhahns mit einem kurzen anständigen Stück Seil zusammengebunden. Dann kniete Papa sich auf den Vogel und meinte: »Bück dich mal, du Penner.« Mit zwei sicheren Bewegungen goss er den Alkohol über meine linke Kopfseite und meinen rechten Oberschenkel. Ich spürte, wie er sich brennend seinen Weg bahnte. »Das sollte eigentlich helfen. Und was deinen Freund hier anbelangt …« Er zog eine Socke hervor und zog sie dem Vogel über den Kopf.

Ich starrte auf die ehrfurchtgebietende Kreatur, die noch immer zuckte, noch immer versuchte auszuschlagen, obwohl ihr Kopf umhüllt war, sie Fußfesseln trug und Papa direkt auf ihr saß. Ihr schwarzweißes Gefieder glänzte in der Steppensonne. »Der hat einen ordentlichen Kampf geliefert, Papa. Vielleicht hat er was Besseres verdient«, sagte ich.

»Unsinn«, erwiderte Papa. »Dem Sieger – gebührt der Strauß. Und außerdem wird es ihm besser gehen als je zuvor, wenn er auf unserer Farm die herrlichsten Küken zeugen kann. Willst du ihm das etwa vorenthalten? Nur, weil er versucht hat, dir die Gedärme aus dem Leib zu reißen, Kleiner?«

Da lachte ich. Es tat zwar weh, aber es ging. »Okay«, sagte ich zu meinem Bruder, »bringen wir unsere wilde Herde zurück in die Zivilisation.«

»Entschuldigen Sie bitte«, fiel der Professor meinem Vater ins Wort. »Aber ich weiß, dass Ernest nie nach Afrika gezogen ist – was ist denn aus Ihrer Farm geworden?«

Ich konnte hören, wie mein Vater an seinem Drink nippte. »Wie gesagt, Pauline wollte nicht mit ihrer Familie nach Afrika ziehen. Und nachdem Ernest meine Wunden gesehen hatte, ließ er sich die Idee, drei Söhne in der Gegenwart von derart bösartigen Tieren großzuziehen, doch noch einmal durch den Kopf gehen. Und dann haben wir alle zehn verkauft und uns den Erlös geteilt.«

»Und was habt ihr mit euerm hart verdienten Zaster gemacht?«, fragte Charlie Willeford.

»Na ja, es gab da ja noch eine Gegend in Afrika, die Papa erforschen wollte. Er meinte, das würde all die Unannehmlichkeiten, die mir bei unseren anderen Abenteuern widerfahren waren, wieder wettmachen.«

Auf der Kassette rauschte und knackte es. Dann ging die Zimmertür auf, und ich stellte den Kassettenrekorder ab.

Vier

Jeffry kam ins Zimmer und setzte sich, Miss Pookie im Arm, ans Bettende. »Und wie geht's meinen Mädchen?«, flüsterte er und strich mir die Haare aus dem Gesicht, um mir einen Kuss zu geben. Dann wandte er sich zu Bear, gab ihr einen Kuss auf die Stirn und reichte mir Pookie zum Stillen.

»Uns geht's prima, Daddy!«, antwortete Bear.

Ich lächelte, und aus irgendeinem Grund blickte Pookie auf und lächelte genau zur gleichen Zeit. »Die Kassette«, sagte ich und sah von Pookies süßem Gesicht zu meinem Mann hinüber. »Die Kassette aus Moms Safe. Darauf erzählt Dad irgendeinem Englischprofessor ein paar Geschichten.«

»Na, das ist doch gut«, sagte er.

»Hmm, stimmt, aber – das sind sehr merkwürdige Geschichten, Jeff.«

»Was hast du denn erwartet? Ich hab von ihm nie eine gehört, die langweilig gewesen wäre.«

Jeff und seine Familie waren schon seit über dreißig Jahren mit unserer Familie befreundet, und die meisten seiner Kindheitserinnerungen an uns hatten mit meinem Vater zu tun. Ich war damals bloß eine lästige überdrehte Göre für ihn gewesen. Aber Dad hatte, egal wo er war, einen nachhaltigen Eindruck hinterlassen.

»Jeff, weißt du noch, wie wir als Kinder mit unseren Familien unten auf den Keys zusammen zelten waren?«

»Na klar. Dein Vater hat auf der Fahrt da runter eine fantastische Geschichte über einen Piratenschatz erzählt. Ich wär fast auf den Vordersitz geklettert, um besser hören zu können.«

»Genau. An diese Geschichte kann ich mich auch vage erinnern, aber was ich noch ganz genau weiß, ist, wie ich im Harry-Harris-Park fast den ganzen Strand umgegraben habe. Ich wollte unbedingt diesen Schatz finden.«

»Worauf willst du eigentlich hinaus?«, fragte Bear.

»Darauf, dass dein Vater und ich wissen, wie überzeugend dein Opa wirkte – und ich möchte nicht, dass du diese Geschichten allzu ernst nimmst.«

»Dir haben sie doch auch nicht geschadet, oder?«, fragte Jeff mich. »Wovor hast du eigentlich Angst?«

»Ich weiß auch nicht«, gab ich zu.

»Daddy«, schaltete Bear sich ein, »wir veröffentlichen diese Geschichten.«

»Wirklich?« Jeff zog eine Augenbraue in die Höhe. »Da müssen sie aber ziemlich gut sein.«

»Sind sie auch, sind sie auch, sind sie auch«, antwortete Bear.

»Wenn das bloß so einfach wäre«, sagte er.

»Genau dasselbe hat Mommy auch gesagt.« Sie kicherte.

Jeffry lächelte. »Tja, da hat sie auch Recht. Von einer guten Geschichte bis zu einem guten Buch ist's ein weiter Weg.«

»Aber du und Mom, ihr schreibt doch die ganze Zeit Bücher«, beharrte Bear hartnäckig. »Und diese Geschichten sind echt gut!«

Jeff sah zu mir herüber. »Wirklich?«, fragte er.

»Na ja …«, begann ich und hielt dann inne. »Sie sind sehr detailliert, aber – ich glaube nicht, dass sie wahr sind. Trotzdem sind sie verdammt lustig.«

»Sie gefallen ja sogar mir, und dabei finde ich Jagen ekelhaft«, fügte Bear hinzu.

»Und was wäre, wenn die Geschichten doch wahr sind?«, fragte Jeff.

Ich zögerte mit einer Antwort. »Also, das geht gar nicht. Ich meine, dann hätte ich davon gewusst.«

»Wirklich? Meinst du denn, Bear hier weiß alles über mich?« Er drehte sich zu unserer Tochter um. »Ich hab mal Leadgitarre in einer Rockband gespielt.«

»Ehrlich? Cool.« Bear grinste.

»Hört mal«, sagte ich. »Vielleicht weiß ich ja wirklich nicht alles über meinen Vater. Natürlich hatte er schon viel erlebt, bevor er Vater wurde. Aber diese Geschichten – ich meine, was wir bisher gehört haben …«

»Die sind zu cool, um nicht wahr zu sein«, sagte Bear.

»Manchmal bedeutet das aber auch, dass sie's nicht sind«, sagte Jeff und fuhr seiner Tochter durchs Haar. Als er ihren Gesichtsausdruck sah, fügte er allerdings hinzu: »Aber vielleicht sind sie ja doch wahr. Wer weiß.«

»Tja«, sagte ich und legte mir Pookie über die Schulter, damit sie aufstoßen konnte. »Warum hörst du sie dir nicht einfach auch mal an, um zu sehen, was du davon hältst?«

Jeff grinste. »Hätte nicht gedacht, dass du mich je fragen würdest.« Er nickte Bear zu. »Mach's, Sam.«

Ich lachte und sah zu, wie Bear sich herüberbeugte und die Kassette loslaufen ließ. Wir setzten uns alle bequem hin und lauschten, während die Stimme meines Vaters erneut das Zimmer füllte.

»– er damit meinte?«, fragte der Professor. Wir hatten ein paar Worte verpasst. Ich wollte die Rückspultaste drücken, aber Jeffry und Bear winkten beide gleichzeitig ab, wobei sie sich angrinsten wie ein Paar Schwachköpfe.

»Ach, das ist nicht so wichtig«, sagte mein Vater.

»Aber ich würde sie wirklich liebend gern hören«, beharrte der Professor hartnäckig. »Ich meine, wenn es Ihnen nichts ausmachen würde.«

»Ich hab sowieso schon zu viel geredet«, sagte mein Vater. »Und außerdem ist da gerade ein ziemlich schöner Sonnenuntergang.«

Man hörte, wie mehrere Leute ihren Standort wechselten und Füße über den Terrassenboden schlurften. »Der ist wunderschön«, sagte meine Mutter. »Seht euch doch mal das rosa Licht da hinten im Golf an.«

»So einen Sonnenuntergang gibt's nicht noch mal auf der Welt«, sagte mein Vater.

»Na, ich weiß nicht«, meinte Charlie Willeford nachdenklich. »Da hast du uns aber mal was anderes erzählt.«

»Was zum Teufel soll denn das schon wieder heißen?«, fragte mein Vater.

»Sei doch nicht so verdammt bescheiden, Les«, sagte Willeford. »Ich weiß, dass du gesagt hast, es sei nicht so wichtig, aber es ist eine tolle Geschichte. Mit deinem Bruder in der Wüste. Beim Sonnenuntergang. Wo war das noch mal – in Ostafrika?«

»Verdammt noch mal, Charlie«, begann mein Vater.

»Au ja, Les, erzähl uns davon«, sagte meine Mutter glücklich. »Erzähl uns von den Affen.«

»Verdammt noch mal, das waren keine Affen«, sagte mein Vater.

»Natürlich nicht«, stimmte ihm Willeford zu. »Das waren Paviane.«

»Paviane – wirklich?«, schaltete sich der Professor atemlos ein. »Warum in aller Welt hat Ernest denn Paviane gejagt?«

»Er hat doch gar keine Paviane gejagt«, knurrte mein Vater. »Die Paviane haben mich gejagt! Und um ein Haar hätten sie mich auch tatsächlich erwischt!«

»Haben einen Affen aus dir gemacht, was?«, murmelte meine Mutter mit ihrer weichen, rauen Stimme. Ich hörte ein Geräusch, das so klang, als unterdrückte Onkel Charlie ein Lachen. Dann schwafelte der Professor weiter.

»Aber Paviane sind doch vollkommen harmlose, sanftmütige, gesellige Primaten, die …«

»Sanftmütig!«, explodierte mein Vater. »Die haben mich fast zu Tode gesanftmütelt, verdammt noch mal. Erzählen Sie mir doch nicht solche akademischen Märchen. Ich war dabei und weiß, dass das nicht stimmt. Paviane und sanftmütig! Also wirklich.«

»Natürlich, Les, Entschuldigung. Ich hatte das nur gelesen. Und Ernest war da auch mit dabei? Stimmt das, Les?«

»Ernest war überhaupt nicht mit dabei«, sagte Dad. »Und ein Sonnenuntergang war da auch nicht. Es war zwölf Uhr mittags und heißer als in der Hölle. Und ich dachte wirklich, dass ich nie mehr auch nur einen einzigen Sonnenuntergang erleben würde. Selbst heute kann ich noch kaum glauben, was da passiert ist.«

»Das ist das Stichwort«, murmelte Charlie Willeford.

»Und was ist da passiert, Les?«, fragte meine Mutter lebhaft.

Es gab eine Pause, und wieder hörte man Eiswürfel klappern. »Ich wurde am Kopf getroffen«, sagte mein Vater schließlich. »Von einem Stein.«

»Und Ernest hat Sie gerettet!«, meinte der Professor überschwänglich.

»Nein«, sagte mein Vater. »Ich bin gestorben.«

Alle lachten, selbst der Professor – aber wieder ein klein wenig später als die anderen. Als sich das Gelächter legte, spornte Charlie meinen Vater an fortzufahren.

»Aber jetzt mal im Ernst, Les«, sagte er.

»Ja, ganz im Ernst«, meinte meine Mutter.

»Das ist mein Ernst«, sagte Dad. »Soweit ich das beurteilen konnte, war ich tot. Das Letzte, woran ich mich erinnern kann, ist, wie der Erdboden auf mich zukam und ich so ein komisches Gefühl hatte, als sei die Welt sehr weit weg und nicht allzu interessant. Und dann …«

»Ja?«, fragte der Professor mit gedämpfter Stimme.

»Nichts. Ein leeres, schwarzes Nichts. Und zwar sehr lange, glaube ich.«

ICH WEISS BEIM besten Willen nicht, wie lange ich da gelegen habe. Als ich wieder zu mir kam, hatte ich ein Brummen in den Ohren und hörte ein leises Geschnatter zwischen den Felsen in dem weißen Dunst vor mir. Ich versuchte mit aller Kraft zu erkennen, was die Flecken, die sich auf unerklärliche Weise bewegten, waren. Aber ich schaffte es nicht. Ich tastete nach meiner Brille und fand sie auch – oder zumindest einen Großteil. Sie war zerbrochen und lag irgendwo neben meinen Füßen, aber selbst, wenn sie nicht kaputt gewesen wäre, wäre ich wegen meines Schweißes und meiner Angst und dem entsetzlich grellen Sonnenlicht Ostafrikas halb blind gewesen. Und dieses verfluchte Brummen – was würde mir wohl als Nächstes drohen?

Das Brummen hörte sich wie Insekten an, aber doch nicht ganz. Und die Flecken waren meine Gegner – Mantelpaviane, tödliche, verschlagene Wüstenungeheuer. Ich sah den verschwommenen Umriss eines Steins auf mich zukommen, duckte mich rechtzeitig und feuerte einen zurück, während ich einem anderen auswich, aber ein flaches Stück Schiefer erwischte mich trotzdem am Knie. Ich bückte mich, um mehr Steine zu sammeln. Ohne irgendetwas sehen zu können, hörte ich diese Steine, die urplötzlich einen scharfen Schmerz durch meinen Schädel schießen ließen, als hätte ich durch ein dickes, nasses Handtuch hindurch eins über den Kopf bekommen. Ich spürte einfach, wie sich der Erdboden wieder erhob und gegen mich prallte. Jetzt konnten sie mich einkreisen und von nahem bewerfen. Diesmal war ich mir sicher, dass sie es tun würden. Ich musste mich aufrappeln, selbst hinter irgendeinem Felsen in Deckung gehen und mehr Steine finden, mit denen ich mich verteidigen konnte. Ich stemmte mich mit meinem unverletzten rechten Arm hoch, aber nichts geschah. Nichts? Nein, das stimmt nicht. Etwas, eine Kleinigkeit, geschah doch. Es hatte mit dem Brummen zu tun. Es wurde lauter.

Plötzlich wurde mir klar, dass der tödliche Steinhagel nachgelassen hatte und dass das, was ich für ein Brummen gehalten hatte, das Geräusch unseres Jeeps war, unseres wunderbaren Jeeps, der in einem niedrigen Gang den Weg hinter dem Plateauabbruch hinaufkam.

Es waren Papa und der Jeep. Ich versuchte erneut aufzustehen. Ich wollte ihn sehen – einfach nur sehen. Ich versuchte mich hochzustemmen, schaffte es aber nicht. Mein Arm stemmte sich zwar hoch, aber mein

Körper erhob sich nicht einmal fünfzehn Zentimeter. Stattdessen rann mir Blut vom Gesicht und bildete kaum sichtbare Tropfen, die fast sofort vom Staub aufgesogen wurden.

Der Jeepmotor starb ab, und ich hörte Papa rufen: »Hey, Baron!« Ich versuchte zurückzurufen. Alles, was ich herausbrachte, war so etwas wie »Arrgh«. Ich hustete etwas Schleim und Staub aus. Dann machte ich ein lautes Geräusch in meiner Kehle und versuchte den Kopf zu wenden. Als ich es geschafft hatte, sah ich ihn mit seiner Büchse auf mich zurennen. Er hatte unser Lager gesehen. »Baron – was ist denn passiert? Wer hat dich denn so zugerichtet?«

»Affen«, krächzte ich. »Da drüben. Du bist gerade rechtzeitig gekommen …« Ich kippte wieder um. Und war richtig weg, bis zum Sonnenuntergang. Und dann – mein Gott, war das ein Sonnenuntergang. Der schönste Sonnenuntergang, den ich je gesehen habe. Nicht nur, weil die Wüstenluft etwas hat, das die Farben lebendiger wirken lässt, und auch nicht nur, weil das selbst für die Wüste ein herrlicher Sonnenuntergang war. Sondern, weil ich lebte und ihn sehen konnte, wo ich doch noch ein paar Stunden zuvor hundert zu eins dagegen gewettet hätte.

Am Abend, an den blaugrünen Flammen eines lodernden, von Papa gebauten Lagerfeuers aus Treibholz, das er im Jeep mitgebracht hatte, erzählte ich ihm bei meinem zweiten Whiskey, was während jener unglaublichen vier Stunden in dem Lager auf dem sudanesischen Hochplateau passiert war.

Tatsächlich hatte die Schlacht nur fünfzehn Minuten lang getobt, als mir klar wurde, dass mein Training mit dem Baseballteam in der High School wahrscheinlich das Einzige sein würde, was mich von einem matschigen Tod trennte. Ich pitchte, ohne dass ich mich in einem Bullpen hätte aufwärmen können, gegen eine ganze Truppe von Pavianen.

Papa brüllte die ganze Zeit herum, wie blödsinnig es von mir gewesen sei, darauf zu bestehen, im Lager zu bleiben. Er sagte sogar irgendetwas davon, wie blödsinnig es von ihm gewesen sei, mich allein zurückzulassen – dabei konnte Papa nie zugeben, dass er an irgendetwas Schuld haben könnte. Es war blödsinnig von mir gewesen, aber es war auch ein bisschen langweilig geworden, immer nur wir beide im Jeep in dieser gottverlassenen Wüste. Ich dachte, es würde eine gute Abwechslung von unseren Jagdausflügen sein, wenn ich im Lager bliebe, während er das Wasser holen fuhr.

»Einen Moment mal, einen Moment mal. Sie haben gesagt, Sie hätten die Paviane gar nicht gejagt«, fiel ihm der Professor ins Wort.

»Nein, natürlich nicht«, antwortete Vater.

»Königskobras«, sagte Willeford schnell.

Woraufhin Mom genauso schnell einwarf: »Ich dachte, es wären Tiger gewesen, Les.«

»Beides«, fuhr Vater, ohne zu stocken, fort. Mein Mann neben mir schnaubte, meine Tochter gluckste vor Vergnügen.

»Und das war – in Afrika?«, fragte der Professor ungläubig.

»Wir waren auf dem Weg zu einem Küstendorf, wo wir ein Schiff nach Indien nehmen wollten. Papa hatte diese Jagd organisiert«, erwiderte mein Vater. »Nur haben uns diese Pavianbanditen eins ausgewischt. Diese kleinen Mistviecher hatten unseren ganzen Wasservorrat ausgekippt. Niemand verschwendet draußen in der Wüste Wasser, aber wir fanden unsere letzten beiden Wasserkanister offen, auf der Seite liegend und leer neben dem Jeep wieder. Wir waren nur etwa fünfundzwanzig Kilometer vom Roten Meer entfernt und hatten einen Verdampfer bei uns, der mit einem großen Coleman-Kocher betrieben wurde. Mit weniger als zehn Litern Benzin konnten wir in knapp einem Tag aus hundert Litern Wasser aus dem Roten Meer sechzig Liter Trinkwasser machen. Aber Papa kannte einen nicht allzu weit entfernten Brunnen, wo sich die Kanister mit frischem Wasser auffüllen ließen, das wir abkochen konnten. So würden wir schneller Trinkwasser haben, und ohne diesen brackigen Geschmack.

Ich sagte, ich würde dableiben und unsere Ausrüstung bewachen und mal wieder ein bisschen schreiben. Papa meinte, er wäre in drei oder vier Stunden wieder zurück. Wir wussten, die Abwechslung würde uns beiden gut tun.«

»Woran haben Sie denn damals gerade geschrieben?«, fragte der Professor.

»Ich hab damals Tagebuch geführt. Ich wollte wenigstens etwas von dieser Reise noch während der Fahrt selbst festhalten. Ich war verblüfft darüber, wie Papa dauernd Sprüche klopfen konnte – das kam immer so verdammt unerwartet. Mein Gott, der Kerl hat doch zwischen fünfzehn und zwanzig wunderbare Sachen pro Tag gesagt. So ganz nebenbei oder während ein heftiger Wind blies oder die Hupe vom Jeep ertönte, da sagte er irgendetwas unglaublich Gutes und man dachte so bei sich: Teufel noch mal! Wenn man das nur irgendwie festhalten könnte. Ich hatte immer nur abends kurz Zeit, und da hab ich manchmal bloß die zwei oder drei allerbesten Sachen, die er an dem Tag gesagt hatte, aufschreiben können. Und manchmal nicht einmal die.«

»Und Sie haben dieses Tagebuch auf der ganzen Fahrt durch Afrika geführt?«

»Hätten Sie das etwa nicht getan?«

»Haben Sie das Tagebuch aufgehoben – ich meine, äh, haben Sie es noch?«

»Ach, ich glaub schon, dass es noch irgendwo herumliegt.«

»Ich kann mir nicht helfen, aber ich muss andauernd daran denken, was Ernest so gesagt haben könnte …«

Die Stimme des Professors verklang, und es herrschte Stille. Dann hörte ich meinen Vater sagen: »Tja, es wird wohl langsam Zeit.«

Wieder herrschte Stille, dann scharrte ein Stuhl, und Charlie Willeford sagte: »Na gut, Les, dank dir für die Drinks.«

»Bitte«, meinte der Professor. »Ich hatte nicht die Absicht – ich bitte Sie vielmals um Entschuldigung, Les, wirklich –, aber Sie müssen doch wissen, was so ein Notizbuch für Literaturwissenschaftler bedeuten kann, die …«

»Sicher, die Wissenschaft ist wirklich verdammt wichtig, was?«

»Meiner Meinung nach schon.«

»Wichtiger als gute Manieren?«

»Nein, natürlich nicht, aber …«

»Ich bin hier mitten in einer Geschichte. Ich würde sie ganz gern weitererzählen.«

Es gab eine sehr kurze Pause, und dann sagte der Professor: »Bitte, Les, ich würde liebend gern hören, wie die, äh, die Paviangeschichte ausgeht. Wenn es Ihnen nichts ausmachen würde.«

»Ohne irgendwelche weiteren Unterbrechungen?«, fragte mein Vater.

»Gewiss doch«, antwortete der Professor.

Mein Vater murrte noch ein wenig, und ich hörte einen Stuhl scharren. »Also gut«, meinte er schließlich. »Wo war ich stehen geblieben?«

»Sie schrieben gerade in Ihrem – Tagebuch«, half ihm der Professor auf die Sprünge, und in der Art und Weise, wie er dieses eine Wort aussprach, lag solch eine hemmungslose Gier, dass ich verächtlich schnaubte – und mit einem ganz eigenartigen Gefühl feststellen musste, dass mein Vater auf der Kassette fast genau dasselbe Geräusch machte.

»Richtig«, sagte Dad. »Mein Tagebuch. Gut.« Er holte einmal tief Luft und legte sofort wieder mit der Geschichte los, anscheinend ohne irgendetwas ausgelassen zu haben.

❧ DAS WAR ALSO einer dieser Augenblicke, wo ich dasaß und mir Notizen machte und ab und zu aufblickte, um dieser kleinen Wüstenwachtel dabei zuzusehen, wie sie nach den Insekten schnappte, die überall herumschwirrten. Ich saß unter einem Segeltuchvordach, das mit einem straffen Seil zwischen zwei Zeltstangen befestigt war, aber bei dem dort herrschenden leichten Wind war das der angenehmste Ort, den man sich vorstellen konnte. In meinem Segeltuchstuhl konnte ich an dem Klapptisch schreiben und gleichzeitig in die umliegende Landschaft hinaussehen.

Die großen schwarzen Bussarde – man nannte sie dort Drachen – kamen langsam von dem Flachland an der Küste herübergesegelt und ließen sich in den Aufwinden am Rand des Plateaus hochtreiben. Dann schlugen sie ein paarmal mit den Flügeln, stiegen noch weiter hoch und schwebten durch die Lüfte, wobei sie nach Echsen oder Aas Ausschau hielten. Wenn der Schatten eines Bussards über Fels und Gestrüpp glitt, verstummte die Wachtel, bis er wieder verschwunden war. Diese Drachen scherten sich offensichtlich nicht allzu sehr darum, was sie fraßen – anscheinend sogar Federwild, denn die Wachtel traute ihnen überhaupt nicht über den Weg.

Der erste Zwischenfall ereignete sich, unmittelbar nachdem einer dieser schnell gleitenden Schatten die Stelle direkt vor unserem Lager passiert hatte. Ich hatte versucht, mir darüber klar zu werden, wie diese beiden Wasserkanister von der Ladefläche des Jeeps hatten herunterkommen, geöffnet und auf die Seite gekippt werden können. Die Sache war schon irgendwie gruselig. Außerhalb des Lichtscheins von unserem Feuer waren am Abend zuvor keine ungewöhnlichen Geräusche zu hören gewesen. Und in dem gleißenden Vormittagslicht kam mir das alles reichlich fantastisch vor. Aber wenn sie einer von uns aus dem Jeep genommen hätte, dann hätten wir uns sicher daran erinnert. Und wir hätten sie zum Kochzelt hinübergetragen.

Während ich darüber nachdachte und bloß so vor mich hin starrte, bemerkte ich seitlich eine Bewegung. Ich drehte mich um und beobachtete die Stelle ein paar Minuten lang, aber nichts geschah. Das einzige Geräusch war das zufriedene Summen neugieriger Fliegen, die in diesem trockenen Land tagsüber buchstäblich alles untersuchen. Sobald es dunkel wurde, verschwanden sie stets, aber im Augenblick waren sie überall.

Ich wartete und blickte weiterhin umher, und da fiel mir ein, dass am Abend zuvor, nach einem wunderschönen Sonnenuntergang, in der Ferne ein Bellen zu hören gewesen war, was ich für Schakale gehalten hatte. Vier Nuer, mit denen wir uns Anfang der Woche per Zeichensprache verständigt hatten, hatten bellende Laute von sich gegeben und mit dem Finger auf die ganze Umgebung gedeutet. Wir hatten angenommen, sie wollten uns damit sagen, dass es in der Gegend Schakale gab.

Während ich weiterhin die Stelle, wo ich eine Bewegung gesehen zu haben glaubte, im Auge behielt, sah ich den kleinen blauen Tauben zu, die vor dem Akaziengestrüpp diesseits des ersten Steinhaufens ein Staubbad nahmen. Es machte ihnen einen Riesenspaß, wobei sie gelegentlich die Äste hinaufflatterten, wo sie dann gurrten und sich putzten, bevor sie sich für die mittägliche Siesta hier auf dem Plateau hoch über dem ausgetrockneten Adakmana niederließen. Wir befanden uns auf der Westseite des Djebel Chelhinde, nicht mehr als fünfundzwanzig Kilometer Luftlinie von der Bucht von Aqiq entfernt, einem kleinen Meerbusen an der Westseite des Roten Meeres, direkt über der Grenze von Eritrea. Der Kopfbahnhof von Suakin lag rund hundert Kilometer nördlich von uns.

Ich hatte gerade aufgehört, die Stelle weiterhin zu beobachten, und einen Schreibblock aufgeschlagen, als ich erneut aus dem Augenwinkel eine Bewegung wahrnahm. Das war … sehr viel näher. Irgendein verflucht großes Tier. Jetzt wurde mir klar, dass es sich im Schutz der anderen Steinhaufen langsam an mich herangeschlichen hatte.

Ich stand auf. Sofort hörte ich ein eigenartiges Schnattern, eine Art Mischung von einem Urwaldvogel und Woody Woodpecker – ein ganz schauriges Geräusch. Dann hörte ich den ersten Stein. Ich sage

»hörte«, weil ich immer noch unter dem Zeltvordach war und den Himmel über mir nicht sehen konnte. Er war in hohem Bogen und sehr genau geworfen worden. Er schlug durch das weiße Segeltuch, hinterließ einen langen Riss und landete mit einem Plumps direkt hinter dem Tisch.

Jetzt wurde es mir aber doch zu bunt. Ich trat unter dem Sonnendach hervor und hatte das Pech festzustellen, dass ich bereits sehnlich erwartet wurde, wie man so schön sagt. Ein zweiter Stein, kleiner als der erste, war schon in der Luft, bevor ich überhaupt unter dem Dach hervorkam. In dem Augenblick, wo ich ins Freie trat, traf er mich am Kopf. Es war nur ein leichter Schlag, der aber höllisch wehtat, und außerdem war es ärgerlich festzustellen, dass ich im wahrsten Sinne des Wortes in die Flugbahn einer Rakete getreten war, die vielleicht auf das Zelt gezielt gewesen war. Als ich mir die Stirn abwischte, war meine Hand blutverschmiert.

Ich blickte auf, immer noch eher verärgert als beunruhigt. Und da, in der vollen Mittagshitze, sah ich zum ersten Mal, mit wem ich es hier zu tun hatte. Zwei kauernde Gestalten spähten hinter den Steinhaufen hervor. Während ich sie anblickte, tauchte erst eine dritte und dann eine vierte Gestalt auf, und sie begannen das Lager anzugreifen. An ihrer wallenden Mähne konnte ich erkennen, dass es sich um Mantelpaviane handelte.

Für diese Wüstenbewohner war ich bisher lediglich ein Objekt ihrer Neugier. Ich konnte für sie nicht wirklich nach Gefahr riechen, so wie beispielsweise ein Leopard. Wir waren harmlos – wir hatten nicht einmal einen Hund bei uns; in dem Augenblick wünschte ich mir allerdings doch einen. Ich überlegte mir, dass das aufgeregte Gekläff eines Jagdhundes diese Wüstengangster wohl auf dem Absatz umkehren lassen würde. Aber was zum Teufel – das waren ja schließlich bloß Affen, stimmt's? »Harmlose, gesellige Primaten.«

Fast ohne nachzudenken, bückte ich mich und ergriff einen Stein. Ich fragte mich gerade, auf wen ich zuerst zielen sollte, als ich innehielt. Einen Moment lang stand ich völlig bewegungslos da, wie eine griechische Statue. Dann wandte ich mich rasch zur Seite und lief schnell hinter das Zelt. Dort war mehr Dickicht, und ich brauchte dringend Deckung.

Ich hatte gesehen, dass es in den Felsen und bei dem trockenen Flussbett gleich westlich von unserem frei gemachten Stückchen Erde von Pavianen nur so wimmelte. Es waren Hunderte. Die waren in der Tat gesellig, und es sah ganz so aus, als wollten sie mir auf ihre gesellige Art an den Kragen. Während ich zurückwich, hörte ich Steine auf das Zelt und die Ausrüstungsgegenstände prasseln, die um die Stelle herumstanden, die ich gerade verlassen hatte.

Ich zog mich so strategisch und schnell zurück, wie es ein einzelner Mann eben tun konnte. Dort stehen zu bleiben wäre Selbstmord gewesen, und zu versuchen, sie allein mit meinen beiden Armen zu verjagen wäre genauso sinnlos gewesen. Aber warum? Warum dachte ich das? Schließlich waren es doch bloß Paviane, stimmt's?

Stimmt – aber als ich mir einen schnellen Überblick verschafft hatte, da hatte ich gesehen, wie zwei dieser einen Meter zwanzig großen Kraftprotze wie beim Pitchen ausholten und warfen. Genau so machten sie es. Sie holten aus, machten eine Überkopfbewegung und warfen einen Kurvenball, genau wie wir beim Baseballspielen. Die benahmen sich nicht wie Bowlingspieler auf grünem Rasen. Sie nahmen sich Zeit und machten einen Überkopfwurf wie Dizzy Dean, Bob Feller, wie Sie und ich. Und sie beherrschten es – diese tödliche Genauigkeit konnte kein Zufall sein. Und als ich diese beiden mit der Horde multiplizierte, die ich in dem Flussbett lauern sah, wurde mir klar, dass sich da Böses zusammenbraute.

Später, als ich diese Geschichte erzählte, versicherte man mir, dass diese Schurken wirklich tödlich sind. Sie haben schon oft mit Erfolg Menschen und Leoparden angegriffen und sie mit diebischer Freude zu Tode gesteinigt.

In diesem Fall war mir allerdings das Glück beschert, sie um ihren Sieg zu betrügen. Ich wandte eine von Hannibals klassischen Taktiken an. Erst einmal zog ich mich zurück – immer eine gute Idee, wenn man zahlenmäßig hoch unterlegen ist. Und dann suchte ich Deckung und beobachtete das Geschehen.

Die Dinge, die als Nächstes passierten, würde kein Akademiker oder Historiker je glauben, aber nur wenige lebende Menschen haben Mantelpaviane auf freier Wildbahn dabei beobachtet, wie sie sich in einem einfachen Lager austoben. Das ist ein unglaublicher Anblick, als wäre man Zeuge bei der Plünderung von Rom. Da war alles dabei: Habgier und Räuberei, wüste Gelage und sogar Vergewaltigungen. Zuerst befriedigten die Männchen ihre Neugier, und die Weibchen suchten Nahrung. Dann bestiegen die Männchen die Weibchen – und nicht nur einmal, sondern zweimal.

Ich kann euch sagen, am besten schmeckte ihnen unser Vorrat an Aunt-Jemima-Pfannkuchenmischung. Er reichte sehr lange, denn es waren mehrere kleinere Packungen, und jede Entdeckung wurde als neuer

Triumph gefeiert. Von meinem Beobachtungsposten hinter dem Akaziengestrüpp sah ich, wie sie sich langsam durch den gesamten Vorrat an Papas Lieblingsfrühstück durcharbeiteten. Erst bestreuten sie sich gegenseitig von oben bis unten, und dann leckten sie es ab. Ihre Zungen wurden davon natürlich zu feuchtem Klebstoff, und schon bald hatte ihr verfilztes staubiges Fell einen gummiartigen Glanz angenommen, und sie waren mit solch einer dicken Schicht bedeckt, dass sie noch tagelang zu lecken hatten.

Sie durchstöberten aber auch alles, verwandelten das gesamte Lager in ihre private Müllhalde. Sie öffneten jede Kiste und jeden Sack, schütteten alles auf die Erde und tanzten in den Überresten herum. Nur unser abgeschlossener Überseekoffer hielt ihnen stand. Dem Messingschnappschloss waren sie nicht gewachsen. Sie schnüffelten an dem Koffer, schlugen darauf, sprangen auf ihm herum, hoben ihn hoch und knallten ihn auf die Erde wie betrunkene Rekruten im Krieg, aber sie bekamen ihn nicht auf. Ich weiß noch, dass jemand aus Key West Papa einen englischen Kuchen geschickt hatte und er ihn dort hineingelegt hatte. Vielleicht konnten die Paviane ihn riechen, oder sie brannten allein deswegen vor Neugier, weil sie die ganzen Sachen durcheinander purzeln hörten.

Als ich schließlich auf die Uhr sah, wurde mir klar, dass ich mich schon mehr als drei Stunden lang hinter dem Gestrüpp versteckt, durch die glänzenden Blätter gelugt und völlig fasziniert bei der totalen Zerstörung unseres Lagers zugesehen hatte. Wir waren auf dieser Fahrt mit Hornvipern und Skorpionen und fünf an einem einzigen Tag geplatzten Reifen fertig geworden. Aber jetzt hockte ich da hilflos herum und konnte dem ganzen Treiben nur zusehen – bis es ihnen gelang, meinen Aktenkoffer aufzumachen.

Plötzlich konnte ich es einfach nicht länger ertragen. Ich sammelte einen Haufen Steine auf und stürmte hinter dem Gebüsch hervor. Da waren mindestens fünfzig Paviane, vielleicht auch mehr, aber das Überraschungsmoment war auf meiner Seite – ich bin mir sicher, es hatte noch nie jemand gewagt, einfach so auf eine ganze Horde zuzulaufen. Es war, als erschiene ein Marsmensch unter ihnen. Nichts rührte sich mehr. Sie starrten mich nur an, und dann begannen sie abzuziehen.

Und da fiel ich auf ihre Taktik herein. »Los! Husch! Haut ab!«, schrie ich, fuchtelte mit den Armen und warf einen Stein nach dem Affen, der mir am nächsten war. Er bekam etwas Staub in den Schoß gewirbelt – und kapierte. Die ganze Gruppe bewegte sich langsam auf die eine Seite des Lagers hinüber, aber als sie an dem ersten Steinhaufen vorbeikamen, fiel ihnen wieder ein, dass sie ja auch werfen konnten.

Tja, ich hatte mich wie ein Trottel vollkommen ins Freie hinauslocken lassen, als sie plötzlich Halt machten. Und dann kamen die Steine auch schon mit tödlichem Ernst herbeigesaust.

Ich habe zwar noch nie persönlich gesehen, wie jemand gesteinigt wurde, aber mir fielen meine alten Lektionen aus der Sonntagsschule wieder ein, und ich konnte es kaum glauben, dass mir das passieren sollte, dass ich ohne irgendeinen alttestamentarischen Grund gesteinigt werden sollte. Einen kleinen Unterschied gab es allerdings doch – ich hatte nie gehört, dass irgendjemand im Alten Testament Steine zurückwarf, was ich mit aller Kraft tat. Aber zahlenmäßig waren sie so haushoch überlegen, dass ich nicht mehr sehr viel länger hätte durchhalten können. Ich lag am Boden und war fast am Ende, als Papa eintraf.

»Aber warum sind Sie denn nicht einfach weiter in Ihrem Versteck geblieben? Sie haben gesagt, Sie hätten auf Ihre Uhr geschaut und es wären bereits drei Stunden vergangen. War Ihnen nicht klar, dass er bald mit dem Jeep zurück sein würde?«, fragte der Professor.

»Ich war einfach so verdammt sauer! Als sie meinen Aktenkoffer aufbekommen hatten, da griffen sie sich mein Tagebuch und leckten über die Seiten. Das reichte dann. Einem Schriftsteller sind nur wenige Dinge heilig, aber das …«

»Sie haben also alles verloren?«

»Das habe ich nicht gesagt«, antwortete Vater. »Aber es war dann schon interessant, darin zu lesen, zwischen all den Blutflecken.«

»Was für Blutflecken?»

»Als ich später meine Sachen zusammensuchte, da fand ich das Tagebuch hundert Meter vom Lager entfernt, und völlig blutverschmiert. Ich dachte, ich hätte vielleicht mit einem der Steine einen Glückstreffer gelandet, aber als ich den Aktenkoffer fand, wurde ich eines Besseren belehrt.«

»Wieso?«

»Einem der Paviane schien ein Finger abgeschnitten worden zu sein, als der Metalldeckel runterknallte. Der Finger lag noch in dem Metallkoffer drin. Papa schlug vor, ich solle ihn trocknen und an einen Schlüsselring hängen.«

»Und?«

»Natürlich hab ich's gemacht. Da hatte ich dann schon eine ganz schöne Sammlung. Einen Krokodilszahn, eine Straußenkralle und einen Affenfinger.«

Ich stellte den Kassettenrekorder ab und wandte mich meinem Mann und meiner Tochter zu. Pookie schlief auf ihrem Deckbett. »Tja«, sagte Jeff. »Das könnte dein Beweis sein.«

Ich schüttelte den Kopf. »Das ist zu absonderlich.«

»Viiiel zu absonderlich«, sagte Bear. »Hat Opa das Zeug wirklich an einem Schlüsselring mit sich rumgetragen?«

Ich schüttelte den Kopf. »Ich weiß noch, dass mein Vater ewig eine Tigerkralle in seinem Portemonnaie hatte. Er meinte, das wär der Hemingstein-Talisman.«

»Hemingway, nicht -stein«, verbesserte mich Bear.

»Nein, Hemingstein. Das war ein Spitzname, den Onkel Ernest sich für seine Familie ausgedacht hatte, als er noch in der High School war. Damals war es Mode, antisemitisch zu sein, aber Ernest war es nicht. Und ich glaube, das wollte er damit irgendwie zum Ausdruck bringen.«

»Was heißt 'n ›antismitisch‹?«

»Das heißt, dass man Juden hasst«, antwortete Jeff. »Das ist eine Art Vorurteil.«

»Oh«, sagte Bear. Dieses Wort kannte sie. »Hatte Ernest Vorurteile?«

»Nein«, antwortete ich. »Er hatte eine Menge jüdische Freunde – Schriftsteller, Künstler und Ärzte. Und weißt du noch, du hast mal Mr. Forbes kennen gelernt, den Schwarzen in Key West, mit dem Onkel Ernest immer geboxt hat. Er meinte, Ernest sei ein echter Freund gewesen, ohne irgendwelche Vorurteile. Er war mit allen möglichen Leuten zusammen, in

Kuba und Bimini, auf der ganzen Welt. Welcher Rasse jemand angehörte und so Sachen, das war ihm egal. Das Einzige, was für ihn zählte, war, ob man ehrlich war.«

»Und was ist aus dem Hemingstein-Talisman geworden?«, fragte Jeff.

»Ich weiß nicht. Nach Dads Tod habe ihn nie mehr gesehen.«

Bear meinte erleichtert: »Gut. Das hört sich ja soooo ätzend an.«

»Also, ich finde, das ist ziemlich cool«, sagte Jeff. »Irgendwie macho. So in dem Stil: Leg dich ja nicht mit mir an, Mann, ich hab 'nen Affenfinger. Und ich weiß auch, wie man den gebraucht – also los, zieh Leine.«

»Sehr lustig, Daddy«, sagte Bear, ohne eine Miene zu verziehen.

»Allerdings. Erzähl das mal deinen Freundinnen«, sagte Jeff mit genauso ernstem Gesicht. Er beugte sich hinüber und legte einen Finger auf die Play-Taste. »Vielleicht findet deine Mom jetzt heraus, wo dein Opa die Tigerkralle herhatte.«

Er drückte die Taste.

»Erzählen Sie doch mal, haben Sie und Ernest es jemals geschafft, auf Ihre Großwildjagd zu gehen?«, fragte der Professor. »Äh – Tiger, stimmt's?«

»Ja. Und wir haben unseren Tiger auch erlegt.«

»Und was war mit der Kobra?«, platzte Charlie Willeford dazwischen.

»Die Kobra auch«, meinte mein Vater. »Wir haben beide erwischt. Da hatten wir sogar größeren Erfolg, als wir gehofft hatten. Aber …«, er machte eine Pause, und ich konnte fast hören, wie sich der Professor zu ihm vorbeugte.

»Aber was, Les?«, fragte der Professor. »Bitte, fahren Sie doch fort.«

Vater seufzte. »Es geht nie gut aus, selbst wenn's genau so ausgeht, wie man es geplant hatte«, sagte er. »Letzten Endes zahlt man immer mehr, als man sich leisten kann.«

»Sie meinen, die einheimischen Führer haben Sie betrogen?«, fragte der Professor.

»Jetzt hören Sie mal zu«, sagte Vater und klang etwas gereizt. »Man kann niemanden betrügen, der sich nicht betrügen lässt. Meinen Sie, Papa hätte sich von irgendjemand betrügen lassen? Papa war ein Menschenkenner – haben Sie denn aus seinen ganzen Büchern überhaupt nichts gelernt? Nein, die Führer haben uns nicht betrogen. Wenn irgendjemand jemanden betrogen hat, dann wir. Wir haben den Tod betrogen.«

»Immer sachte, Les«, sagte meine Mutter im Hintergrund, und Charlie lachte.

»Na gut«, meinte mein Vater. »Vielleicht hört sich das abgedroschen an. Aber mein Bruder hat immer gesagt, wenn man nicht dabei war, dann kann man überhaupt nicht wissen, wie es wirklich gewesen ist. Ich kann euch also sagen, dass wir dem Tod ins Angesicht gesehen haben, aber was bedeutet das schon für jemanden wie Sie, Professor?« Man hörte keine Antwort, nur ein Knacken auf der alten Kassette. »Also, es stimmt, egal, ob das jetzt abgedroschen klingt oder nicht. Wir haben dem Tod nicht nur ins Angesicht gesehen, sondern der Tod hat auch gewonnen.«

Eine Pause. Wieder knackte es auf der Kassette.

»Wie bitte?«, meinte der Professor endlich.

»Der Tod hat … gewonnen«, sagte mein Vater langsam und deutlich.

»Oh, das ist aber – ich meine, Sie sind doch nicht – was ist denn passiert?«, stammelte der Professor.

»Ich werd's Ihnen erzählen«, sagte mein Vater

»Da ist doch keiner gestorben, oder?«, fragte Bear. »Was meint er denn damit? Los, Mom!« Ihre Stimme war ein bisschen zu laut, und Pookie wachte mit einem Stirnrunzeln und einem unzufriedenen Glucksen auf. Ich nahm sie in die Arme und begann sie zu wiegen.

»Ich weiß auch nicht, was er meint«, sagte ich zu Bear, »ich kenn diese Geschichte auch nicht.«

»Pscht!«, machte Jeff und bedeutete uns, ruhig zu sein. »Wir verpassen noch was, wenn ihr die ganze Zeit quasselt.« Er beugte sich zum Kassettenrekorder hinüber.

Fünf

Ich war in einer Höhle und konnte das leise *pitt, pitt, pitt* der Regentropfen hören, die draußen, rund zwanzig Meter hinter mir, auf die Erde klatschten. Es war nur ein Nachmittagsschauer, aber in einem Augenblick wie diesem konzentrierte ich mich auf jedes kleine Geräusch. Ich kann mich noch an einen Vogelruf von weit unten am Berg erinnern und an das Flügelschlagen vor dem Höhleneingang.

Alles schien plötzlich so klar, deutlich und scharf umrissen zu sein. Denn zehn Meter vor mir erhob sich langsam eine schaurige weißliche Erscheinung, die rund fünfzehn Zentimeter breit und fast genauso groß wie ich war. Am oberen Ende schwoll sie, dreimal so breit wie unten, wie zu einem großen Löffel an. Und oben an der Verdickung saßen zwei winzige Augen, in denen sich das Licht meiner Taschenlampe spiegelte. Die Erscheinung schwankte leicht, und dann hörte ich ganz deutlich das Geräusch, auf das ich bereits gewartet hatte.

Zssssss!!

Eine Königskobra.

Mein Herz schien zwei, vielleicht drei Schläge auszusetzen. Und doch stand ich dort, als hätte ich Wurzeln geschlagen, und starrte sie bloß an. Denn trotz der unbeschreiblichen Gefahr, in der ich mich befand, hatte die Bewegung, die ich vor mir sah, etwas unglaublich Majestätisches. Die Schlange hielt ihren Körper mit Muskeln aufrecht, die stark genug waren, einen ausgewachsenen Ochsen zu erdrücken, und wurde von einem Gehirn gelenkt, das sicher schon seit Jahren nicht mehr mit dem Problem konfrontiert gewesen war, von einem Menschen gejagt zu werden. Und trotzdem, dort war sie und reagierte auf mich mit einer perfekten, tödlichen Genauigkeit. Sie begann sich vorwärts zu bewegen, wobei sie ihr Gleichgewicht durch leichte Verschiebungen der bedrohlichen Säule ihres Körpers bewahrte.

Die Windungen der Schlange hielten mich völlig in ihrem Bann. Einen langen Augenblick dachte ich tatsächlich nicht über die tödliche Gefahr nach, in der ich mich befand. Ich bewunderte ihr Geschick oder die anhaltende Wut, die sie ihren Hals wie einen großen Hut gespreizt halten ließ, und versuchte, die Länge des Tieres zu schätzen.

Nun sind Papa und ich nicht gerade klein. Als ich also merkte, dass die Kobra mir direkt in die Augen starrte, wusste ich, dass es eine große Schlange war. Während die sich leicht wiegende Säule aus Muskeln und Gift auf mich zukam, rechnete ich mir die Gesamtlänge dieses geschmeidigen Todes aus. Sie hatte sich zu einer Höhe von rund zwei Metern aufgebäumt. Ich wusste, dass eine Königskobra ihren Körper etwas mehr als ein Drittel ihrer Körperlänge aufrichten konnte. Dieses Exemplar musste also mindestens fünfeinhalb bis sechs Meter lang sein. Und als Papa sie zuerst entdeckt hatte, da hatte er es sogar für möglich gehalten, dass das die größte Giftschlange der Welt war.

Dieses eine Wort – »Gift« – brachte mich in die Wirklichkeit zurück.

Hier, in der uralten Höhle in den Nilgiribergen am Rand des größten unerschlossenen Plateaus Südindiens, stand ich Lord Naga, bekannt aus einer Million Legenden und verantwortlich für noch mehr Todesfälle, von Angesicht zu Angesicht gegenüber. Eine wirklich gewaltige Königskobra, die völlig gelassen auftauchte, um zu sehen, mit welchem Recht ich an diesem Sonntagnachmittag ihre Ruhe störte.

Papa hatte einen jungen Toda namens Hadi angeheuert, der uns den Weg durch die Ausläufer des Nilgiriplateaus zeigen sollte, aber Hadi befand sich gerade auf dem Weg zurück zum Bahnhof, um das Mittagessen zu holen, das wir dort vergessen hatten. Und Papa war den linken Gang dieses sich verzweigenden Tunnels hinuntergegangen, während ich den rechten genommen hatte, damit uns dieses Ungeheuer nicht entwischte.

Damit ihr seht, was für ein Idiot ich gewesen bin, sag ich euch jetzt, dass ich tatsächlich gehofft hatte, das Glück zu haben, dieses enorme Tier aufzustöbern und in die Enge zu treiben.

Mein Wunsch ging in Erfüllung, das nötige Glück allerdings fehlte mir.

Der Tag hatte auf jeden Fall äußerst vielversprechend begonnen. Während wir das Tier verfolgten, sah ich im Schein meiner Taschenlampe an den Höhlenwänden winzige Stellen grün aufblitzen. Ich schlug ein wenig von dem dunklen Fels ab und hielt plötzlich ein wunderschönes Stück Jade in der Hand. Als ich nach vorne blickte, sah ich ein noch größeres Stück herausstehen. Na ja, kein Wunder, dass ich mit den Gedanken nicht mehr bei der Jagd war. Ich legte meine

Büchse ab und versuchte, dieses fabelhafte Stück Stein loszubekommen, aber es rührte sich nicht. Ein herrlicher Fund – und ich habe mich natürlich gefragt, ob es nicht noch mehr davon gab. Ich ging weiter und entdeckte rund sechs Meter vor mir abermals Jade in den Wänden. Aber dann sah ich auch die Gestalt der Schlange. Sie war erstaunlich nah – sehr viel näher als meine Büchse, die ungefähr sechs Meter hinter mir an der Höhlenwand lehnte.

Ich hatte gerade ein Vermögen an Jade gefunden. Da die Schlange aber immer näher auf mich zukam, war ich mir sicher, dass ich dort nie mehr lebendig herauskommen würde, um von meinem Fund auch etwas zu haben. Wie sollte ich mich ohne meine Büchse verteidigen?

Ihr braucht mir nicht zu sagen, dass das dumm oder leichtsinnig von mir gewesen ist. Das weiß ich selbst. Aber bevor ihr ein zu hartes Urteil über mich fällt, lasst mich erklären, wie wir da überhaupt hingekommen waren.

Papa hatte von den großen Tigern und Schlangen in dieser Gegend gehört und war entschlossen, dort hinzufahren. Er ließ seine Beziehungen in den verschiedenen Botschaften spielen, und schon zwei Wochen später gingen wir in Bombay von einem Handelsschiff an Land. Die Zugfahrt in die Nilgiriberge war schnell arrangiert.

Als wir am Bahnhof eintrafen, rief Papa den Bahnhofsvorsteher herbei. Nach ein paar Fragen schickte dieser uns zu einem alten Mann, einem Angehörigen der Tamilen, die in der Ebene lebten. Er unterhielt sich mit uns in einem weichen Englisch mit einem wunderschönen Akzent. »Es gibt hier eine Menge Tierarten. Sie können die Tiger jagen, die die Rinder töten, wenn sie durch die Schluchten hinunterkommen. Und die großen Schlangen finden Sie in der dichten Vegetation außerhalb unseres Dorfes.«

Dann fragte Papa ihn: »Gibt's hier jemand, der weiß, wo sich diese Tiger und Schlangen aufhalten?«

»Da brauchen Sie einen Toda, keinen von meinen Leuten«, antwortete der alte Mann.

Nun sind die Toda ein Volk, das auf dem Plateau lebt, und in diese Gegend kamen nur sehr wenige von ihnen. Es stellte sich jedoch heraus, dass sich dort gerade ein Toda aufhielt – ebenjener Hadi. Und obwohl Hadi sehr viel weniger Englisch sprach als der ältere Mann, erklärte er sich damit einverstanden, mit uns auf die Jagd zu gehen. Wir nahmen nur sehr wenig mit. Das leichte Gepäck machte es einfacher, die schlammigen Wege entlangzugehen, die aus der Ansiedlung heraus in die wilden Ausläufer der Nilgiriberge führten. Außer dem Zug gab es hier einfach keine Transportmittel. Diese Jagd unternahmen wir zu Fuß.

Papa schien sich gut mit Hadi zu verstehen. Er musste nicht einem Ruf, irgendeiner Legende von Ernest Hemingway dem Jäger gerecht werden. In diesem Land kannte ihn niemand. Ich weiß noch, dass er Witze über Hadis langen, dunklen, welligen Bart und seinen braunen Turban machte und meinte, so ein Turban könne bei einer schönen Frau sehr attraktiv aussehen. Ich glaube, dass er dabei wirklich an Ms Pauline dachte, aber der junge Hadi fand seine Bemerkung überhaupt nicht lustig.

»Einen Moment mal, trug Ernest nicht ein Handtuch auf dem Kopf, als er im Golfstrom angelte?«, unterbrach ihn der Professor.

»Ja, damit fing es nach dieser Fahrt an«, antwortete mein Vater. »Anglerfreunde von ihm nannten ihn immer ›Mahatma‹. Später wurde daraus dann ›Alter Meister‹. Gewöhnlich, wenn er in die Rolle des tyrannischen Kapitäns zurückfiel.«

»Passierte das oft?«, fragte Willeford.

»Na ja, wenn er den ganzen Tag lang in der Sonne geangelt und dabei getrunken hatte, dann hat Papa schon Sachen gesagt, die er nüchtern nie gesagt hätte.«

»Was denn zum Beispiel?«, fragte der Professor.

»Ich weiß noch, ein paarmal meinte er: ›Hör mal zu, Kleiner, wenn es dir nicht passt, was hier abläuft, dann brauchst du's bloß zu sagen, und ich bring dich um.‹«

»Das hat Ernest gesagt?«, fragte Mom und klang überrascht.

»Vielleicht zweimal, als er getrunken hatte, aber am nächsten Morgen folgte dann immer ein ›Ich weiß, dass ich gestern Abend ein bisschen voll war, und wenn ich irgendwas gesagt hab, was dich gekränkt hat, dann möchte ich mich jetzt dafür entschuldigen. Es tut mir furchtbar Leid, aber manchmal bin ich einfach ein bisschen zu laut.‹ Wenn man das von Ernest Hemingway hörte, dann war das, nebenbei bemerkt, eine große Entschuldigung – ob er jetzt nun mein großer Bruder war oder nicht.«

»Aber hat er sich jemals dafür entschuldigt, dass er Sie in solch entsetzliche Gefahr gebracht hat?«, fragte der Professor.

Ich hörte meinen Vater verächtlich schnauben. »Was zum Teufel soll das denn nun wieder heißen?«

»Nur, dass ich von dem, was Sie mir da erzählen, den Eindruck bekomme, dass Sie auf diesen Jagdausflügen in größerer Gefahr waren als Ernest.«

»Sie haben sicher keinen klcinen Bruder gehabt, was, Professor?«

»Ähh – nein, ich bin ein Einzelkind.«

»Wie habe ich das nur erraten?«, sagte Dad.

»Wollen Sie damit sagen, dass Ihr Bruder Ihr Leben aufgrund von geschwisterlichen Rivalitäten aufs Spiel gesetzt hat?«

»Mein Gott, ich muss wohl alles überdeutlich machen. Ich will damit sagen, dass Papa mich nie in irgendeine gefährliche Lage gebracht hat, in die ich mich nicht freiwillig begeben hätte. Ich wusste, was ich tat. Wenn Papa mich verhätschelt hätte, dann wäre das die größte Beleidigung gewesen, die wir uns beide hätten denken können.«

»Aha. Und warum?«, fragte der Professor.

Ich hörte das wunderbare Lachen meines Vaters, ein Lachen, bei dem ich mir wieder wie ein kleines Mädchen vorkam, und Bear, die das zu spüren schien, legte ihre Hand in meine.

»Papa war der Meinung, wenn man, verdammt noch mal, überhaupt etwas taugt, dann hat man sich alles, was einem widerfährt, verdammt noch mal selbst zuzuschreiben«, sagte mein Vater, und Bear drückte meine Hand.

»Da hast du das also her«, meinte sie.

»Pscht«, machte ich und erwiderte ihren Händedruck.

»Natürlich galt das nicht für Ernesto«, sagte Dad, »aber für alle anderen galt es schon. Ich mache mir überhaupt nichts vor – ich war kein so geschickter Jäger wie er. Aber ich glaube, Charlie Thompson war sogar noch besser als Papa. Vielleicht war das der Grund, dass Papa mich gern mitnahm. Ich versuchte nie, ihm Konkurrenz zu machen. Wenn man älter wird, dann wird einem klar, dass jeder Mensch seine schwachen Punkte hat. Papa hatte auch welche. Er musste immer der Beste sein. Und gewöhnlich war er's auch. Aber eben nicht immer. Teufel noch mal, das hat doch noch keiner geschafft. Höchstens der, der weiland auf Wasser gehen konnte, aber den hab ich nie zu Gesicht bekommen.«

»Selbstverständlich«, stimmte ihm der Professor zu.

»Soll ich die Geschichte jetzt also zu Ende erzählen oder nicht?«

»Bitte.«

»Also?«

»Äh – Sie hatten gerade von Mr Hadai gesprochen …?«

»Hadi. Sein Name war Hadi.«

Ich hörte meine Mutter »Bravo« murmeln, und dann war Dad wieder mitten in der Geschichte.

ICH WAR VON HADI beeindruckt. Sein Volk züchtete Rinder, und er war in dieser Gegend, um diejenigen zu retten, die sich verirrt hatten. Daher kannte er sich auch so gut aus. Zu Beginn unserer Jagd hielten wir nach Tigern Ausschau, konnten aber keine Spuren finden. Deshalb führte Hadi uns dann an einen Ort, wo er Schlangen gesehen hatte, die groß genug waren, um seinen Rindern den Garaus zu machen. Dort fanden wir dann eine große Spur, breit genug, dass man sie für eine Reifenspur hätte halten können. Sie war eindeutig frisch, weshalb wir ihr folgten. Sie führte uns durch niedriges dichtes Gebüsch auf einen Hügel zu.

Als wir hinaufzusteigen begannen, folgten wir dem Ufer eines kleinen Baches und ließen die dichte Vegetation – die Art, in der die Pflanzen, die den Regen der letzten Nacht aufsaugen, einen moschusartigen Geruch hinterlassen – hinter uns und kamen in eine trockenere Gegend mit mehr Steinen und Felsbrocken und hier und da einem Busch.

Die Schlangenspur führte uns zu einer an dem Hügel gelegenen Höhle. Inzwischen hatten wir alle großen Hunger, weswegen Papa Hadi zurückschickte, damit er den Rest unseres Proviants holte. Wir sollten am Höhleneingang warten, das hatte Hadi uns eingeschärft. Ich kann mich noch an die tief liegenden dunkelbraunen Augen unter seinem Turban erinnern und an seinen schwarzen Bart, während er uns durch Zeichen und mit seinen wenigen englischen Wörtern klar machte, dass wir die Höhle vor seiner Rückkehr nicht betreten sollten.

Wir versicherten ihm, dass wir das nicht tun würden, was wir auch ernst meinten – aber es läuft ja nicht immer alles nach Plan. Versteht ihr, die große Schlange hatte beschlossen, dass sie auch Hunger hatte – und Papa und ich waren einfach dumm genug zu glauben, dass wir unmöglich bei ihr auf der Abendkarte stehen konnten.

Wir saßen mit dem Rücken zur Höhle, und ich redete gerade von den herrlichen Dingen, die in unserem Proviantbeutel waren – eine Fünftelflasche Canadian Club, vier Dosen Ölsardinen und englische Kekse –, als wir plötzlich das laute *Zsssssss* hörten. Das war so ein Moment, wo einem buchstäblich die Haare zu Berge stehen und das Herz in die Hose rutscht.

Ich weiß noch, wie Papa eine blitzschnelle Bewegung machte, eher wie ein Soldat als wie ein Jäger. Er griff nach seiner Büchse und ließ sich mit einer geschmeidigen Bewegung zur Seite rollen, wobei er in den dunklen Höhleneingang hineinschoss. Wir sahen, wie sich dort etwas bewegte, und wussten, dass die Schlange sich zurückgezogen hatte.

Ihr müsst verstehen, wie das war. Wenn Papa sich entschloss, irgendetwas zu tun, egal, wie gefährlich es war, dann war es viel einfacher mitzuspielen. Und in solch einem Augenblick war es, verdammt noch mal, fast unmöglich, daran zu denken, seine Autorität in Frage zu stellen.

Außerdem glaube ich, dass ich annahm, meine Angst könne mich am Leben erhalten. Ich wusste, dass es ein Fehler war, die Höhle zu betreten. Ihr könnt mich ruhig für abergläubisch halten, aber ein Mensch sollte nur einmal unter der Erde sein, und zwar, wenn er tot ist. Jung wie ich war, hatte ich es nicht besonders eilig, mich zu den Schatten des Hades zu gesellen. Aber die Jagd hatte begonnen, und Papa führte das Kommando.

»Los, Baron. Schnapp dir deine Büchse und deine Lampe!«, sagte er, und schon folgte ich ihm in dieses fürchterliche dunkle Loch.

Als wir erst einmal drinnen waren, sahen wir überall Schlangenspuren. Es war ganz eindeutig das Nest einer enorm großen Schlange. Papa leuchtete die ganze Zeit mit seiner Lampe auf den Höhlenboden. Nach ungefähr zehn Metern kamen wir an eine Stelle, wo sich die Höhle in zwei Gänge gabelte. Ich blieb stehen und versuchte, in beide einen Blick hineinzuwerfen, aber dort war es dunkler als im Arsch eines Bergmanns.

»Los, Baron«, sagte Papa. »Du gehst nach links, ich nach rechts. Mein Gott, ich hoffe, ich bin's, der dieses Prachtexemplar erlegen darf!«

Und so ging Papa in eine Richtung und ich in die andere. Einige Augenblicke später waren wir so vollständig voneinander getrennt, als wenn wir auf verschiedenen Planeten gewesen wären.

Und dann entdeckte ich die Schlange. Vielleicht wäre es allerdings richtiger zu sagen, dass die Schlange mich entdeckte.

Wie gesagt, ich war durch die Jade abgelenkt. Und dann hörte ich dieses entsetzliche Zischen, blickte auf und sah das Ungeheuer.

Tja, meine Taschenlampe schien vor mir auf die Erde. Sie war schwer, anders als die heutigen Plastikdinger. Ich richtete sie auf die große, weiße, sich bewegende Schlange und rief laut nach Papa. Ich wusste, dass er mich nicht rechtzeitig würde erreichen können. Deshalb stand ich völlig bewegungslos da. Nur meine Hand mit der Taschenlampe – die zitterte, aber dagegen konnte ich nichts tun.

Dann sah ich, dass die Schlange den Lichtstrahl der Taschenlampe verfolgte. Ich leuchtete von einer Seite zur anderen und dann über den Höhlenboden. Die Schlange beobachtete, wie das Licht den Boden überquerte. Als es sich ihr näherte, stieß der Kopf des Tieres herab; sie schlug zu und hinterließ eine dünne Giftspur auf dem staubigen Boden.

Ich bin mir ziemlich sicher, dass ihr noch nie eine Kobra habt zustoßen sehen. Bestimmt nicht von so nahe. Die Geschwindigkeit kann man sich überhaupt nicht vorstellen, diese totale kalte Kraft und Anmut, wie sie nach vorn herabstieß und den Felsboden zum Klingen brachte, als sei er von einem Hammer getroffen worden. Ich hatte sie überhaupt nicht kommen sehen und bekam eine höllische Angst. Sofort sprang ich zurück.

Das war ein schwerer Fehler. Ich hatte mich bewegt. Und dieser enorme, tödliche Kopf richtete sich auf und sah mich.

Jetzt konzentrierte sich die Schlange auf mich. Papa hatte mir erzählt, dass jede große Schlange mit etwa einem Drittel ihrer Körperlänge zustoßen kann, und da sich dieser riesige Kobrakopf fast auf einer Höhe mit meinem Kopf befand, wusste ich, dass ich mehr als zwei Meter Zwischenraum zwischen uns lassen musste.

Ich trat ein paar Schritte zurück, und die Schlange kam mir entsprechend weit nach. In der Stille der Höhle konnte ich ihren Atem hören. Ich rechnete voll und ganz damit, dass sie auf mich zugeschossen käme und ihre Giftzähne in mich schlagen würde. Aber ich schlich langsam rückwärts. Noch ein paar Schritte, und ich wäre um die Biegung herum und könnte zum Höhleneingang rennen. Die Schlange folgte mir, machte aber keine Anstalten, mich anzugreifen. Ich war mir sicher, dass ich es schaffen würde – bis ich mit dem linken Hacken an einem Stück Felsen, das aus dem Boden herausragte, hängen blieb.

Ich stürzte.

Die Königskobra zog ihren Körper zurück und spannte ihn wie eine Sprungfeder, um dann zuzustoßen. Die Zeit blieb stehen. Hilflos und wie gebannt richtete ich meine Lampe auf ihren riesigen Kopf. Ich wusste, das war das Ende. Ich würde sterben – aber ich wusste auch, wie schnell es gehen würde, und ein kleines Bisschen bewunderte ich noch immer die kalte, tödliche Schönheit dieser perfekten Tötungsmaschine, wie sie sich über mir emporrichtete, sich zurückzog, zum Angriff spannte und …

Ich hörte einen lauten Knall und dann spritzte es fleischig auf. Einen Augenblick lang dachte ich, das Geräusch käme daher, dass der gewaltige Kopf mich wie mit einer riesigen Ramme durch die zwölf Himmelstüren beförderte. Aber dann öffnete ich die Augen und merkte, dass ich immer noch die Taschenlampe in der Hand hielt und dass sie nicht mehr auf den großen Schlangenkopf leuchtete.

Ich richtete den Lichtstrahl nach unten und sah die sich windende Masse auf dem Höhlenboden. Und einen Moment später, während ich noch zu überwältigt war, um mich zu bewegen, kniete Papa neben mir und flüsterte: »Danke, dass du mir den Todesschuss überlassen hast, Baron. Mein Gott, was für ein herrliches Tier.« Ich nehme an, nach der Sache mit dem Krokodil hatte er das Gefühl, ich schuldete ihm etwas.

Aber ich muss euch gestehen, dass ich in Wirklichkeit sehr, sehr froh war, dass er diese Schlange erlegt hatte.

»Was meinte er denn mit ›Danke, dass du mir den Todesschuss überlassen hast‹? Hat er denn wirklich solche Sehnsucht danach verspürt? Hat er wirklich ständig die Nähe des Todes suchen müssen?«, fragte der Professor.

»Wie zum Teufel kommen Sie denn auf die Idee?«, schnaubte mein Vater.

»Na ja, ich weiß doch, dass er einmal gesagt haben soll: ›Wenn ich keine Tiere töten kann, dann töte ich mich selbst.‹«

»Sie glauben also, er hätte sich umgebracht, wenn ich die Kobra erlegt hätte? Wollen Sie das etwa damit sagen, Professor?«

»Nein, nein, auf keinen Fall, ich stelle nur die Theorie auf, dass es da, äh, eine Art von dunkler Sehnsucht gab.«

Meine Mutter lachte, und ich hörte Charlie kichern. »Interessant«, meinte Charlie.

»Eine dunkle Todessehnsucht?«

»Nein, das habe ich nicht gemeint, jedenfalls nicht unbedingt –«

»Was wollen Sie denn nun eigentlich sagen, Professor? Für mich ist das eine ziemlich klare Feststellung. Und ich würde sagen, die ist für jeden richtigen Mann ziemlich klar.«

»Nimm dich in Acht, Les«, sagte meine Mutter. »Ich versteh das auch.«

Charlie Willeford lachte.

»Ich meinte lediglich«, begann der Professor vorsichtig, »dass dieser innere Zwang zu töten bei Ihrem Bruder eine starke selbstzerstörerische Komponente gehabt zu haben scheint, dass es auf den ersten Blick aber auch so aussieht, als sei er sich dessen bewusst gewesen, und da habe ich mich gefragt, ob Sie das als einen Prima-facie-Beweis für die intuitive Erkenntnis einer prädestinierten Selbstzerstörung betrachten oder ...«

»Mein Gott noch mal«, murmelte Charlie Willeford, und meine Mutter fügte hinzu: »Na ja, ein bisschen davon ist ja sogar verständlich.«

»Also gut, Herr Doktor«, sagte mein Vater in einem geduldigen und freundlichen Ton. »Ich sag Ihnen nur Folgendes. Ich habe nie jemanden gekannt, der wirklich gern Menschen umgebracht hat. Ich habe furchtbar viele Leute gekannt, die das für eine ekelhafte und unangenehme Pflicht hielten. Andererseits kenne ich aber auch bestimmte Literaturprofessoren, bei denen das eine sehr große Verlockung wäre. Wenn Sie Ihre Fragen jedoch auf die Geschichte beschränken, dann werde ich es als meine Prima-facie-Pflicht betrachten, Sie am Leben zu lassen.«

Diesmal lachte der Professor zuerst los, und als das allgemeine Gelächter verebbt war, meinte er: »Sie haben gesagt, Sie sahen dem Tod ins Angesicht und der Tod hat gewonnen. Was ist denn passiert?«

»Oh«, sagte mein Vater, und es klang zum ersten Mal so, als sei er überrumpelt worden. »Sie haben also tatsächlich zugehört, was? Hat Ihnen die Königskobra nicht gereicht?«

»Na ja, äh – gehört denn noch mehr zu der Geschichte?«

»Sie sind doch der Experte für Geschichten«, sagte mein Vater. »Was scheint denn da noch so zu fehlen? Auf der intuitiven, kognitiven Ebene, meine ich.«

Noch mehr Gelächter. Dann hörte ich, wie sich meine Mutter räusperte, ein noch heute unverkennbares Geräusch. »Was war denn mit dem Tiger?«, drängelte sie.

»Ja, genau«, mischte sich Charlie Willeford ein. »Du wolltest ihm doch von dem Tiger erzählen.«

Es gab eine lange Pause und ein ständiges Räuspern. Ich blickte zwischen meinen Töchtern hin und her. Pookie war wieder eingeschlafen, aber Bear sah mich mit einem Blick voller Fragen an. Ich hatte jedoch noch keine Antworten für sie. Ich war noch ganz in den Klang der Stimme meines Vaters versunken – und, um ehrlich zu sein, wollte auch ich von dem Tiger hören, genau wie Bear. Jeff spürte das und tätschelte meine Hand.

»Was ist denn da los, Dad?«, wollte Bear wissen. »Warum husten und räuspern sich die denn alle?«

»Die bohren und bohren, und jetzt muss sich dein Großvater was Gutes ausdenken«, meinte Jeff. »Merkst du das nicht? Die sagen irgendwas Haarsträubendes, und er muss dann eine Geschichte daraus machen. Das ist schon zu einem richtigen Spiel geworden, so nach dem Motto ›Setz-noch-eins-drauf-wenn-du-kannst‹.«

»Ich weiß nicht«, sagte ich. »Zu Anfang dachte ich das auch, aber …«

»Aber sicher«, beharrte Jeff. »Hör doch mal genau hin. Deine Mutter und Willeford geben irgendwelche albernen Ideen von sich, und dein Vater muss da mitspielen und sie in seine Geschichten einbauen. Als ich Stegreifkomiker war, haben wir's genauso gemacht. Meine Freunde haben mir aus dem Zuschauerraum irgendwas völlig Verrücktes zugerufen, und ich musste es dann aufgreifen und sehen, was ich daraus machen konnte. Mein Gott, dein Vater war wirklich gut.«

»Ja, aber er hat tatsächlich eine Tigerkralle gehabt. Wie kann das denn dann alles erfunden sein?«, fragte ich.

»Pscht«, machte Bear. »Opa fängt wieder an.«

Sechs

NACHDEM HADI mit unserem Proviant zurückgekehrt war, verbrachten wir den Rest des Tages damit, unsere wertvolle Schlangenhaut zu säubern. Ich weiß noch, dass die Bauchschuppen so groß wie 25-Cent-Stücke waren. Wir müssen an die zweihundert Pfund Fleisch von dem Ungeheuer heruntergeholt haben. Hadi meinte, sein Dorf könne davon eine Woche lang leben. Endlich schienen wir einmal Glück gehabt zu haben. So kam es uns jedenfalls vor, aber nur für ein Weilchen. Nur so lange, bis wir uns auf den Rückweg machten.

Hadi hatte uns den Hügel hinuntergeführt und war unten bereits in das dichte Gestrüpp eingedrungen, als er plötzlich im Schritt stockte und die Hand hob, als Zeichen, dass Papa und ich stehen bleiben sollten. Er stand ziemlich lange dort, wie ein in Lauerstellung verharrender Jagdhund, vollkommen bewegungslos, völlig konzentriert. Und dann trat er langsam und unwahrscheinlich vorsichtig einen halben Schritt zurück.

Da hörten wir es auch, gleich vor uns seitlich vom Pfad. Ein leises Hecheln, und dann nichts. Überhaupt kein Geräusch – und plötzlich die unglaublichste Explosion von heller Farbe, Bewegung, Muskeln. In dieser Stille ließ Hadi den Angriff des Tigers ohne jede Reaktion über sich ergehen und starb, ohne einen einzigen Laut von sich zu geben. Er hatte gar keine Zeit, irgendetwas zu rufen oder sich zu verteidigen, und wir hatten keine Zeit zu reagieren. Das Einzige, was ich sah, war, wie Hadis brauner Arm nach oben flog und sein Turban auf die Erde flatterte. Dann war er verschwunden; es herrschte wieder Stille, und weder Hadi noch der Tiger waren irgendwo zu sehen.

In die Stille hinein sagte Papa: »Pass auf, Baron! Da ist noch einer!«

Ich legte meine Büchse an die Wange und feuerte los; auch Papa feuerte. Ein zweiter Tiger sprang zwölf Meter über uns hinter einen Felsvorsprung. Von der Stelle, wo der erste verschwunden war, kam ein leises Knurren. Er war wieder aufgetaucht, Hadis schlaffen Körper zwischen den Zähnen. Papa feuerte erneut; ich drehte mich um und schoss ebenfalls in die Wolke aus Staub und spritzendem Blut, die der Tiger und Hadi bildeten. Ohne abzuwarten, wie wirksam unsere Schüsse gewesen waren, stürmten Papa und ich den Hügel hinunter in das hohe Gras. Dort blieben wir stehen und luden nach.

Hinter uns rief der Tiger auf dem Berg nach seinem Gefährten, aber dieser lag im Staub; eine der Tatzen zuckte noch, während die Wildkatze schon in die Totenstarre überging. Einer von uns beiden hatte sie erlegt – wer, das schien jetzt nicht besonders wichtig zu sein. Ich empfand Übelkeit und Ekel. Papa schien sich zutiefst zu schämen; er hatte bisher noch nie einen Mann auf einer Safari verloren. Der Schweiß tropfte ihm die Wangen hinunter, und er sah aus wie jemand, der tief verletzt worden war.

Ich hatte einen Kloß im Hals, so groß wie ein Apfel, und das tat höllisch weh. Hadi war mehr als nur unser

Spurenleser gwesen. In der kurzen Zeit, die ich ihn gekannt hatte, waren wir, glaube ich, Freunde geworden. Papa drehte sich zu mir um und fragte mich, ob ich schon wieder gehen könne. Ich bejahte. Er wusste, dass ich, außer beim Selbstmord unseres Vaters, noch nie einen Toten gesehen hatte.

»Sie waren dabei, als Ihr Vater Selbstmord verübt hat?«, unterbrach ihn der Professor.

»Ja. Ich war dreizehn. Wegen Krankheit nicht in der Schule, als ich den Schuss hörte.«

»Und Sie haben die Leiche Ihres Vaters gefunden?«

Man vernahm ein langes Schweigen. Ich wartete darauf, dass mein Vater losknurrte, dass er den Professor zurechtwies und mit der Tigergeschichte fortfuhr. Was er jedoch nicht tat.

»Ich war noch ein Kind«, erwiderte er schließlich. »Ich dachte, er wäre vielleicht noch am Leben. Er hatte sich eingeschlossen. Da hab ich die Tür aus den Angeln gehoben, und dann fand ich die Leiche.«

Bear sah mich entsetzt an. Das war das erste Mal, dass sie von einem Selbstmord in unserer Familie gehört hatte. Ich wusste nicht, was ich sagen sollte, und so schwieg ich. Ich glaube auch nicht, dass ich irgendetwas hätte sagen können. Ich schloss die Augen und spürte, wie sich mein Magen verkrampfte und mir schlecht wurde. Ich sah das Bild von der Leiche meines eigenen Vaters vor mir, wie sie auf dem roten Fliesenboden im Eingang des Hauses lag, wo ich als Kind gewohnt hatte.

Ich konnte mich noch an seinen friedlichen Gesichtsausdruck erinnern. Es war, als schliefe er, nur dass sich unter seinem Ohr eine rote Lache gebildet hatte und er einen kleinen .22er Revolver in der Hand hatte.

Die Kasette lief weiter, aber die Worte drangen nur undeutlich an mein Ohr. Ich sah zu meiner Tochter hinüber. Jeff hatte einen Arm um ihre Schulter gelegt. Es hatte sie ziemlich mitgenommen, aber hauptsächlich war sie verwirrt, und ich wusste, dass sich das wieder legen würde.

Ich war es, die damit zu Rande kommen musste.

Der Professor ergriff abermals das Wort: »Ich habe gelesen, dass, als Dos Passos bei Ihrem Bruder in Key West war, ein Paket von Ihrer Mutter eintraf. Es enthielt einen Kuchen, einige der Gemälde Ihrer Mutter und die Waffe, die Ihr Vater benutzt hatte. Dos Passos fand das grausam. Als wollte sie damit sagen: ›Hier, Ernest, bring dich auch um.‹«

»So ein Quatsch«, erwiderte Dad, und hinter ihm konnte ich Charlie Willeford sagen hören: »Herrgott noch mal, jetzt reicht's aber.«

Vater fuhr jedoch fort. »Nein, Charlie, lass mal. Es macht mir nichts aus, darüber zu reden, und außerdem ist das genau die Art von Mist, die schon viel zu lange verbreitet wird. Sehen Sie mal, Professor. Es ist kein Geheimnis, dass Ernest und Mutter ihre Meinungsverschiedenheiten hatten. Aber Ernest hatte sie um diesen Revolver gebeten. Er hat mir gesagt, ich könne alle anderen Waffen haben, aber die wäre seine.« Es folgte eine kurze Pause; Dads Stimme senkte sich, und er fuhr fort: »Ich bin mit Mutter zum Bezirksgericht von Cook County runtergefahren. Die Waffe war vom Untersuchungsrichter beschlagnahmt worden, und wir mussten eine ganze Menge Papierkram erledigen, um sie zurückzubekommen. Und dann kam

Mutter Ernests Bitte nach und hat ihm den Revolver geschickt.«

»Warum wollte er ihn denn haben?«

»Was?«

»Warum er den Revolver haben wollte. Das hat doch etwas … Makabres, finden Sie nicht?«

Es folgte eine lange Pause, während der man nur das Rauschen der Kassette hörte. Dann sagte mein Vater langsam: »Ich … glaube, Ernest wollte wissen … er wollte mit Sicherheit wissen, wo dieser Revolver war.«

»Wissen Sie, was er damit gemacht hat?«, fragte der Professor.

»Ich glaube, er hat ihn vernichtet. Der ist nie mehr irgendwo in der Familie aufgetaucht.«

»Und die Flinte, die Ernest benutzt hat?«

»Genau dasselbe. Soviel ich weiß, hat sie einer seiner Söhne sofort vernichtet. Damit sie nicht als Souvenir gestohlen werden konnte. Die sind mit diesem verdammten Ding rausgegangen und dann ein paarmal mit einem Pick-up drübergefahren. Sie war vollkommen kaputt.« Dann schwieg er, weshalb wir wieder nur lauter Rauschen und Knacken hörten.

»Der Familienausweg …«, sagte mein Vater langsam und in einem schwermütigen Tonfall, und selbst nach all diesen Jahren spürte ich den Schmerz in diesen Worten. Abrupt änderte sich Dads Stimme und wurde schärfer. »Hören Sie mal, wir sind hier, um übers Jagen zu reden. Also?«

Der Professor räusperte sich. »Ja, natürlich. Bitte.«

Noch eine lange Pause. Ich hörte, wie eine Flasche gegen Glas stieß und sich alle der Reihe nach räusperten. Dann fragte mein Vater: »Wo war ich gerade?«

»Von Tigern umgeben«, sagte meine Mutter.

Jeff stieß mich an. »Siehst du, was ich meine?«, fragte er. »Die geben ihm dauernd irgendwelche Stichworte – ›von Tigern umgeben‹.« Er drückte meine Hand. »Das ist wirklich toll.«

Ich lächelte gezwungen. Aber es war schwer für mich, wieder in die Geschichte von der Tigerjagd einzutauchen. Ich kämpfte mit einem anderen Ungetüm. Ich hatte nie richtig verstanden, was mein Vater mit seinem Vater und dann noch einmal mit seinem Bruder durchgemacht hatte. Und später hatte er dann für sich selbst ja genau denselben Weg gewählt. Den Familienausweg. Bei ihm klang das so vornehm.

Aber das Vermächtnis eines jeden Selbstmords sind Gefühle von Schuld und Wut; sie sind bisher noch an jede Generation weitervererbt worden. Ich hatte sie in ihrer ganzen Wucht mit auf den Weg bekommen und merkte jetzt zum ersten Mal, wie sehr sie mich tatsächlich gekennzeichnet hatten.

Ich sah zu meiner Tochter hinüber und legte ein stummes Versprechen ab: Damit würde es jetzt aufhören, mit dieser Kassette und meinen neuen Erkenntnissen über das Vermächtnis meiner Familie.

Jetzt war die Kassette mehr als nur eine Sammlung von Jagdgeschichten. Sie war eine Entdeckungsfahrt, ein Weg, meine Vergangenheit zu verstehen. Und sie war ein wichtiger Ausgangspunkt für eine Erkenntnis, gegen die ich, wie mir jetzt klar wurde, seit fast fünfzehn Jahren angekämpft hatte. Ich hatte sie beiseite geschoben und unter einer dicken Schicht von sorgfältig unter Kontrolle gehaltenen Gefühlen versteckt.

Ich hatte nie verstehen können, warum mein Vater den Familienausweg gewählt hatte. Ich hatte mich dagegen gewehrt, es für Feigheit zu halten – Dad kannte keine Feigheit. Und trotzdem hatte ich nie verstehen können, was er da getan hatte. Wenn aber diese Jagdgeschichten wahr waren, dann hatte er der Welt seine Tapferkeit bewiesen. War es fair zu hoffen, dass diese Geschichten wahr waren, es mir zu wünschen, es zu brauchen? Das sagte vielleicht mehr über mich als über meinen Vater aus – aber ich begann zum ersten Mal etwas zu glauben, was ich, seit ich seine Leiche gesehen hatte, nicht zu denken gewagt hatte.

Mein Vater war kein Feigling.

Jeff flüsterte: »Hey, hörst du überhaupt zu? Gleich erfährst du, was es mit diesem Tigerkrallen-Talisman auf sich hat.«

»Doch«, sagte ich und lächelte ihm zu, und diesmal war es ehrlich gemeint. »Jetzt hör ich zu.«

ERNEST STAND ALS Erster wieder auf. Er ging zu Hadis Leiche hinüber und schloss ihm die Augen. Die Wildkatze hatte ihm den Hals gebrochen und die Seite herausgerissen, so dass ihm das Fleisch in Fetzen über die Brust hing. Ich weiß noch, wie Papa das Blut berührte und dann hochblickte und laut sagte: »Gott, du hast uns einen guten Menschen genommen. Bitte lass mich den anderen Tiger töten.«

Er blickte einen Augenblick auf das Blut an seiner Hand hinunter. Dann kam er zu mir zurück und setzte sich hin. »Alles in Ordnung, Baron?«, fragte er.

»Ja, alles klar«, antwortete ich. »Wollen wir wirklich dem anderen Tiger nachstellen?«

Papa nickte.

»Bist du dir sicher, dass da bloß einer ist?«, fragte ich, und er lachte, nur ganz kurz, aber ich sah, wie sein Gesicht bereits wieder diesen erwartungsvollen Ausdruck annahm.

»Nur einer«, sagte er und stand auf. »Aber das Licht wird immer schlechter, und wir sind noch weit vom Dorf entfernt, da müssen wir uns beeilen. Und ich will den ersten Schuss, verstehst du?«

Ich verstand. So war er nun einmal – und das hatte nichts mit Machotum oder Ruhmbegierde zu tun. Das kümmerte ihn alles nur einen Dreck. Aber er hatte sittliche Maßstäbe. Er wusste mit absoluter Sicherheit, was richtig und was falsch war. Und er wollte wegen Hadis Tod mit den beiden Tigern abrechnen. Es war passiert, als *er* das Kommando hatte, versteht ihr? Er fühlte sich also verantwortlich. Und als er mich fragte, ob ich ihn verstand, da tat ich das wirklich. Ich wusste genau, was er meinte. Wie gesagt, er hat sich nicht oft entschuldigt, aber er hat immer versucht, die Dinge wieder in Ordnung zu bringen, jedenfalls soweit das in dieser lausigen Welt überhaupt möglich ist.

Und so reichte Papa mir meine Büchse, und wir stiegen wieder den Hügel hinauf. Auf halber Höhe hörten wir ein anschwellendes Brüllen, das durch die Bäume widerhallte und uns abrupt innehalten ließ. Da die Sonne bereits langsam unterging, stieg über der Vegetation schon Nebel auf. Die Sicht wurde schnell schlechter.

»Bleib dicht hinter mir«, sagte Papa.

Sieben

Nahe dem Kamm traten wir hinaus auf eine Lichtung und blieben urplötzlich stehen. Gerade vor uns, auf der anderen Seite der Lichtung, sahen wir die Wildkatze unter einem Baum stehen. Papa begann, sich ihr langsam und vorsichtig zu nähern, und ich blieb dicht bei ihm. Der Tiger beobachtete uns, wobei sein schwerer Schwanz hin- und herzuckte.

Während wir uns auf ihn zubewegten, flüsterte Papa mir, ohne den Blick von dem Tier zu wenden, zu: »Das ist das Männchen.«

Der Tiger blieb aufrecht stehen, seine schwarzgoldenen Streifen hoben sich ganz deutlich von dem üppigen Grün ab. Als wir noch rund dreißig Meter von ihm entfernt waren, hörte er auf, mit dem Schwanz zu wedeln. Seine Schultermuskeln zogen sich zusammen, und dann sprang er plötzlich auf und davon.

Papas Büchse fuhr hoch und machte Peng!, bevor ich die Bewegung der Wildkatze überhaupt registriert hatte. Die Kugel fuhr dem Tiger ins Kreuz. »Gut!«, rief ich.

»Schlecht«, zischte Ernest. »Mein Gott, was für ein lausiger Schuss. Alles andere als sauber.«

»Verpass ihm doch noch einen«, sagte ich. Aber der Tiger hatte sich schon ins hohe Gras gerollt und war in ein Versteck gekrochen.

»Tja, da müssen wir ihm wohl da hineinfolgen, Baron«, sagte er. »Wir können ihn nicht verwundet lassen.«

Ich wollte sagen: »Na sicher können wir das.« Ich wusste ganz genau, und Ernest natürlich auch, dass es nichts Gefährlicheres auf der Welt gibt, als einem verwundeten Raubtier ins hohe Gras zu folgen. Aber ich wusste auch, genau wie mein Bruder, dass wir es tun mussten. Wenn man ein Tier verletzt, dann hat man die heilige Pflicht, ihm den Gnadenschuss zu geben und seine Qualen zu beenden. Schieß nie auf etwas, das du nicht auch anständig erlegen kannst. Nach diesem Grundsatz waren wir beide großgezogen geworden, da brauchte er überhaupt nichts weiter zu sagen. »Stimmt«, sagte ich und folgte ihm ins Gras. Allerdings war mir ganz flau vor Angst. Aber ich wollte nicht, dass Papa alleine einem angeschossenen Tiger nachging, und es musste getan werden.

»Hier«, sagte er, blieb stehen und bückte sich. Ich folgte seinem Finger mit den Augen und sah, wo sich der Tiger auf dem Bauch durchs Gras zurück in den Dschungel geschoben hatte. Die Gräser waren abgeknickt, als wenn die Raubkatze einen Teil des Weges gekrochen war, und auf der rechten Seite der Spur war Blut zu sehen.

»Wenn er so blutet, dann kommt er nicht weit«, sagte ich, aber Papa sah mich bloß an und schüttelte den Kopf.

»Hoffentlich nicht«, war alles, was er sagte.

Wir folgten der Blutspur noch eine geschlagene

Stunde, und bis dahin war dann die Sonne untergegangen, und es wurde dunkel um uns herum. Und gerade, als wir beide so weit waren, die Sache abzublasen und vielleicht bis zum nächsten Morgen zu warten, weil das Ganze viel zu gefährlich war, hörten wir den unverkennbaren Ruf des Tigers. Es war ein wie leises Husten, das man zwar schwer beschreiben, aber unmöglich vergessen kann, wenn man es einmal gehört hat. Kaum hat man dieses Geräusch vernommen, findet man sich auch schon mit trockenem Mund und klopfendem Herzen in Kauerstellung wieder.

Ich zeigte nach links, womit ich meinte, er solle nach links schießen, und Papa nickte. Er wollte nahe genug herankommen, um die Sache mit einem Schuss zu erledigen. Wir machten noch ein paar Schritte vorwärts, und dann streckte Papa den Arm aus, damit ich stehen blieb. Er deutete mit dem Kopf nach vorn, und ich folgte ihm mit meinem Blick.

Dort saß er, auf einem Felsvorsprung weniger als sechs Meter entfernt. Er musste uns gehört haben, denn er hustete wieder, und dann brüllte er. Diesmal war es ohrenbetäubend laut. »Ich geh vor«, sagte Papa. »Der kommt da nicht raus, wenn wir ihn nicht aufscheuchen.«

Wir erreichten den Felsvorsprung zur gleichen Zeit. Papa wandte sich nach links. Ich blickte zu dem im Schummerlicht kaum sichtbaren Tiger hinüber. Er brüllte erneut auf, aber diesmal erbebte der ganze Felsvorsprung, während seine Reißzähne in dem schwachen Licht, das uns umgab, aufleuchteten. Ich sah eine unbestimmte Bewegung, konnte mich aber nicht schnell genug ducken, während der verschwommene Umriss der Wildkatze direkt an mir vorbei auf Papa zuschoss. Ich hörte Papas Büchse zweimal knallen, und dann krachte der Tiger den Abhang bis zum Fuß des Hügels hinunter.

»Mein Gott, was für ein herrliches Tier! Schade, dass ich ihn töten musste«, sagte Papa, als er zu mir zurückkam. »Als ich abgedrückt habe, war er genau über dir.«

»Ich weiß«, sagte ich und klopfte mir den Staub aus den Sachen. »Das waren fantastische Schüsse. Die hätten Hadis Zustimmung gefunden.«

Als wir zum Fuß des Hügels hinuntergingen, stieg endlich der Mond am Himmel auf. Wir kamen zu der Stelle, wo die große Wildkatze lag, vollkommen reglos und doch furchterregend, noch im Tod die riesigen Zähne fletschend. Eine ganze Weile blickten wir nur auf sie hinunter. Sie hatte versucht, uns zu töten, und wir hatten sie zuerst getötet, so dass man meinen sollte, wir wären erleichtert, dass wir gewonnen hatten, oder froh, dass sie tot war. Aber ich weiß, dass ich tiefe Zuneigung zu diesem Tier, das Menschen tötete, empfand, und ich sah, dass es Papa genauso ging. Wenn man nie gejagt hat, dann kann man das vielleicht nicht verstehen, aber wir standen eine ganze Weile bloß da und blickten auf den Tiger hinab.

»Möchtest du dir irgendwas von diesem wunderschönen Tier mitnehmen?«, fragte Papa mich schließlich.

»Ich glaube nicht«, sagte ich. »Ich möchte ihn so in Erinnerung behalten.«

Papa sah mich einen langen Augenblick an und schaute dann wieder auf den Tiger.

Wir begruben die Raubkatze in einer flachen Grube am Fuß des Hügels. Das Loch musste ziemlich groß sein. Dieser Tiger hatte die Größe eines kleinen Pferdes. Wir hatten nichts Richtiges zum Graben mit dabei, schufteten aber trotzdem so lange, bis die Arbeit getan war.

Als wir schließlich zu Hadi und dem anderen toten Tiger zurückkamen, ging schon wieder die Sonne auf. Wir hoben noch eine flache Grube aus und stießen den Tiger hinein. Dann grub Papa ein Grab für Hadi, und ich sammelte ein paar Felsbrocken zusammen, die wir auf das Grab rollen wollten, um die Aasfresser abzuhalten. Als ich fertig war, blieb ich stehen und blickte auf Hadis Leiche hinab. Er sah jetzt viel kleiner aus. Ich nahm seinen Turban in die Hand, und dabei fiel etwas heraus und plumpste neben meine Füße. Ich bückte mich und hob es auf.

Zwischen den Stoffbahnen hatte eine mumifizierte Tigerkralle gesteckt. Ich tat sie in meinen Rucksack und legte den Turban neben Hadi. Wir schaufelten das Grab zu und häuften, nachdem wir ein paar Worte gesprochen hatten, die Steine darauf.

Man hörte wieder ein langes Rauschen.

»War das das Ende Ihrer Jagd?«, fragte der Professor.

»Ja, und dann hatten wir noch zwei Wochen für die Rückfahrt nach Ostafrika.«

»Ist auf dem Weg dorthin noch irgendetwas Spannendes passiert?«

»Haben Sie denn immer noch nichts gelernt, Professor? Mit Papa zu reisen war an sich schon ein Abenteuer. Da passierte alles Mögliche. Darum sind Sie doch heute hier. Wo Papa war, da passierte etwas. Deshalb fühlen sich auch heute noch viele zu Papa hingezogen.«

Willeford lachte. »Hören Sie also auf, dauernd die Geschichten zu unterbrechen.«

»Natürlich«, sagte der Professor. »Bitte fahren Sie fort.«

Aber dann hörte man ein explosionsartiges Knacken, und die Kassette kam abrupt zum Stillstand.

Bevor ich etwas tun konnte, drückte meine Tochter die Eject-Taste. »Kommt, wir hören uns die andere Seite an«, meinte sie.

Ich sagte nichts, und Jeff blickte, eine Augenbraue in die Höhe gezogen, zu mir herüber.

»Alles in Ordnung, Schatz?«, fragte er.

»Ja, alles klar«, sagte ich. Ich beugte mich vor und nahm Miss Pookie auf den Arm. Irgendwie ist es heilsam, ein Baby zu halten. Vielleicht ist es der Duft seines Kopfes, die Zartheit seiner Haut, oder das Glück in seinen Augen. Egal, was es ist, es gibt der Seele Hoffnung, und genau das brauchte ich in dem Moment.

»Wollen wir uns also noch mehr anhören?«, fragte Jeff.

»Au ja, Mom«, drängte Bear. »Ich will die andere Seite von der Kassette hören.«

»Warte mal kurz, Bear«, sagte Jeff und wandte sich an mich. »Liebling, wir können das auch jederzeit ein bisschen später hören.«

»Nein!«, protestierte Bear.

»Ist schon in Ordnung«, sagte ich. »Wirklich.«

Er sah mich eine ganze Weile an, während Bear neben uns herumzappelte. »Na gut«, meinte Jeffry schließlich. »Wenn du dir sicher bist.«

Ich zwang mich zu einem Lächeln. »Ja, ich bin mir schon sicher«, sagte ich. »Los, spiel sie.«

»Juchhu!«, rief Bear, während sie die Kassette umdrehte und in den Rekorder hineinknallte. Und dann rauschte und knackte die zweite Seite, und wieder erfüllte Vaters Stimme das Zimmer.

Acht

FÜR DIE ÜBERFAHRT zurück nach Ostafrika brauchten Papa und ich nicht sehr viel Zeit. Als wir dann jedoch durch Somaliland fuhren, trafen wir auf eine weiße Safari, die in Schwierigkeiten geraten war. Der Gruppe war das Benzin ausgegangen. Zu wenig Benzin zu haben ist ein ernstes Problem und zeigt, dass man eigentlich völliger Laie ist. Und es bedeutet gewöhnlich, dass einem bald noch schlimmere Dinge zustoßen werden. So auch in diesem Fall. Diese Jäger sollten schon bald die Gejagten werden.

Das erste Zeichen dafür, dass etwas nicht stimmte, war, dass wir von einer einzelnen Frau angehalten wurden. Das hätte eigentlich schon reichen sollen, um mir klar zu machen, dass da große Scherereien auf uns warteten – sie war nämlich schön, und auf einer Safari führt eine schöne Frau fast immer zu Scherereien.

Sie stand auf einer vielleicht sechs Meter hohen Felswand. Sie trug ein hauchdünnes weißes Kleid, das sich an ihren zierlichen Körper anschmiegte und leicht im heißen Wind flatterte. Da die Hitze die Luft zwischen ihr und uns flimmern ließ, war ich mir aus unserer Entfernung sicher, eine Fata Morgana vor mir zu haben. Wir müssten nur ein bisschen näher herankommen, dann würden wir sehen, dass da nichts als ein verkrüppelter Baum war, an dem ein Fetzen Stoff im Wind herumflatterte. Denn wie sollte hier eine einzelne weiße Frau herkommen, und besonders eine derart verführerische Schönheit?

Aber dann kamen wir näher, und es war doch keine Fata Morgana. Es war eine wunderschöne schlanke Frau, und obwohl wir sehen konnten, dass sie irgendwie in Not geraten war, sah sie dort oben auf dem Felsen furchtbar schön aus.

»Siehst du das auch?«, fragte ich Papa.

Er grinste. »Und ob«, sagte er. Ich wusste, dass ihm Pauline fehlte. Er war offensichtlich hocherfreut, eine so schöne Vision zu sehen. Und als wir uns sicher waren, dass sie, während wir uns ihr näherten, nicht wieder verschwinden würde, begann Papa sogar richtig zu lächeln. Sie stand dort auf dem Felsen mitten in der Ebene wie ein Leuchtfeuer, das uns den Weg wies.

Wir stiegen aus unserem Jeep und liefen auf sie zu. Sie drehte sich um und rief über ihre Schulter: »Kommt mal her und seht, was ich gemacht habe. Wir sind gerettet.«

Wir kletterten zwischen den Felsbrocken hindurch zu ihr hinauf, wie Seeleute zu einer Sirene. Ich weiß noch, sie hatte das wunderschönste Lächeln, das man sich vorstellen konnte, und die perfekten weißen Zähne und den makellosen Teint einer gepflegten Frau. »O ihr Darlings, ihr kommt gerade rechtzeitig. Uns ist vor drei Tagen das Benzin ausgegangen.«

Papa sah mich an und meinte dann: »Was ist denn das für ein Jäger, der mit seiner Jagdgesellschaft hier rausfährt, ohne genug Benzin für die Rückfahrt dabeizuhaben?«

»Oh, Johnson hatte alles arrangiert. Ein Händler sollte jeden Abend mit Benzin vorbeikommen. Aber er ist schon seit drei Tagen nicht mehr hier gewesen.« Sie senkte die Stimme. »Ich glaube, der Mann ist tot.«

»Na, wahrscheinlich eher zu Tode betrunken«, sagte Papa lachend.

Unter den breiten Akazien, die dem Segeltuchzelt unter ihnen Schatten spendeten, hörten wir Männerstimmen. Ich zählte vier Männer: zwei eingeborene Führer, den weißen Jäger und den Ehemann dieser Frau, der hochgeklettert kam, um uns zu begrüßen. Er humpelte und stützte sich auf einen Wanderstock.

»Dr. Greg Brown«, sagte er und reichte uns die Hand zum Gruß. Brown war ein stämmiger, glatzköpfiger Mann in den Vierzigern mit einer übel zugerichteten Nase. Er hatte sich ganz offenkundig an zu vielen Schlägereien beteiligt und die meisten verloren. Seltsam für einen Arzt, aber vielleicht nicht für einen Mann, dessen Frau so schön war. Sein Gesicht war vom Klettern gerötet, und er blickte Papa nervös an. »Ich sehe, Sie haben bereits Loris Bekanntschaft gemacht.«

»Na ja, offiziell noch nicht.« Papa lächelte und streckte die Hand aus. »Wie eine in der Sonne winkende Blume von zu Hause.« Er küsste Loris Hand und fing ein eifersüchtiges Funkeln in den Augen ihres Mannes auf. »Vielleicht war es keine gute Idee von Ihnen, auf so ein Abenteuer mitzukommen.«

»Wieso?«, fragte Lori empört.

»Männer in der Wildnis sind ein schlimmer Haufen, meine Tochter«, lachte Papa. »Genau genommen, Männer überall.«

»Stimmt«, sagte Brown. »Und ich hab von diesem ganz besonderen Paradies hier die Nase gestrichen voll.«

Papa und ich stellten uns vor. Dr. Brown und seine attraktive Frau waren von Papa beeindruckt. Lori hatte sogar eins seiner Bücher gelesen – zumindest behauptete sie das, konnte dann allerdings, trotz Papas Fragen, überhaupt nichts darüber sagen. Das war immer so: Jedes Mal, wenn jemand sagte, ihm gefielen seine Bücher, musste er nachhaken. Er konnte nicht einfach danke schön sagen und es dabei belassen. Er musste wissen, warum.

Ich weiß nicht, was er von Lori zu hören hoffte, aber er war enttäuscht. Trotzdem, sie war eine attraktive Frau, und wir waren schon furchtbar lange draußen in der Wildnis gewesen. So saßen die beiden zusammen, während wir anderen das Lager abbauten. Ich muss zugeben, sie war schön anzusehen und schien auch nett zu sein, zumindest zu Anfang. Wie die meisten Frauen, hing sie an Papas Lippen. Aber nach ein paar Drinks begann sie, gegen den guten Doktor vom Leder zu ziehen.

Nun weiß ich, dass viele Leute, wenn sie betrunken sind, einfach drauflosquatschen. Sie sagen Dinge, die sie nüchtern nie sagen würden. Die entsprechen dann nicht unbedingt der Wahrheit; viele reden einfach irgendwelchen negativen, niederträchtigen Unsinn, weil sie denken, das sei lustig, oder weil im Alkohol irgendein Dämon steckt. Sie sagen Dinge, von denen sie wissen, dass sie dem anderen wehtun, und morgens können sie sich dann an nichts mehr erinnern und verstehen nicht, warum die Türschlösser ausgewechselt worden sind.

In unserem Fall bekam Papa etwas über Dr. Brown und seinen Löwen erzählt. Er bekam es von der Frau des Arztes erzählt, und zwar in einem Ton, der so scharf war wie ein Rasiermesser. Wie Brown vor dem Tier weggerannt war, das Schlimmste, was man auf einer Jagd tun konnte. Und als er dann beim Wegrennen auch noch hingefallen war und sich die Stiefelspitze weggeschossen hatte, da hatte er zum Schaden noch den Spott. Lori erzählte es sehr gut. Zum Schluss zeigte sie auf ihn, damit wir sehen konnten, dass sein Fuss ziemlich dick verbunden war, und meinte, er sei ganz klar ein besserer Arzt als ein Jäger – oder ein Mann.

»Einen Moment mal, er hat sich selbst angeschossen?«, fiel der Professor meinem Vater ins Wort. »Und ich dachte von Anfang an – ich meine, einen Augenblick lang kam es mir so vor, als sei das das Paar aus dem ›Kurzen glücklichen Leben des Francis Macomber‹.«

»Ach, ich weiß nicht. Ich glaube, Sie versuchen, da zu viel hineinzulesen«, meinte mein Vater. Er lachte auf. »Aber – wer weiß?«

»Na ja, es könnte aber – ich meine, hat diese Frau ihren Mann umgebracht?«, fragte der Professor.

»Nein, haben Sie denn nicht zugehört? Allerdings wäre es humaner gewesen, wenn sie ihn einfach weggeschleppt und erschossen hätte. Aber auf unserer Fahrt – da war es der weiße Jäger, der starb.«

»Das soll wohl ein Witz sein«, stieß der Professor hervor.

»Nein, und es war auch nicht der arme alte Doc, der ihn um die Ecke gebracht hat. Obwohl er triftige Gründe dazu gehabt hätte. Seine Frau hatte eine Affäre mit dem Mann. Und dieser Schönen hat es richtig Spaß gemacht, uns davon zu erzählen. Der arme Doc, der war durch seine Angst schon genügend gedemütigt, durch seine eigene Büchse zum Humpeln verurteilt und von seiner Frau dann noch auf eine Art und Weise auseinander genommen worden, wie es nur eine Frau schafft. Und allen war es schnurzegal. Er hatte das

Gesicht verloren. Mein Gott, das ganze Lager hatte ihn wegrennen sehen. Seiner Frau war das peinlich, und wenn ein Mann vor seiner Frau einmal das Gesicht verloren hat, dann kann er das nie mehr wettmachen. Ihre Affäre mit dem Jäger diente ihr nur dazu, sich die Trophäe eines anderen Mannes zu holen.«

»Und was hat den weißen Jäger dann getötet?«

Willeford antwortete: »Wilde Hunde.«

»Also hören Sie mal, Hunde?« Der Professor lachte in sich hinein.

»Mensch, nicht irgendwelche Hunde. Die Kannibalenhunde von El Kamir«, sagte Dad mit ernster Stimme. »Hunderte von Höllenhunden. Unvorstellbar grausam, und immer in großen, bösartigen, hungrigen Rudeln auftauchend. Von dem Augenblick an, wo ich sie zum ersten Mal gesehen hatte, wusste ich, dass jemand umkommen würde.«

»Im Ernst?«, fragte der Professor.

»Nehmen Sie einen Rottweiler. Ziehen Sie ihn in der Wildnis groß, in einer von Feinden wimmelnden Umgebung, wo nur die bösartigsten Tiere überleben. Und dann multiplizieren Sie das Ganze mit einhundertfünfzig«, sagte Dad.

»Mein Gott«, stieß der Professor hervor. »Erzählen Sie weiter.«

ALSO, ALS DAS Lager abgebrochen war, da war es später Nachmittag. Dazu muss man wissen, dass in Ostafrika die Abenddämmerung äußerst schnell in Dunkelheit übergeht. Und es ist besser, nachts nicht unterwegs zu sein – da sollte man eher gut geschützt hinter einer Boma an einem schönen Lagerfeuer sitzen. Aber in diesem Fall hatten wir vor, alles zu verstauen, unser überschüssiges Benzin abzuzapfen und zusammen nach Mogadischu zu fahren. Da wir reichlich Erfahrungen gesammelt und in der Hinsicht doch einigen Grips hatten, wussten wir, dass das eine vernünftige Idee war. Eigentlich hätte also alles nach Plan verlaufen müssen. Er wäre auch nach Plan verlaufen, wenn uns die Hunde nicht alles vermasselt hätten.

Papa, Lori, Doc und ich standen oben auf dem Hügel, blickten in die Gegend und versuchten, möglichst niemandem im Weg zu sein. Unten verstauten der weiße Jäger und seine Führer die Ausrüstung. Es war gerade eine verlegene Pause entstanden, als der erste grauschwarze Kopf hinter einem Felsen hervorlugte. Es war ein großer Kopf mit spitzen Ohren, dem ein stämmiger, muskulöser Körper folgte. Der Hund bewegte sich still auf den Wagen zu. Sein kurzer Schwanz wedelte nicht, sondern stand steil in die Höhe, während sich das Ungeheuer immer mehr dem Wagen näherte.

Ich sagte: »Seht ihr den Hund da?«

»Welchen Hund?«, fragte Papa, aber bevor wir uns versahen, kamen plötzlich Dutzende von Hunden aus dem hohen Gras heraus und bewegten sich auf die Männer auf der Ladefläche zu.

»Großer Gott«, sagte Papa und drückte Doc und seine Frau auf den Boden. Ich kauerte mich hin und wollte an den Felsrand herankriechen, um einen besseren Blick zu haben, aber Papa legte eine Hand auf meinen Rücken. »Ohne unsere Büchsen können wir überhaupt nichts tun, Baron. Und wenn sie uns hören oder wittern – dann sind wir verloren.«

Wir hörten einen Schrei auf Suaheli. Und mussten hilflos mit ansehen, wie die Hunde durch das Lager stürmten. Die beiden Führer kraxelten auf das Segeltuchdach des Wagens hinauf. Ich glaube, das Eigenartigste an dem Ganzen war, dass die Hunde überhaupt nicht bellten. Sie drängten einfach immer weiter vorwärts, die Schnauzen stumpf und hässlich, die Zähne unentwegt gebleckt.

»Die werden doch sicher nur unsere Vorräte auffressen und dann wieder verschwinden«, flüsterte Doc.

»Nee, die fressen überhaupt nichts, es sei denn frische Beute«, antwortete Papa. Und ich glaube, Doc verstand, was Papa mit »frischer Beute« meinte. Denn genau in dem Augenblick sprangen zwei große Rüden hinten auf den Wagen, und einen Moment später begannen sie auch schon damit, das Segeltuchverdeck in Fetzen zu reißen. Einer der beiden Führer stürzte auf die Ladefläche hinunter. Er gab einen lauten Schrei von sich, der ihm jedoch, als die Tiere über ihn herfielen, auf den Lippen erstarb.

Der andere Führer verfluchte die Hunde auf Suaheli. Aber wenige Augenblicke später sahen wir ihn wieder zum Rand des Segeltuchs zurückkriechen und sich, vor Angst völlig verstummt, niederkauern; das Einzige, was wir hören konnten, war das Knacken der Knochen auf der Ladefläche.

Das ganze Spektakel lockte Johnson aus seinem Zelt. Er hatte die Hunde nicht gesehen und deshalb kein Gewehr dabei – nicht, dass ihm seine Büchse gegen all diese Killer sehr viel geholfen hätte. Und so stand er einfach nur da. Die Zeit schien stillzustehen. Ich kann mich immer noch an das Gesicht des Führers erinnern, der das Ganze vom Verdeck aus beobachtete, und an Johnsons Augen. Diese Augen werde ich nie vergessen. Sie zuckten nicht ein einziges Mal. Er starrte die Hunde nur an, als wenn er sie allein mit seinen Augen zum Rückzug bewegen könnte.

Niemand rührte sich – es kam mir wie eine Ewigkeit vor. Dann stürzte Johnson wie ein Wahnsinniger auf den nächsten Baum zu. Es waren nur sechs Meter, aber das ganze Rudel raste zu einer Stelle genau vor ihm. Johnson ging zu Boden wie ein Waterboy, der von zwei Footballmannschaften getackelt wird. Man hörte ein Knurren und Knacken und schließlich einen einzigen entsetzlichen, gurgelnden Schrei. Johnson wurde die Kehle herausgerissen, und ein paar Minuten später war sein ganzer Körper zerfetzt.

Zu dem Zeitpunkt waren wir alle wieder auf den Beinen und hofften, uns davonmachen zu können, solange die Hunde noch beschäftigt waren. Aber wie wir dort standen, sah Lori, was die Hunde mit Johnsons Körper machten, und sie schrie auf. Papa hielt ihr den Mund zu, aber es war zu spät. Ihr Schrei war allemal laut genug gewesen, und wir sahen, wie die Hunde unter uns innehielten und die Ohren spitzten. Und dann drehten sich all die hässlichen grauen Köpfe langsam in unsere Richtung.

»Mein Gott, sieh doch nur, was du getan hast!«, rief ihr Mann.

»Ich?!«, erwiderte Lori. »Du warst es doch, der diese gottverdammte Fahrt machen musste.«

Der gute Doktor packte seine Frau und schüttelte sie. »Ich sollte dich umbringen.«

»Schluss jetzt!«, bellte Papa und stieß den Arzt zurück, so dass er sein Gewicht auf den verletzten Fuß verlagern musste. Brown ließ seinen Wanderstock los und fiel auf den Hintern. Es war ein seltsamer Augenblick, denn statt auf den Mann zu sehen, blickte Papa dem fallenden Wanderstock nach, der die Felsen unter uns hinunterrollte. »Baron, ich hab's. Wir brauchen unbedingt diesen Stock da.«

Das Rudel beobachtete uns und wurde nervös. Zwei der Hunde kamen bereits den Abhang hochgeschlichen. Aber ich erhob keinen Widerspruch. Wenn er einen Plan hatte, also dann war er uns allen weit voraus. Ich behielt lediglich die Hunde im Auge und rutschte auf dem Bauch nach unten. Papa hielt mich an den Fußknöcheln fest, und ich ließ mich über den Rand hinüberhängen. Der Fels drückte hart gegen meine Brust, und ich streckte mich, bis es schmerzte, aber ich konnte den Stock nicht erreichen; ich streifte ihn mit den Fingern, so dicht lag er unter mir, aber er blieb knapp außer Reichweite. »Bloß noch ein kleines Stückchen«, keuchte ich. Ich versuchte mich zu winden und zu strecken – und da ließ dann die Kraft in Papas Händen nach.

Unter mir waren ungefähr fünfzig dieser hungrigen Bestien; wenn ich bis dort unten hinabrutschte, dann wäre ich schneller deren Abendmahlzeit, als Papa »Huch« sagen könnte. Aber dann spürte ich, wie seine Hände meine Knöchel wieder fester packten, und hörte auf zu rutschen, war jetzt jedoch weit genug unten, um an den Stock heranzukommen.

Ich schloss meine Finger um ihn. Jetzt hatte ich ihn. Papa zog mich genau in dem Augenblick wieder hoch, als ein großer Rüde nach meinem Arm schnappte. Ich holte weit aus und traf das Ungetüm an der Schulter. Es heulte auf und wich zurück.

»Voll getroffen, wie bei einem Home-Run-Schlag, Baron. Wir haben ein paar Minuten gewonnen.«

»Das war das erste Mal, dass ich versucht hab, mit dem Kopf nach unten zu schlagen«, sagte ich.

Papa gab mir einen Klaps auf die Schulter und hielt den Stock wie einen Speer in die Luft. »Das könnte klappen.«

»Da bin ich aber froh. Da unten sind nämlich zweihundert Hunde, die gegen uns wetten.«

»Spürst du das?«, fragte Papa, befeuchtete einen Finger und hielt ihn in die Luft. »Der Wind. Der ist stark genug für ein Buschfeuer. Und er weht auf das Plateau zu. Wenn wir ein bisschen Glück haben, dann können wir diese Menschen fressenden Bestien zurücktreiben und zu unserm Jeep rübersprinten.«

»Gut, aber übersehen Sie bitte nicht, dass wir dabei auch geröstet werden können«, jammerte Doc Brown.

Papa hätte ihm wahrscheinlich gern eine ziemlich deutliche Antwort gegeben, was er zu jedem anderen Zeitpunkt oder bei jemandem, der in seiner Gegenwart nicht derart erniedrigt worden war, wohl auch getan hätte. Stattdessen redete er ihm jedoch zu wie einem kleinen Kind. Ich glaube, ich war der Einzige dort, der wusste, was für eine ungeheure Beleidigung das darstellte.

»Nein«, begann Papa, »das Gras brennt schnell; es dürfte nicht mehr als eine Minute dauern, bis die Flammen das Lager durchquert haben. Dann sind das alles nur noch heiße, glühende Stoppeln. Da kommen Sie selbst mit Ihrem verletzten Fuß durch.«

»Bleibt mir eine andere Wahl?«, fragte der Arzt. Aber Papa hatte sich schon umgedreht. Doc Brown sah mich an und fuhr sich mit der Zunge über die Lippen. Ich konnte sehen, dass er äußerst nervös war. Aber wir waren, verdammt noch mal, unbewaffnet und von einer Horde wilder, menschenfressender Hunde umgeben, die uns bedrohlich nahe kamen. Wir waren alle nervös. Papa und ich zeigten es bloß weniger.

»Ganz ruhig«, sagte ich zu Brown. »Wenn Papa einen Plan hat, dann ist's am besten, man macht mit. Meistens klappt es.«

»Und wenn nicht?«, fragte Doc mich.

Ehe ich ihm antworten konnte, hörten wir einen leisen Ausruf, gefolgt von einem Schrei, und drehten uns beide um. Papa hatte die untere Hälfte von Loris Kleid abgerissen. »Ganz ruhig, meine Tochter, immerhin geht's ja hier auch um Ihr Leben. Baron – deine Streichhölzer.«

Ich sah zu, wie Papa den Baumwollstoff um den Stock wickelte, so dass er aussah wie ein großes Wattestäbchen. Ich zündete das erste Streichholz an, aber der Wind blies es aus. Für das zweite machte ich eine hohle Hand und hielt es dann an den Stoff. Es dauerte einen Augenblick, aber dann stand er in Flammen.

»Hier, Baron«, sagte Papa und gab mir den brennenden Speer. »Auf einen guten Wurf.«

Nun muss ich dazu sagen, dass ich in der High School einmal im Speerwerfen gewonnen hatte, weshalb Papa guten Grund hatte, mir in diesem Augenblick die Heldenrolle zu überlassen.

»Und wohin?«, fragte ich und blickte zum Lager hinunter.

»Genau da drüben hin.« Papa zeigte auf einen Grasfleck zwischen unserem Felsvorsprung und dem Jeep. Ich nickte. Es war ein schwieriger Wurf, wegen des Windes und der nervlichen Belastung, aber ich holte einmal tief Atem und warf. Mein brennendes Wattestäbchen flog ganz exakt und machte einen dreißig Meter großen Bogen durch die Luft. Es traf genau dort auf den Boden, wo ich hingezielt hatte. »Guter Wurf, Baron«, sagte Papa. »Jetzt lasst uns hoffen, dass das Gras Feuer fängt.«

Und ich hoffte. Ich hoffte inbrünstig darauf. Wenn es nicht Feuer fing, dann würden wir von einem Rudel Höllenhunde verschlungen werden. Aber während wir noch den Atem anhielten und nach unten blickten, züngelten die ersten Flammen empor, und als das Feuer um sich griff, stieg weißer Rauch in die Luft. Als das Gestrüpp und das Gras erst einmal zu brennen anfingen, breitete sich der Brand schneller aus, als man es sich vorstellen kann. Kein Feuer, weder davor noch danach, hat in meinen Augen je so gut ausgesehen.

Alle jubelten, als die prasselnde orange Linie das Lager durchquerte. Der erste Hund sah sie und begann knurrend zurückzuweichen. Dann flog ein Stück Glut über das freie Gelände und landete auf einem der Hunde, die sich an Johnson zu schaffen machten. Er heulte auf und jagte im Kreis umher. Die anderen Hunde blickten auf, sahen das Feuer und begannen zurückzuweichen.

»Jetzt!«, sagte Papa. »Los!«

Die Hunde standen zusammengedrängt auf der anderen Seite des Feuers, beobachteten uns jedoch, während wir die Felsen hinunterkletterten und auf den verbrannten Grasboden sprangen.

Wir erstickten fast in dem dicken Rauch, husteten und schlugen uns gegenseitig auf den Rücken und waren doch heilfroh. Wir rannten über die schwelenden Stoppeln auf unseren Jeep zu. Unser Segeltuchverdeck hatte Feuer gefangen und war verbrannt, aber das war der einzige Schaden. Wir stiegen ein und rasten zu dem Safariwagen hinüber. Der überlebende Führer hatte ihn erfolgreich durch den Rauch manövriert. Von Johnson und dem anderen Führer war nicht viel übrig geblieben.

Papa sagte dem Arzt und seiner Frau, dass die Konsularbeamten am nächsten Morgen vorbeikommen würden und sie bis dahin alles so lassen sollten, wie es war. Ich glaube, angesichts des Zustands der beiden

Leichen waren sie darüber eigentlich recht froh. Ich sah mit Vergnügen, dass ein paar Hunde dem Rauch zum Opfer gefallen waren. Wir brauchten ihre Kadaver als letzte Beweise für die grausigen Ereignisse.

Bear stellte die Kassette ab und sah mit einem Flunsch zu mir hoch. »Heißt das, dass die Hunde gestorben sind?«, fragte sie.

»Hey«, meinte Jeff. »Das sind keine süßen flauschigen Hündchen. Die haben grad zwei Menschen aufgefressen.«

»Aber deswegen hätten sie doch nicht sterben müssen«, sagte Bear noch immer schmollend.

»Ja, aber hör mal, mein Schatz«, sagte ich. »Wenn die Hunde nicht umgekommen wären, dann wären dein Großvater und dein Großonkel vielleicht wegen Mordes eingesperrt worden. Aber so war der Mageninhalt dieser Hunde ein Beweis dafür, dass sie die beiden Männer getötet hatten.«

»Wenn das alles überhaupt wirklich passiert ist«, meinte mein Mann. »Das hört sich immer noch ziemlich verrückt an. Wilde, Menschen fressende Hunde? Also wirklich!«

»Das könnten wir wahrscheinlich herausfinden«, sagte ich, und Bears Gesicht leuchtete auf.

»Au ja«, sagte sie. »Ich schalt schon mal den Discovery Channel ein!«

Ich lachte, genau wie mein Mann auch. »Das würde sicher am meisten Spaß machen«, sagte ich. »Aber es würde wohl auch eine ganze Weile dauern, bis da die richtige Sendung gezeigt wird.«

»Wisst ihr«, sagte Jeffry, »dass ich immer noch meine Abzeichen vom Kugelstoßen habe, die von der Florida-Meisterschaft? Wenn dein Vater eine Medaille gewonnen hätte, dann hätte er sie sich doch sicher auch aufgehoben, da könnt ich wetten.«

»Können wir die suchen gehen, Mommy? Ich weiß, dass sie noch da ist«, sagte Bear.

»Und wo?«, fragte ich sie.

»In Opas Zimmer«, sagte sie naseweis. Jeffry begann zu lachen. Das war einer unserer Familienwitze. Wir hatten ungefähr ein Dutzend Kartons mit Vaters Sachen in einer Kammer unter der Treppe aufbewahrt und angefangen, diesen Raum »Opas Zimmer« zu nennen. Seit unserem Einzug hier war er praktisch unberührt geblieben. Mom hatte es nicht fertiggebracht, die Sachen nach seinem Tod durchzusehen, und meiner Schwester und mir wurde bedeutet, die Finger davon zu lassen. Jetzt, nach all diesen Jahren, kam es mir fast wie ein Sakrileg vor. Aber ich brauchte Antworten, und in Vaters Sachen danach zu suchen schien die beste Möglichkeit zu sein, welche zu finden.

»Wenn du eine Taschenlampe holst, bringe ich Pookie ins Bett«, sagte ich zu Jeff.

»Dann treffen wir uns an der Kammer«, antwortete er.

»Junge, Junge!«, meinte Bear. »Kann sein, dass wir da alles mögliche Zeug finden! Pavianfinger und Tigerkrallen – und vielleicht auch noch ein bisschen Jade!«

»Na also auf jeden Fall sind da Spinnen drin«, sagte Jeffry. »Und eine Menge Staub.«

Ich packte Pookie in ihr Bettchen. Sie schlief weiter, im Gesicht ein süßes Lächeln. Dann traf ich mich mit Jeff und Bear vor der Kammer im Flur. »Du darfst die Tür aufmachen, Mom«, sagte Bear. »Es ist ja das Zimmer von deinem Dad.«

Als ich die Kammertür öffnete, warnte ich Bear und Jeffry: »Ehe wir uns nicht alles angesehen haben, wird nichts weggeschmissen.«

»Das soll wohl ’n Witz sein«, antwortete Jeff. Er leuchtete mit der Taschenlampe auf einen Stapel alter Kartons. »Das ist ja schlimmer, als ich es in Erinnerung hatte.« Sie sahen wirklich ziemlich mitgenommen aus. Seit Dads Tod hatten sie nur die Möbelpacker in den Händen gehabt. Und obwohl ich die Schuld an ihrem schlechten Zustand liebend gern auf die Möbelleute gewälzt hätte, weiß ich, dass es in Wahrheit daran lag, dass die Kartons fast zwei Jahrzehnte in Moms staubiger Garage herumgestanden hatten und Überschwemmungen, Hitze, Feuchtigkeit und Kakerlaken ausgesetzt gewesen waren. Sie waren dreckig, verbeult, eingerissen – und ein bisschen unheimlich. Bear nahm den Deckel von einem Karton ab und zog einen Haufen Kleenex heraus.

»Willst du wirklich diesen Klumpen Papiertaschentücher durchsehen?«, fragte sie und verzog das Gesicht.

»Gerade diesen Klumpen Papiertaschentücher. Mom hat nie die Smaragde von Dads Südamerikafahrt gefunden. Und alles, was ich weiß, ist, dass er sie in Papiertaschentücher eingewickelt hat.«

»Das ist ja ein tolles Versteck«, sagte Jeff.

»Wieso, hat doch funktioniert. Die sind immer noch nicht aufgetaucht«, meinte ich.

»Da könnte ja glatt Jimmy Hoffa drin versteckt sein«, sagte Jeff. »Zusammen mit Richter Crater und Elvis. Ist das Zeug denn irgendwie sortiert?«

»Nein. Mom hat einfach alles eingepackt, weil sie dachte, eines Tages würde sie es sicher durchsehen. Hat sie bloß nie getan.«

»Ich glaub, ich hör da hinten irgendwas knabbern«, sagte Jeff und leuchtete mit der Taschenlampe auf den untersten Karton eines Dreierstapels.

»Wahrscheinlich Kakerlaken«, vermutete ich.

»Na hoffentlich«, antwortete Jeff.

»Vielleicht sollten wir bis morgen früh warten, Mom«, fügte Bear hinzu.

»Auf jeden Fall«, stimmte Jeff ihr zu. »Und heute Abend versprüh ich erst mal ein paar Dosen Insektenspray.«

»Okay. Geh dir die Haare kämmen, putz dir die Zähne, und zieh deinen Schlafanzug an.« Ich gab Bear einen Kuss auf die Stirn. »Wir kommen in ein paar Minuten.«

Jeff und ich brachten T. L. Bear ins Bett. Wir gaben ihr jeder einen Gutenachtkuss, und dann flüsterte sie mir, während ich noch neben ihrem Bett kniete, zu: »Ich mag deinen Daddy wirklich gern. Der war so mutig.«

»Ja, das stimmt. Er hat sich fast allen Herausforderungen gestellt, und meistens hat er die Oberhand behalten.«

»Nur meistens?«, fragte Bear mich, und in ihrer unschuldigen Frage war eine Schärfe, die nur ich spüren konnte. Aber ich lächelte trotzdem.

»Ich hab dich lieb, mein Schatz«, sagte ich. »Und jetzt schlaf schön.« Ich gab ihr einen Kuss auf die Wange und knipste das Licht aus.

Das war ein außergewöhnlicher Nachmittag und Abend gewesen, und ich war froh und gerührt, dass ich diese Entdeckung gemeinsam mit meiner Familie hatte machen dürfen und dass ich meine Tochter mit meinem Vater hatte bekannt machen können. Und trotzdem war ich nicht gelöst genug gewesen, um die

Abenteuer meines Vaters, so wie meine Tochter oder mein Mann, einfach zu genießen. Ja, das waren schon tolle Geschichten, und Vater war ein wunderbarer Geschichtenerzähler. Als ich seine Stimme gehört hatte, war eine Flut von Erinnerungen in mir wach geworden, Erinnerungen an die Art und Weise, wie er Menschen in seinen Bann gezogen hatte, wenn er ein Garn spann.

Aber das war nicht alles, woran ich mich erinnert hatte. Dieses eine Bild von meinem Vater konnte ich noch immer nicht abschütteln. Komisch, wie das Gedächtnis die Zeit stillstehen lässt.

Als ich an dem Abend im Bett lag und einzuschlafen versuchte, dachte ich zurück an das letzte Mal, als ich Dad gesehen hatte. Die Blutlache, in der er lag, hatte die gleiche Farbe wie der Fliesenboden. Vielleicht sah es nicht ganz so schlimm aus wie damals, als er seinen Vater gefunden hatte, oder wie die Schweinerei, die Ernest mit seiner Schrotflinte hinterlassen hatte. Aber er war mein Vater, und er hatte das alles selbst durchgemacht und hätte also wissen müssen, wie so etwas war. Er hätte wissen müssen, was für Schmerzen er seiner Frau und seinen Kindern bereiten würde.

Ich musste an den Gesichtsausdruck meiner Mutter denken, als sie sah, dass ich zu Hause war. Ich war an der Universität von Miami in irgendwelchen Lehrveranstaltungen gewesen und hatte nur kurz im Wohnheim vorbeigesehen, um einen Happen zu Mittag zu essen. Das Telefon klingelte. Meine Mitbewohnerin ging ran, weil sie dachte, der Anruf sei für sie – was er aber nicht war. Ich erkannte die Stimme bereits, bevor er seinen Namen genannt hatte. Seine Worte waren schlicht und einfach: »Ich hab Ihrem Vater einen Revolver verkauft.« Er sagte noch mehr, aber nach diesem ersten Satz hörte ich nur noch halb hin. Auf der kurzen Fahrt nach Hause wiederholte ich ihn mehrere Male.

Es war kein Geheimnis, warum mein Vater den Revolver gekauft hatte. Mir jedenfalls war es völlig klar. Die einzige Frage war, ob ich ihn davon abhalten konnte. Ich spielte ein Dutzend heroische Szenarien durch, wo ich ihn jedes Mal noch in letzter Sekunde rettete. Es kam mir nie in den Sinn, dass es bereits zu spät sein könnte.

»Woher hast du das denn gewusst?«, fragte meine Mutter. Sie hatte mich noch nicht angerufen, genauso wenig wie meine Schwester und meine Brüder, und war zu sehr mit der Polizei beschäftigt, um mich daran zu hindern, ins Haus zu treten. Und so stand ich da im Flur und blickte auf Dad hinab und sah Männern in Kitteln dabei zu, wie sie seinen leblosen Körper fotografierten.

»Woher hast du das denn gewusst?«, fragte sie noch einmal.

»Jack hat mich angerufen«, antwortete ich, blickte aber weiter auf Dad. War dies eine außerkörperliche Erfahrung? Ich war dort und auch wieder nicht. Es war, als schwebte ich durch einen bösen Traum.

»Wer?«, bellte ein kahlköpfiger Polizist.

»Jack, der Kerl, der ihm den Revolver verkauft hat«, sagte ich und drehte mich um, um Blickkontakt mit meiner Mutter aufzunehmen. »Er meinte, Dad sei zur Werkstatt gekommen und hätte ihm erzählt, er brauche zu seinem Schutz einen Revolver. Zehn Minuten später fiel Jack ein, dass ich ihm von Vaters Depressionen und den anstehenden Operationen erzählt hatte.«

»Mit diesem Jack muss ich mich mal unterhalten. Wo kann ich ihn finden?« Der Polizist schrieb etwas in sein Notizbuch.

»In der Fifth Street. ›Jack's Foreign Car Care.‹«

»Das ist ein Mechaniker und ein Freund von Les. Der repariert oft Hilarys VW. Der wusste überhaupt nichts«, hörte ich meine Mutter sagen. »Ich hatte Hilary vor drei Wochen gebeten, die Waffen unserer Familie aus dem Haus zu schaffen. Sie hat sie bei einem Nachbarn, Dr. Howard Engle, hinterlegt. Das war unmittelbar vor Les' letzter Operation.«

»Weshalb war er denn im Krankenhaus?«, fragte der Polizist.

Meine Mutter erklärte ihm, dass mein Vater Altersdiabetes gehabt hatte. Im Endstadium kollabieren die Arterien und Venen, weshalb die beschädigten Blutgefäße entfernt und durch welche aus Kunststoff ersetzt werden sollten. Mein Vater nannte es »Besser Leben mit Du Pont«. Aber wenn die Operation misslungen wäre, dann hätte er mit einer doppelten Amputation rechnen müssen.

»Sie müssen verstehen, was für ein Mensch Les war«, sagte meine Mutter zu dem Polizisten. »Er wollte ein lebenswertes Leben führen.«

Ich blickte wieder auf meinen Vater. Was hast du dir bloß dabei gedacht? Hast du uns einen Brief hinterlassen? Du hattest es doch unter Kontrolle – warum hast du das getan?

Ich starrte seinen Leichnam an, bekam aber keine Antwort. Er schien friedlich zu schlafen; der Tod hatte sein Gesicht nicht verzerrt. Er trug lediglich seine Boxershorts. Seine blassen Beine waren in natürlicher Stellung auf dem Fliesenboden ausgestreckt. Er hätte wirklich schlafen können.

Hast du dich im Liegen erschossen? Warum hast du es heute getan, am 13. September? Du hast die Zahl 13 doch gehasst. Bist du einfach morgens aufgewacht und hast dir gesagt: »Heute ist ein guter Tag zum Sterben«? Oder hat's bei dir irgendwie ausgehakt und du wolltest einfach Schluss machen?

Das Einzige, was auf sein Leiden hinwies, waren die beiden rosa Narben, die von der Leiste bis zu den Füßen hinunterliefen.

Nur drei Wochen zuvor hatte er mir geholfen, meinen VW Käfer mit den ganzen Sachen voll zu packen, die ich für mein erstes Jahr an der Universität brauchte. Obwohl sie nur fünfzehn Minuten entfernt lag, hatte ich mich entschlossen, auf dem Campus zu wohnen. Vater stand in der Auffahrt neben meinem Wagen, legte die Hände ineinander, hob sie in die Höhe und ließ sie wie ein siegreicher Boxer kreisen.

»Hillsides, lass dich nicht unterkriegen. Ich bekomm die Sache hier schon in den Griff. Wirst schon sehen.« Er stampfte mit den Füßen auf. »Wenn du das nächste Mal nach Hause kommst, dann fahren wir beide raus aufs Wasser. Ich hab dich lieb, meine Tochter.«

Als ich jetzt, so viele Jahre später, in unserm Bett lag, konnte ich seine Stimme immer noch genauso deutlich hören, wie ich sie gerade auf der Kassette gehört hatte. Wieder kamen mir die Tränen. Jeff beugte sich herüber und legte zärtlich seine Arme um mich. »Es wird schon wieder werden«, flüsterte er. Ich nickte ganz automatisch, da ich nicht, ohne zu schniefen, sprechen konnte, und dann wurde mir plötzlich etwas klar.

Nach fünfzehn Jahren und dem Tod meiner Mutter trauerte ich endlich um den Verlust meines Vaters.

Neun

»Wie kommt es bloß, dass Schriftsteller nie irgendetwas wegwerfen?«, fragte ich, als ich Jeff den nächsten Karton abnahm. Gleich nachdem wir Bear zur Schule losgeschickt und Pookie für ihr Vormittagsschläfchen fertig gemacht hatten, waren wir zu der Kammer geeilt. Und jetzt, inmitten von Kartons und einer großen Staubwolke, wurde mir langsam klar, wie viel Arbeit vor uns lag.

»Das kann zweierlei Gründe haben«, antwortete Jeff. »Erstens hat für einen Schriftsteller alles einen Gefühlswert, und zweitens müssen Schriftsteller einfach alles aufheben. Und außerdem ist es einfacher, sein Zeug auf dem Tisch aufzutürmen, als es wegzuwerfen.«

»Aha. Soll das etwa eine Anspielung auf meine hausfraulichen Fähigkeiten sein?«

Jeff warf einen Blick in unseren Flur, der jetzt voller staubiger Kartons mit lauter altem Gerümpel stand. Er schüttelte den Kopf. »Das würde ich nie wagen. Du hast schließlich mein Büro gesehen.«

Insgesamt waren es sechzehn große Kartons. Auf allen stand in riesigen, verblassenden Druckbuchstaben »LES«. Manche waren eingerissen; andere hatten

Wasserflecken vom Hurrikan Andrew. Mutter hatte darauf bestanden, dass sie nicht neu gepackt, sondern so, wie sie waren, in unser neues Haus geschafft würden. Aber nicht alle enthielten Sachen, die meinem Vater gehört hatten. Ich hatte keine Ahnung, was in den meisten drin war, und sie alle durchzusehen würde garantiert eine Heidenarbeit sein, und eine Drecksarbeit noch dazu. Trotzdem blieb ich optimistisch und war überzeugt davon, dass wir mit den Kartons im Laufe eines Tages fertig werden müssten.

Fünf Stunden später hatten wir jedoch gerade einmal drei Kartons geschafft. Es sah so aus, als wären sie alle aufs Geratewohl gepackt worden: In dem Karton, mit dem ich gerade fertig geworden war, lagen zum Beispiel obenauf Fotos, die Vater zusammen mit Hubert Humphrey zeigten, und dann kam das Zeugnis meiner Schwester aus der dritten Klasse – natürlich alles Einsen. Danach kamen Liebesbriefe von meinem Großvater Clarence Hemingway und Großmutter Grace Hall, und dazwischen ein paar Exemplare von Dads Zeitung, den *Bimini Out-Island News*.

Aber nachdem wir eine erstaunliche Menge Krimskrams durchgesehen hatten, manches aus dem vorigen Jahrhundert, machten wir ganz unten endlich die große Entdeckung. Ich glaube, mir rutschte dabei ein stilles »Mein Gott« heraus. Aber egal, was es war, ich sagte es gerade laut und heftig genug, um Jeffs Aufmerksamkeit zu erregen.

»Was ist denn?«, fragte er und blickte von einem Karton voller alter Briefmarken und Familienbriefe auf.

Ich reichte ihm eine Reihe von vergilbten Blättern Florpost. »Erkennst du das wieder?«

Er blätterte sie durch, und dann sah er den Titel. »Meine Güte«, sagte er und las ihn laut vor: »›Die Kannibalenhunde von El Kamir.‹«

»Jawoll.« Ich reichte ihm einen weiteren Packen zusammengehefteter Seiten. »Und das hier muss diese tolle Schlangengeschichte sein, ›Der Tod starrte mir in die Augen‹.«

»Das ist doch nicht wahr«, lachte Jeff. »Du meinst, er erzählt dem Professor Geschichten, die er selbst geschrieben hat?«

»Ja«, sagte ich, und dabei erfüllte mich eine Reihe von widersprüchlichen Gefühlen, von denen eines Enttäuschung war, was, nehme ich an, meiner Stimme anzuhören war. »Das erklärt wahrscheinlich alles – warum er die ganzen Details wusste und so. Das waren Erzählungen, Zeug, für das er schon das Hintergrundmaterial gesammelt und das er bereits geschrieben hatte.«

»Das erklärt überhaupt nichts«, meinte Jeffry. »Dein Vater schrieb, was er lebte. Bis jetzt haben wir uns beide die Kassette angehört und nicht wirklich geglaubt, dass er das alles auch erlebt hatte. Aber jetzt«, er fuchtelte mir mit dem Packen Papier unter der Nase herum, »jetzt bin ich mir da nicht mehr so sicher.«

»Also, ich schon.«

»Wirklich?«, fragte Jeff. »Alles, was er in der Bimini-Zeitung geschrieben hat, war wahr. Seine Biografie war wahr, und selbst sein Roman *Sound of the Trumpet* war wahr. Ich weiß sogar noch, dass deine Mutter mir erzählt hat, Ernest hätte an dem Buch kritisiert, dass es reine Reportage sei. Dein Vater hatte ja nicht mal die Namen geändert. Und wenn diese wilden Jagdausflüge in den dreißiger und vierziger Jahren tatsächlich stattgefunden haben? Wenn er sie aufgeschrieben und dann diesem Professor erzählt hat?«

»Das ist aber ein ziemlich großes ›Wenn‹.« Ich blätterte das Bündel Papier durch und fand die Tiger- und die Krokodilgeschichte.

»Also, wir haben noch eine Stunde, bevor Bear aus der Schule kommt. Ich hab ihr versprechen müssen, dass wir auf sie warten, bevor wir uns die Kassette weiter anhören.«

»Für sie ist das alles völlig neu«, sagte ich. »Ich hätte ihr mehr erzählen sollen – das ist ja auch ihre Familie. Es ist diese ganze Selbstmordgeschichte. Ich wollte sie da nicht mit reinziehen.«

»Du hast das immer noch nicht überwunden, oder?«, fragte Jeff.

Ich holte tief Atem und blickte auf die ganzen Kartons, die in Stapeln um uns herumstanden; das war alles, was ich noch von meinem Vater hatte. Jeffry beugte sich zu mir herüber und wischte mir etwas Staub aus dem Gesicht. »Vielleicht hat dir deine Mutter deshalb die Kassette vermacht. Sie war die klügste Frau, die ich je gekannt habe. Vielleicht dachte sie, die Kassette könnte dir helfen. Und vielleicht ist es jetzt an der Zeit, in dieser Sache reinen Tisch zu machen.«

»Erzählen Sie uns nun, ob Papa dieser Frau jemals beigeschlafen hat?«, fragte der Professor, als wir die Kassette weiterspielten.

»Was meint der denn mit ›beigeschlafen‹?«, fragte Bear und kuschelte sich in die Couch im Wohnzimmer.

»Sch«, sagte ich und blickte zu Jeff hinüber, der übers ganze Gesicht grinste. »Heb dir deine Fragen bis zum Schluss auf. Dann geh ich sie alle mit dir durch.«

»Du klingst wie meine Lehrerin«, sagte Bear. Ich beugte mich zu ihr hinüber und umarmte sie, und dann hörten wir alle zu, wie die Stimme meines Vaters die Geschichte weitererzählte.

»Lassen Sie mich erklären, was passierte, nachdem wir in Mogadischu angekommen waren«, begann Dad.

»In dieser ostafrikanischen Stadt gab es nur ein anständiges kleines Hotel. Das Erste, was wir taten, nachdem wir mit dem Ortspolizisten wegen des Hundeangriffs gesprochen hatten, war, in die Hotelbar zu gehen. Ernest gab die erste Runde Drinks aus und der gute Doktor die zweite.

»Was wurde denn getrunken?«, fragte der Professor.

»Na ja, es gab dort keinen anständigen Gin, aber der Barkeeper zeigte Papa seinen besten Brandy. Ein französischer Cognac namens Castillon. Nicht schlecht, aber wie bei fast allen Dingen wusste Papa ganz genau Bescheid, und er wollte allen zeigen, wie man ihn richtig trinkt.«

»Wie schwer kann es denn sein, Brandy zu trinken?«, wandte der Professor ein.

»Runterkippen kann ihn jeder, aber Papa hatte in Kuba einen bestimmten Trinkstil gelernt, der dort *carburación* genannt wird und auf demselben Prinzip beruht, nach dem gute Motoren am allerbesten mit guten Gemischen laufen. Stellt euch also vor, dass wir da an der Hotelbar sitzen. Keine besonders große, mit gerade mal genügend Platz für sechs Leute. Die Frau und der Arzt taten ihr Möglichstes, sich erst einmal zu entspannen. Und so begann Papa, ihnen Unterricht zu erteilen: ›Um das mit dem *carburación* richtig zu machen, muss man einen großen Schluck Brandy nehmen. Gut, Miss Lori, jetzt aber nicht runterschlucken. Sondern eine halbe Minute oder so im Mund herumspülen. Und dann durch die Nase ausatmen und dabei alle Luft aus der Lunge herauslassen. Gut, und jetzt, Doc, schlucken Sie den Cognac runter, atmen Sie tief ein, und machen Sie schnell den Mund auf. Alle zusammen.‹

›Bravo‹, sagte der Arzt und blickte mit einem wunderbaren Lächeln auf. ›Er gelangt in einem feinen Nebel in die Lungen und so schneller ins Blut. Fantastisch.‹

›Genau darum geht's‹, sagte Papa.

Im Laufe der nächsten Stunde verschwanden zwei dieser guten Flaschen, während wir alle dort herumsaßen und nach Luft schnappten wie ein Schwarm sterbender Tümmler. Natürlich wurde Konversation gemacht, aber nicht über die beiden Toten, den Jäger und den Führer, oder über die Hunde. Seltsamerweise verspürte der Arzt ein Bedürfnis, über Literatur zu reden. Es überraschte Papa derart, dass er dem Mann sogar antwortete.

Sie hatten über Kurzgeschichten gesprochen, die Brown für eine im Aussterben begriffene Kunst hielt. ›Was halten Sie denn von Anderson, Callahan und Faulkner?‹, fragte er.

›Mit diesen Ganoven wetteifre ich nicht‹, meinte Papa. »Faulkner geht es immer nur darum, einen verdammt guten ersten Absatz zu schreiben. Und meistens schafft er es auch. Aber dann ist es auch schon aus, beim Rest tut er dann nur noch so. Morley war verdammt ehrlich, aber langweilig. Zum Teufel noch mal, der ist immer noch langweilig.«

›Und Sherwood Anderson?‹, wollte Brown wissen.

Papa blickte ihn scharf an, wollte sehen, ob der Arzt wusste, dass das eine nicht gerade unverfängliche Frage war. Dann zuckte er mit den Schultern und gab ihm eine Antwort. ›Da behauptet wird, ich hätte alles von Sherwood gelernt, möchte ich ihn nicht kritisieren‹, sagte er. ›Aber das Lustige dabei ist, dass Sherwood und ich beide denselben Lehrmeister hatten. Und das war nicht Miss Stein, sondern wo die Stein es herhatte.‹

›Und wo hatte sie es her?‹, fragte der Arzt.

›Von *Huckleberry Finn*‹, antwortete Papa lachend. ›Verflucht, war der Twain gut. Der hat ein paar ausgezeichnete Geschichten geschrieben.‹

Sie unterhielten sich weiter über Twain, und eine Zeit lang sogar über Hawthorne, bevor der Arzt dann seinen letzten Drink austrank und verkündete, dass er todmüde sei. Es war fast ein Uhr morgens, als er auf sein Zimmer ging. Ich war überrascht, dass seine Frau ihn nicht begleitete – und vielleicht sogar noch überraschter, als Papa mich losschickte, unsere Ausrüstung aus dem Jeep zu holen. Dadurch waren er und die Frau allein in der Bar.

Ich habe keine Ahnung, worüber sie gesprochen haben. Und wenn ihr eigener Mann es für angebracht hielt, sie in einer fremden, wilden Stadt allein in der Bar zu lassen, dann wollte auch ich mir keine großen Gedanken darüber machen.

Draußen sah ich, dass sich der Morgentau bereits auf unsere Ausrüstung gelegt hatte. Ich verpackte alles und machte eine Liste von den Dingen, die uns geblieben waren. Ein Paar Hochleistungsgewehre, Serum gegen Schlangenbisse, Chemikalien zum Reinigen von Trinkwasser, Kleidung für warmes und kaltes Wetter für die verschiedenen Höhenlagen. Regenjacken, obwohl die schweren Güsse schon vorbei waren. Mehrere Kartons Vollmantel- und Teilmantelgeschosse von unterschiedlichem Gewicht und unterschiedlicher Geschwindigkeit. Wir konnten immer noch auf alles Jagd machen, von Elefanten, Nashörnern und Büffeln bis hin zu dünnhäutigeren Tieren wie Tigern und Warzenschweinen.«

»Einen Moment mal, hat Ernest der Frau denn nun beigeschlafen?«, fiel der Professor meinem Vater ins Wort.

»Zur Sache, Schätzchen«, murmelte meine Mutter im Hintergrund.

»Das ist ja das Komische«, sagte Dad. »Sie wollte es, und zwar unbedingt. Sie blieb unten an der Bar und hing die ganze halbe Stunde, die es dauerte, bis ich die Ausrüstung oben in unserem Zimmer hatte, an Papas Lippen. Aber als ich an die Bar zurückkam, war es klar, dass Papa mit dieser Frau fertig war.«

»Hat er gesagt, warum?«

»Es ist unmöglich, die Gedankengänge eines anderen Menschen zu verstehen. Selbst wenn es der eigene Bruder ist. Vielleicht hatte die Art und Weise, wie die Frau ihren Mann behandelte, Papas Begeisterung abkühlen lassen – ein schönes Gesicht hat ja schon manchen getäuscht. Und außerdem vergessen die meisten Leute, dass er ja auch eine ganze Menge altmodische Moralvorstellungen hatte, und ich möchte nicht behaupten, dass die hier nicht zum Tragen kamen. Aber hauptsächlich, glaube ich, fand Papa sie wohl recht eigenartig. Er studierte sie, um zu verstehen, was für ein Typ von Frau an einem Mann nur wegen dessen Status und Geld festhält. Es war klar, dass sie den Doc weder achtete noch liebte. Sie war schon eine besondere Art von Hexe.«

»Und wie ging der Abend zu Ende?«

»Er schickte sie zu ihrem Mann zurück. Sie muss enttäuscht gewesen sein; später hörten wir dann, dass sie dem Arzt trotzdem erzählt habe, sie hätte einen kleinen Seitensprung gemacht. Sie brachte es fertig, alles Mögliche zu sagen, nur um den armen Kerl verrückt zu machen. Aber als es vorbei war, da fand Papa Gefallen an dem Arzt.«

»Vielleicht hat er ›Das kurze glückliche Leben des Francis Macomber‹ deshalb so geschrieben. Es wäre eigentlich netter von ihr gewesen, wenn sie ihn erschossen hätte.«

»Schon möglich. Solange sind wir nicht dageblieben. Papa schlug vor, dass wir die Hotelbar verlassen, um ein bisschen frische Luft zu schnappen. Wir waren gerade mal vier Blocks weit gegangen, als wir ein ganzes Lagerhaus voller Menschen entdeckten. Papa dachte, da wäre irgendein Boxkampf, aber als wir drinnen waren, wurde uns klar, dass es sich um einen völlig anderen Wettkampf handelte.«

»Ah, die Ratten«, hörte ich meine Mutter sagen.

»Die was?«, fragte der Professor.

»Ratten«, sagte Charlie Willeford, dem nichts entging. »Die berühmten Rattenkämpfe von Mogadischu. Davon haben Sie doch sicher schon gehört?«

»Äh, nein, ehrlich gesagt nicht«, gab der Professor zu.

»Kaum zu glauben«, sagte meine Mutter.

»Erzähl ihm mal davon, Les«, fuhr Charlie fort. »Erzähl ihm von den Kampfratten von Mogadischu.«

»Ja, bitte, erzählen Sie mal«, sagte der Professor, aber in seiner Stimme lag ein gewisser Zweifel. »Von so etwas habe ich noch nie gehört.«

»Es waren nicht mal so sehr die Ratten«, begann mein Vater nach einer angemessenen Pause.

DER RAUM hing voller Zigarrenrauch. Ungefähr zweihundert Menschen saßen auf niedrigen Bänken und blickten auf drei Männer in der Mitte des Raumes. Die drei waren über eine Art hölzerne Arena gebeugt, die ungefähr so groß wie ein Laufstall war. Die vier niedrigen Wände und das fehlende Dach verliehen ihr ein harmloses Aussehen, aber man brauchte sich nur im Raum umsehen, um zu wissen, dass sie aus einem ganz besonderen Grund dort stand.

Umgeben war diese kleine hölzerne Arena von Tribünen, auf denen die Zuschauer dicht an dicht weit vorgebeugt aufmerksam das Tun der drei vor ihnen stehenden Männer verfolgten. Die Menge war ein wildes Gemisch, so, wie man es nur in Nordafrika antrifft – alles, von Arabern bis Zulus, drängte sich in den Sitzreihen. Ein aufgeregtes Gebrabbel in zwei Dutzend Sprachen erfüllte den Raum, und die Erwartung, die in der Luft lag, machte deutlich, dass ein ungewöhnliches Ereignis bevorstand.

Aus einem langen massiven Käfig, der von einer Wand der Arena gestützt und von einem Mann festgehalten wurde, hörte man ein Rascheln und ein hohes, durchdringendes Quieken. Drinnen konnte man kleine dunkle Körper sehen, die sich gegen den Maschendraht pressten, durcheinander purzelten und verzweifelt nach einer Öffnung suchten. Auf die Geräusche aus dem Käfig erfolgte eine Antwort: das tiefe wütende und ungeduldige Knurren eines Hundes. Es hallte laut wider und erstarb dann, und plötzlich war es still im Raum. Erwartungsvoll schob sich die Menge dichter heran.

Jetzt wurde eine Schiebetür des Käfigs geöffnet, und im gleichen Augenblick stürzten lauter sich windende und krümmende Körper in die Arena hinunter.

»Mein Gott, Baron, sehe ich recht?«, fragte Papa. Er hatte seine Brille nicht auf und sah im Dunkeln nur schlecht.

»Sieht aus wie Ratten«, antwortete ich.

Als der erste Körper auf den Boden plumpste, begann ein Mann in der Landessprache zu zählen, mit einer klaren, dröhnenden Stimme, die man im ganzen Raum hören konnte. Immer genau dann, wenn einer der kleinen Körper auf die Erde fiel, ertönte eine Zahl. Sie wurde ständig höher, und jedes Mal hörte man einen Plumps und ein Scharren in der Arena. Der Ansager war schon bei über neunzig und zählte immer noch, aber als seine Stimme dann einhundert verkündete, verstummte er abrupt.

Papa und ich schoben uns näher heran. Wir sahen, wie die Käfigtür zuschnappte, und dann begann wieder ein allgemeines Murmeln, während sich die Zuschauer auf ihren Sitzen zurücklehnten. Papa gab zwei Einheimischen ein Bündel Geldscheine, und sofort bekamen wir zwei Plätze in der ersten Reihe.

»Wie kubanische Hahnenkämpfe, bloß mit Ratten«, sagte er mit einem Lachen.

»Die Ratten kämpfen gegeneinander?«, fragte ich.

»Nein«, antwortete er und zeigte auf einen kleinen, bärtigen Mann, der einen Hund in die Mitte des Raumes führte. Es war ein Terrier, der begierig in die

Arena starrte und, je näher er kam, desto stärker an seiner Leine zerrte.

»In ein paar Minuten«, flüsterte Papa, »sehen wir einen Kampf auf Leben und Tod, Kleiner.«

Bear drückte die Stop-Taste.

»Einen Moment mal«, sagte sie nachdrücklich. »Ist das jetzt Ernst? Wollen die etwa einen kleinen Hund in einen Käfig voller Ratten stecken?«

»Ich glaube, so ähnlich läuft das ab«, sagte ich.

»Das ist ja entsetzlich!«, sagte Bear.

»Allerdings.«

»Und warum hat dein Daddy das nicht verhindert?«

»Er war doch in einem fremden Land, mein Schatz. Um ihn herum saßen eine Menge ziemlich wüster Burschen, die den Kampf sehen wollten. Da konnte er nicht viel ausrichten.«

»Er hätte irgendwas unternehmen müssen«, meinte sie störrisch.

»Hat er ja vielleicht auch«, sagte Jeff, und Bear blickte ihn voller Hoffnung an. »Lass uns doch die Geschichte erst mal zu Ende hören.«

Sie runzelte die Stirn, und dann nickte sie. »Okay«, sagte sie, streckte einen Finger nach der Play-Taste aus und fügte flüsternd hinzu: »Los, Opa.«

Ich blickte in die Arena hinunter, in der es von Ratten nur so wimmelte.

»Die Chancen stehen hundert zu eins«, sagte Papa. »Nicht gerade gut für den Hund.« Ich wusste, dass er Recht hatte. Bei dem Gedanken an einen derart unfairen Kampf drehte sich mir der Magen um. »Kein Hund sollte so behandelt werden«, sagte ich.

»Gib den Hund lieber noch nicht verloren, Baron. Der hat zwar vielleicht keine neun Leben, aber Terrier sind geborene Rattler.« Ein Berber beugte sich zu Papa herüber, und nach ein paar emphatischen Zeichen und einem kurzen Wortwechsel auf Französisch schlossen sie eine Wette ab. Offensichtlich passte sich Papa dem Geist dieser Veranstaltung gern an. Vielleicht war er schon so viel herumgekommen, dass ihm das Ganze nicht so verflucht fremd vorkam, aber mir war der Gedanke, dabei zuzuschauen, wie dieser Hund den Ratten vorgeworfen wurde, und dann auch noch eine Wette darüber abzuschließen, zuwider.

Nur konnte ich herzlich wenig dagegen tun. Und wie Papa schon gesagt hatte, man tat nicht unbedingt gut daran, den Terrier schon vor dem Kampf verloren zu geben. Er zerrte an seiner Leine und schien es partout darauf ankommen lassen zu wollen. Und so dachte ich mir: Was soll's. Diese ganze Afrikafahrt war eine Reihe von Lektionen fürs Leben gewesen. Und trotz der Tatsache, dass Rattenkämpfe früher in den Städten eine der traditionellen Sportarten gewesen waren, war ich eher an heutige Sportereignisse gewöhnt, wo Mann gegen Mann gekämpft wurde. Baseball, Football, Boxen. Ich wusste allerdings auch verdammt gut, dass viele Leute diese Sportarten für barbarisch hielten.

Und so versuchte ich, mich zu beruhigen, zuzuschauen und etwas zu lernen. Ich warf einen Blick auf die Menge. Im ganzen Raum wechselten sehr schnell sehr große Geldsummen den Besitzer.

»Sieh es einfach als ein Naturschauspiel an«, flüsterte Papa, als er meinen besorgten Blick sah.

»Klar«, antwortete ich. Ich wusste, dass in England früher Bärenkämpfe praktiziert worden waren. Das war jahrhundertelang der Lieblingssport sowohl des Adels als auch des Bürgertums gewesen. Der Bär wurde mit bis zu zwanzig Hunden in eine Arena gesetzt, und meistens ging er als Sieger hervor und richtete seine Peiniger übel zu oder tötete sie sogar mit seinen scharfen Klauen und seinem kräftigen Kiefer. Wie dem auch sei, für mich war so etwas keine Unterhaltung.

»Einen Moment mal«, sagte der Professor, »wusste Papa, dass Ihnen dieser Sport missfiel?«

»Ich glaube, er spürte es«, antwortete Vater. »Er erklärte mir, dass Foxterrier die einzigen Hunde seien, die sich auch von der größten Übermacht nicht einschüchtern ließen. Und dass Terrier vor noch hundert Jahren in den großen europäischen Städten zum Rattenfang benutzt worden seien. Er meinte, die Schnelligkeit der Terrier, zusammen mit der Schärfe ihrer Zähne und der Kraft ihrer wie eine Stahlfalle zuschnappenden Kiefer, verschaffe ihnen einen Vorteil.«

»Und das hat Ihre Meinung geändert?«

»Teufel, nein! Mir waren die Vorteile des Hundes völlig egal. Und es war mir auch völlig egal, ob diese Art von Sport nun einer ganzen Gruppe von Leuten Arbeit verschaffte, von den Glücksspielern über die Hundedresseure bis hin zu den Rattenfängern.«

Der Professor lachte. »Wie stellt man es eigentlich an, hundert Ratten bei lebendigem Leibe zu fangen?«

»Wollen Sie das wirklich wissen?«

»Selbstverständlich«, antwortete der Professor.

»In Mogadischu, da lassen sich die Rattenfänger bei den örtlichen Schmieden rund einen Meter lange Zangen fertigen, die ein dickeres Ende haben, mit dem die Ratten gepackt werden, und dann jagen sie sie in den stinkenden Abwasserkanälen. Manche fangen bis zu dreihundert Ratten pro Abend. Papa und ich sahen einen dieser Rattenfänger auf unserer Fahrt aus der Stadt hinaus. Seine Ratten steckten in einem groben Leinensack, den er dauernd schüttelte, damit sie sich nicht durch ihn hindurchnagen konnten. Der Veranstalter des Kampfes zahlt ihm zwölf Cents für jede ausgewachsene Ratte.«

»Eine feine Art, sich seinen Lebensunterhalt zu verdienen«, meinte meine Mutter.

»Fast so schlimm, wie Englischprofessor zu sein«, kicherte Willeford.

»Stimmt. Sagen Sie, Les, was ist denn nun mit diesem kleinen Hund passiert?«, fragte der Professor.

»Der Hund hatte einen seltsamen suahelischen Namen, aber Papa taufte ihn ›Littledog‹. Ein Championterrier, der von Geburt an nur zu einem einzigen Zweck abgerichtet worden war – nämlich eine Rattentötungsmaschine zu sein. Er war auf eine brutale Art effektiv, gnadenlos und völlig furchtlos. Kein Wunder, dass Papa ihn adoptiert hat.«

»Er hat was?«

»Ihn adoptiert, oder gekauft, und zwar aus einem guten Grund. Ich sage euch auch gleich, warum, aber zuerst erzähle ich mal die Geschichte von diesem kleinen Hund. Sein Besitzer wollte ihn nicht verkaufen, bevor er Papa nicht seine Geschichte erzählt hatte. Was nur recht und billig war, denn Papa wollte wissen, was für eine Art von Dressur solch einen Hund hervorbringt.«

Zehn

MIT FÜNF WOCHEN war dieser Hund der größte und stärkste aus seinem Wurf. Wenn Littledog sich mit den anderen Welpen balgte, war er immer der schnellste und aggressivste und gewann alle Scheingefechte.

Dann brachte sein Besitzer und Dresseur ihn in sein neues Zuhause – eine Arena. Und für Littledog begann der tägliche Drill. Jeden Tag wurde er um die gleiche Zeit mit rohem Fleisch gefüttert, und gleichzeitig wurden drei ausgewachsene Ratten, denen man die Zähne gezogen hatte, in die Arena gesetzt. So brauchte Littledog, wenn er mit ihnen Katz und Maus spielte, keine Angst vor irgendwelchen Vergeltungsmaßnahmen zu haben. Und so gewöhnte er sich auch daran, mit frischem Fleisch belohnt zu werden, wenn er die Ratten sah.

Dann kam der Moment, wo Littledog eine schmerzhafte Überraschung erlebte, bei der er herausfinden sollte, was in ihm steckte. Er hatte sich daran gewöhnt, mit seinen Spielkameraden, den Ratten, mit überheblicher Wildheit herumzubalgen, sie mit den Zähnen zu zwicken, sie herumzustoßen und in seiner kräftigen Schnauze zu halten, während er sie gegen die Seitenwände der Arena klatschte. Sie hatten seine Willkür immer ohne den geringsten Widerstand über sich ergehen lassen.

Eines Tages wurde ihm wieder eine Ratte vorgeworfen, und Littledog begann mit seinen üblichen Spielchen. Blitzschnell wandte sich die Ratte gegen ihn, zischte wütend und schlug ihm ihre scharfen Zähne in die Seite. Littledog zog sich, erschrocken über den unvermuteten Widerstand, ans Ende der Arena zurück. Die Ratte hatte ihre oberen Zähne noch; nur die unteren waren entfernt worden.

Der Abrichter sah aufgeregt vom Rand der Arena zu. Dies war die erste Gelegenheit festzustellen, ob Littledog das Zeug zu so etwas hatte. Wenn er sich weigerte zu kämpfen, wäre alles umsonst gewesen und sein Besitzer hätte sich woanders nach einem Rattenarena-Champion umsehen müssen.

Aber Littledogs Rückzug dauerte nicht sehr lange. Er ließ ein leises Knurren vernehmen und packte die Ratte mit einem Sprung am Hals. Schnell schüttelte er den Kopf hin und her, ließ seine Kiefer zuschnappen, und das Genick der Ratte war gebrochen. Er schleuderte sie gegen die Wand der Arena, und dann sah er zu seinem Trainer hoch und wollte gelobt werden.

Der sagte auf Suaheli: »Guter Hund. Wir werden viel Geld zusammen verdienen.«

Als Littledog sechs Monate alt war, versuchte man es mit ausgewachsenen Ratten, die noch alle Zähne besaßen. Genau wie bei richtigen Kämpfen wurde er zusammen mit den Ratten in die Arena gesetzt. Er zeigte keine Angst, und als er es ohne Schwierigkeiten schaffte, fünf zu erledigen, versuchte man es mit zehn. Als auch das kein Problem darstellte, kam sein Besitzer zu dem Schluss, dass er für seinen ersten regulären Kampf bereit sei.

In diesem Wettkampf tötete Littledog vor Zuschauern zehn Ratten in nur fünf Minuten, und von da ab setzte man ihn auf eine immer größere Anzahl an, bis er es gelernt hatte, völlig ruhig hundert Ratten gegenüberzutreten.

An dem Abend, an dem wir ihn sahen, standen zwei Kämpfe mit einer Zwischenpause auf dem Programm. Da wir am Ende der Pause dort eingetroffen waren, hatten wir den ersten Kampf verpasst.

Rings um Papa und mich schlossen die Zuschauer und Hundebesitzer dicke Wetten darüber ab, welcher der beiden Hunde am schnellsten einhundert Ratten den Garaus machen würde. Papa fand heraus, dass man, wenn man richtig setzte, mit einer einzigen Wette ein ganzes Jahresgehalt verdienen konnte.

Littledog stand auf dem Höhepunkt seiner Karriere. Aber er musste gegen einen Hund antreten, dessen Leistungen seinen eigenen ebenbürtig waren.

Wir starrten auf die tragbare Rattenarena in der Mitte des Raumes. Außen war sie aus Holz, während sie innen mit glattem Blech verkleidet war, damit die Ratten nicht hinausklettern konnten.

Der erste Hund hatte vierzehn Minuten gebraucht. Littledog hatte jetzt die Gelegenheit, diese Zeit zu unterbieten. Sein Besitzer hielt ihn über die Arena und streichelte und tätschelte ihn. Er flüsterte ihm auf Suaheli Lob ins Ohr.

»Schau dir mal Littledog an«, sagte Papa. »Der sieht, wie die Ratten in die Arena fallen, und er will sie haben.«

»Der ist verrückt. Ein Biss ins Auge, und der Hund ist blind, einer in den Hals, und er verblutet.«

»Wenn du die Schwächeren anfeuern willst, Baron, dann nimm die Ratten. Littledog gewinnt. Das seh ich jetzt schon.«

Ich glaube, er sah es wirklich schon. Papa hatte die absolute Fähigkeit, sich zwei Wettkämpfer anzusehen und dann immer auf den Richtigen zu tippen. Ich dagegen – ich sah nichts weiter als lauter aufgeregte Ratten, die sich wie wild gegenseitig bekämpften und wirbelnde Knäuel bildeten. Der Dresseur fand keine freie Stelle, wo er den Hund absetzen konnte. Aber nach rund einer Minute teilte sich die dicht gedrängte Masse. Einige Ratten versuchten, die glatten Wände hinaufzukrabbeln oder an ihnen hochzuspringen, fielen aber immer wieder auf den Boden zurück. Jetzt war die Mitte frei, und der kleine Hund wurde schnell abgesetzt.

Die alte Glocke auf dem Tisch ertönte, und der Kampf begann. Blitzschnell packte Littledog die erste Ratte am Genick, ließ die Kiefer zuschnappen und schleuderte sie zur Seite. Littledogs Besitzer stöhnte. Die Ratte, ein enorm großer brauner Veteran vieler Rattenkämpfe, war nicht tot und schloss sich mit einem wütenden Quieken der Menge an, die jetzt über Littledog wogte. Er war nicht mehr zu sehen, eine solche Flut von dunklen Rattenkörpern ergoss sich über ihn.

»So, jetzt ist es aus«, sagte ich zu Papa. »Littledog ist erledigt. Paradox, was? Vor sieben Stunden haben wir zugesehen, wie wilde Hunde einen Menschen zerfetzt haben, und jetzt sehen wir zu, wie Ratten einen Hund zerfetzen.«

»In Afrika ist das Leben nicht viel wert. Das darfst du nie vergessen, Baron. Nie.«

Wie hätte ich das nach allem, was ich durchgemacht hatte, auch vergessen sollen? Ich hatte am eigenen

Leibe erfahren, wie wenig mein Leben wert war. Aber gerade in diesem Moment begann Papas Littledog seinem Abrichter alle Ehre zu machen und sein Kämpferherz zu zeigen. Sein Kopf tauchte aus dem wahnsinnigen Rattengewühl auf, und man konnte seine Stahlkiefer in alle Richtungen zuschnappen hören, wobei jedes Auf- und Zuschnappen einen seiner Feinde das Leben kostete.

»So ist's richtig, mein Junge«, sagte Papa aufgeregt. »Schau mal, der macht keine Bewegung zu viel; jedes Mal, wenn er die Fänge zusammenschlägt, dreht sich sein Hals zur Seite und die nächste tote Ratte fliegt gegen die Wand.«

»Ja«, antwortete ich, »aber ich kann auch sehen, wie aus mehreren Wunden an Littledogs Körper Blut fließt. Der kriegt jetzt garantiert die Tollwut. Selbst wenn er überleben sollte.«

Wir sahen zu, wie Littledog mit seinem brutalen Töten fortfuhr. Bei diesem Kampf um Leben und Tod benutzte er jedes Gramm seiner Energie.

Der Boden der Arena war jetzt eine einzige Blutlache. Während die Haufen zerschmetterter Körper immer höher wurden, weigerten sich die restlichen Ratten, von panischem Schrecken ergriffen, weiterzukämpfen. Sie jagten in sinnloser Flucht in der Arena herum, krabbelten verzweifelt die Blechwände hoch, nur um schließlich doch in den wartenden Hunderachen zurückzufallen.

Der Hundebesitzer beugte sich über die Uhr des Zeitnehmers. Zehn Minuten waren vergangen; er signalisierte der Menge die Zeit und dass jetzt nur noch drei Ratten am Leben waren.

Aber ich sah, dass eine der drei der listige Veteran war, der Littledog schon vorher entkommen war und ihm zu geschickt auswich, um geschnappt zu werden. Die anderen beiden machten den Fehler, sich in einer Ecke aneinander zu drängen; mit einem plötzlichen Sprung schlitzte der Hund der einen die Kehle auf, brach ihr das Genick und schleuderte sie tot zur Seite. Dann packte er die andere, die ihn voller Angst anzischte. Ein schnelles Krachen der Kiefer, und sie starb, wobei sich ihr dunkler Körper zitternd vor der Wand krümmte.

Der Hundebesitzer warf wieder einen Blick auf die Uhr des Zeitnehmers. Elf Minuten für neunundneunzig Ratten! Papas Littledog hat die Chance, einen neuen Rekord aufzustellen. Würde er es schaffen?

Es war nur noch eine Ratte übrig, aber die hatte jetzt viel Platz, und es begann ein tödliches Spiel mit plötzlichen Seitwärtsbewegungen, wütenden Sätzen nach vorn und wilden Sprüngen. Littledog verfolgte seine Beute von einer Wand zur anderen und versuchte es mit jedem Trick, den er kannte. Einmal, nach einem Scheinangriff in eine Richtung, wirbelte er herum und schnappte von der anderen Seite nach ihrer Kehle. Der braune Veteran entkam dem Tod nur äußerst knapp. Der Hundebesitzer schlug sich mit der Hand gegen den Kopf, als Littledog auf dem blutigen Boden ausrutschte und den Halt verlor und die Ratte entwischen konnte.

Papa sah auf seine eigene Uhr: Eine weitere halbe Minute war verstrichen. »Jetzt sind's elfeinhalb Minuten. Wenn mein Junge diese letzte clevere Ratte erwischt, kann er immer noch gewinnen.«

Das Duell ging weiter, wobei Hund und Ratte ständig über die in der ganzen Arena verstreut liegenden Tierleichen rutschten und kletterten. Und dann beging die Ratte einen tödlichen Fehler. Durch eine überraschende Bewegung in eine Ecke getrieben, entschloss sie sich, hoch gegen die Seitenwand zu springen, in der Hoffnung, an einer anderen Wand wieder auf den Boden zu fallen. Man konnte ein scharfes Knacken hören, als ihr Kopf gegen den Metallrand stieß. Sie landete auf der Erde und war einen Augenblick lang benommen.

»Na los, Junge!«, rief Papa. Blitzschnell war Littledog bei der Ratte. Sie machte einen vergeblichen Versuch zu entkommen und dann schlossen sich die Kiefer des Terriers. Eine Kopfdrehung, eine wilde Schleuderbewegung, und der Kampf war vorüber.

»Zwölf Minuten! Zwölf Minuten!«, schrie der Zeitnehmer, während immer wieder die Glocke ertönte. Die Menge war aufgestanden und pfiff und stampfte mit den Füßen auf den Boden. Papas Littledog hatte einen Rekord im Rattenkampf aufgestellt, der sich als unschlagbar erweisen sollte. Kein anderer Hund – weder ein Terrier noch eine andere Rasse – hat, soweit ich weiß, jemals seine Zeit von zwölf Minuten für das Abschlachten von hundert Ratten erreicht.

Ich weiß noch, wie Papa meinte: »Den Hund will ich haben. Der soll mir Ratten fangen und schöne Welpen zeugen.«

»Sollte der Hund seine Katzen in Key West ersetzen?«, unterbrach der Professor meinen Vater.

»Welche Katzen? Papa hatte in Key West nie Katzen. Sie wollen mir doch nicht erzählen, dass Sie diesen Unsinn von den Katzen mit den sechs Zehen glauben? Schauen Sie sich die Bilder von Papa mit den Katzen mal genau an. Dann sehen Sie, dass er da älter war und in Kuba lebte. Pauline hatte doch Pfauen in

Key West. Und aus Respekt für diese Vögel hatte Papa dort keine Katzen.«

»Aber es gibt so viele Geschichten über Hemingways sechszehige Katzen«, warf der Professor ein.

»Na, wer mag schon keine guten Geschichten? Besonders Touristen.«

»Und was ist mit dem berühmten Urinal?«

»Das war vielleicht von Sloppy's oder aus dem alten Fort, als das umgebaut wurde. Aber es war nicht für die Katzen. Pauline hat es für ihre Vögel hergerichtet. Diese herrlichen, höllisch lauten Pfauen. Damit will ich aber nicht sagen, dass Papa Katzen nicht mochte. Er mochte sie. Er hat immer gesagt: ›Eine Katze ist gefühlsmäßig absolut ehrlich.‹ Menschen verbergen ihre Gefühle aus den verschiedensten Gründen, aber Katzen tun das nie.«

»Keine Katzen? Aber – sind Sie sich da sicher?«

»Herrgott noch mal, ich war doch dort. Natürlich bin ich mir da sicher. Absolut sicher. Das ist ganz einfach erfunden. Keine Katzen.«

»Und warum hat man über diesen Hund in Key West nie etwas gehört? Ich weiß von dem Hund in Kuba, einem schwarzen Springerspaniel. Hat er ihn nicht Black Dog genannt?«

»Stimmt. Black Dog war ein prima Hund. Treu bis an sein Lebensende. Das letzte Mal bewies er seine Treue, als er ein paar von Castros Guerillas gegenübertrat, die Papas Haus nach Waffen durchsuchen wollten. Da war er schon alt und blind und hat deshalb auch nicht gesehen, dass etwas auf ihn zukam. Aber Papa fand ein Stück von einem zerbrochenen Gewehrkolben in der Nähe von Black Dogs Leiche und reichte eine offizielle Beschwerde bei der Regierung Batista ein. Na, das hat vielleicht 'ne Menge geholfen.«

»Ich will ja nicht das Thema wechseln, aber was ist denn aus Papas Champion Littledog geworden?«

»Na ja, wie gesagt, Papa hat den Hund gekauft, und zwar für fast zweihundert Dollar. Er hatte die feste Absicht, ihn mit nach Key West zurückzunehmen. Er meinte: ›Das ist so ein Hund, wie ihn jeder Schriftsteller braucht. Ein Rattler, vortrefflich dazu geeignet, bei Kritikertreffen losgelassen zu werden.‹«

»Aber tatsächlich ist der Hund dann nie in Key West gewesen?«, fragte der Professor.

»Nein. Nach dem Kampf haben wir Littledog mit ins Hotel genommen. Haben ihn gebadet, und dann sah Papa sich seine Wunden an. Die Rattenbisse hatten dazu geführt, dass Littledogs Kopf und sein Körper ganz geschwollen waren. Nach ein paar Tagen gingen die Schwellungen zurück, aber beim Zoll meinte man, wir müssten Littledog unter eine einjährige Quarantäne stellen. Papa brachte es nicht über sich, diesem herrlichen Tier das anzutun. Er ließ Littledog bei einem Freund, der ihm versprach, sich um den Hund zu kümmern. Der Freund schrieb ihm später und meinte, Littledog habe sich von den Verletzungen völlig erholt.«

Meine Tochter hielt die Kassette erneut an und meinte: »Das mit den Katzen, das will ich jetzt aber wissen. Ich meine, immer wenn wir in Key West sind, dann spielen wir doch mit ihnen. Wieso sind die erfunden?«

»Die sind nicht erfunden«, sagte Jeff lachend. »Die stammen bloß nicht von irgendeiner Katze deines Großonkels ab.«

Ich sah Bear an, dass sie verwirrt war. Seit ihrer Geburt waren wir im Sommer immer nach Key West gefahren. Auch ich hatte als Kind die Hemingway'schen

Katzen herumgejagt. Während meiner Jugend hatte ich Bernice Dixon, die Eigentümerin des Hemingway House and Museum kennen und mögen gelernt. Aber als ich dann älter war, hatte ich auch gehört, dass das gar nicht Ernests Katzen gewesen waren.

»Das mit den Katzen geht ja noch«, sagte Jeff. »Aber erzähl Bear mal von dem Barhockerschwindel.«

»Dem was?«, fragte Bear.

Ich schüttelte den Kopf. »Im Laufe der Jahre haben mindestens ein Dutzend Leute behauptet, sie hätten Ernest Hemingways Barhocker gekauft.«

»Den einzigen Barhocker, auf dem Hemingway in Key West je gesessen hat«, sagte Jeff. »Wie viele Jahre waren das? Und da soll er bloß auf einem einzigen Hocker gesessen haben?«

»Warum haben die das denn dann gesagt?«, fragte Bear.

»Da hatte bloß jemand da unten ein Schwindelgeschäft laufen – der verkaufte ganz normale Hocker an leichtgläubige Touristen.«

»Da sieht man's mal wieder«, meinte Jeff. »Die Leute glauben lieber die erfundenen Geschichten als die wahren. Obwohl, wo ich mir jetzt diese Kassette angehört habe – da bin ich mir auch nicht mehr sicher, was jetzt wahr ist und was nicht.«

»Kommt, wir hören weiter«, sagte ich und drückte wieder die Play-Taste.

Elf

»Sagen Sie …«, begann der Professor. Dann gab es eine Pause, und man hörte in einem Glas Eiswürfel klappern. Ich nahm an, er nippte an seinem Drink. Fühlte er sich langsam etwas wohler? Würde er noch ein richtiger Mensch werden? »Welche Jagd war eigentlich, bei all den seltsamen Tieren, die Sie und Papa gejagt haben, Ihrer Meinung nach die größte?«

»Sie meinen, die ungewöhnlichste?«, fragte Willeford.

»Oder die furchterregendste?«, knurrte mein Vater.

»Ich glaube, was mich letztendlich interessiert, ist, aus welcher Sie am meisten über das Jagen oder über Ihre Beziehung zu Ihrem Bruder gelernt haben«, antwortete der Professor.

»Das ist aber eine ganz schön harte Nuss«, sagte meine Mutter mit einem Lachen. »Aber eigentlich müsste das doch ganz klar die sein, von der du die Narbe hast.«

»Narbe? Was für eine Narbe?«, fragte der Professor und fügte, nach einer Pause, hinzu: »Was machen Sie denn da?«

»Ich rolle mein Hosenbein hoch.« Man hörte eine Bewegung. In Gedanken sah ich Vaters Beine vor mir, blass im Schein seines zeremoniellen Feuers. »Hier«, sagte er. »Sehen Sie das? Auf der Jagd hab ich meinen ganzen verdammten Knöchel verloren.«

»Mein Gott.«

»Nein, nicht Gott. Nur verdammtes Pech. Hier – sehen Sie, wie knubbelig das ganze Narbengewebe ist? Fühlen Sie mal.«

»Igitt.«

»Ja, da nahm der Wundbrand seinen Anfang. Wissen Sie, was diese Art von Wunde verursacht?«

»Nein«, antwortete der Professor.

»Also, das ist das ungewöhnlichste Tier, das man überhaupt jagen kann, und ganz schön Angst einflößend ist es auch – überlegen Sie sich mal, ob Sie so viel Vertrauen zu Ihrem Bruder hätten, dass Sie sich von ihm das Fleisch vom Knöchel hacken lassen würden, wenn sich dadurch Ihr Leben retten ließe.«

»Das hat Ernest getan?«, fragte der Professor.

»Er hatte ja keine andere Wahl, die beiden waren schließlich im Fernen Osten«, antwortete Willeford.

»Genau. Da wurde Papa 1941 hingeschickt, um über die dortigen britischen Abwehrstellungen zu schreiben. Ich durfte mitfahren und schrieb eine Geschichte für eine Abenteuerzeitschrift für Männer.«

»Die große Komododrachenjagd«, sagte meine Mutter sachlich.

»Mein Gott, Ernest Hemingway ging auf Drachenjagd?«, fragte der Professor. »Das scheint mir aber doch unter seinem Niveau zu sein.«

»Was? Sie glauben nicht, dass Drachen ernst zu nehmen sind?«, fragte mein Vater.

»Na, an Tiger reichen sie doch wohl eher nicht heran«, meinte der Professor.

»Komododrachen sind nicht bloß große Echsen. Das sind ernst zu nehmende Raubtiere. Aber bevor ich weitererzähle, möchte ich erst noch sagen, dass wir diese Fahrt ohne die Absicht unternommen hatten, irgendetwas zu jagen. Und so waren wir schlecht vorbereitet, und das war es dann auch, was uns wirklich in Gefahr brachte.«

Es war im Frühling 1941, als Papa, ich und Martha, meine drittliebste Schwägerin und eine erstklassige Kriegskorrespondentin, in den Fernen Osten flogen. Zuerst ging's nach San Francisco, dann nach Honolulu, Midway, Wake, Guam, Manila, Hongkong und Singapur. Dort suchten wir uns den erstbesten Truppentransporter, aber man schickte uns in die falsche Richtung, und wir landeten auf einem Schiff, das auf dem Weg nach Flores war. Drei entsetzliche Tage lang stampften und rollten wir, bevor wir dann endlich auf der Insel ankamen. Die erste Nacht ankerten wir im Windschatten der Insel und sahen ein eigenartiges Licht am Abendhimmel. Mit seinen rosigen Gelbtönen trennte es den Himmel vom Meer.

Ich weiß noch, dass Papa wegen dieses Sonnenuntergangs herumfragte. Wir waren erstaunt, als wir erfuhren, dass das mit dem Staub zu tun hatte, der von der australischen Wüste bis dorthin geweht wurde. Bevor die Sonne unterging, befragten wir den Kapitän über die Nachbarinseln. Er meinte, die weiter weg gelegene sei Timor, die näher gelegene Komodo.

»Komodo? Wo die Drachenechsen leben?«, fragte ich. Ich hatte wenige Wochen zuvor über Reptilien recherchiert, weil ich einer Zeitschrift einen Artikel anbieten wollte, hatte allerdings nie gedacht, dass ich die Gelegenheit bekommen würde, einen richtigen Waran zu Gesicht zu bekommen.

»Genau die«, antwortete der Kapitän.

Papas Augen leuchteten auf. »Das könnte eine herrliche Jagd werden, Baron. Denk nur, dann wären wir Drachentöter.«

»Das würde sich bei der holden Weiblichkeit gut machen«, sagte ich.

Und so erzählte Papa Martha, oder Marty, wie er sie nannte, beim Abendessen von unserer Idee. Zu meiner großen Überraschung fand Lady Marty die Idee auch gut. Was mich betraf, so hatte diese ganze Gegend schon immer eine Faszination auf mich ausgeübt. Immerhin waren dies die Inseln, wo der berühmte Kapitän Bligh aus der *Meuterei auf der Bounty* gelandet war. Und dann kam natürlich noch dazu, dass eine Drachenjagd eine wirklich einmalige Gelegenheit ist. Es war eine großartige Idee, und ich konnte kaum erwarten, dass es losging.

Nach dem Abendessen gingen wir über Deck und besprachen, was wir für dieses Unternehmen brauchen würden. Ich weiß noch, dass der Himmel und das Meer tintenschwarz geworden waren. Aus der Dunkelheit hinter uns ertönte eine Stimme: »Das ist eine raue Gegend. Für eine große Echse brauchen Sie eine ordentliche Durchschlagskraft.« Mein Blick fiel auf eine in der Dunkelheit glühende Zigarette.

»Woran denken Sie?«, fragte Papa die brennende Zigarette.

»Ich hab zwei schwere Büchsen, und zwar .505 Mannlicher, und mehr als genug Patronen.« Das schwache Glühen der Zigarette wurde heller. »Ich mache Ihnen ein gutes Angebot.«

»Ich höre«, antwortete Papa.

»Zweihundert Rupien pro Büchse.«

»Abgemacht«, meinte Papa, »aber nur, wenn Sie uns auch sicher zur Insel bringen lassen.«

Genau in dem Augenblick hörten wir ein gedämpftes Trommeln über das Wasser kommen. Wir wandten uns alle der schwarzen See zu. Schließlich fragte Lady Marty: »Was ist denn das für ein Geräusch?«

»Das …«, antwortete unser Skipper und trat aus der Dunkelheit ins Licht der Kajüte, »ist Ihr Boot. Ein Boot der Eingeborenen, eine Prau; wenn ich mich nicht täusche, kommt sie gleich neben uns herangeschossen und geht für die Nacht vor Anker.«

»Und das Trommeln? Sind das irgendwelche orientalischen Maschinen?«, fragte Papa.

»Die ältesten Maschinen der Welt«, antwortete der Kapitän. »Das ist eine Trommel, oder wahrscheinlich zwei Trommeln. Wenn Sie genau hinhören, dann können Sie sie beide hören. Sie trommeln Wind herbei.«

»Brauchen die denn noch mehr Wind als die steife Brise heute?«, fragte Martha. »Ich dachte schon, wir würden kentern – mit dem kleinen Segel, das Sie vorne gesetzt hatten.«

»Das sind alte Trommeln – sehr alte Trommeln. Niemand weiß, wie lange sie das schon so machen, aber immer, wenn sie Wind wollen, dann trommeln sie. Selbst wenn es windig ist. Das ist eine Art von Versicherung, für morgen.«

In den nächsten Minuten wurde das Trommeln lauter. Wir gingen nach Steuerbord und blickten hinaus in die Dunkelheit, durch die die rhythmischen Schläge pulsierten. Aber egal, wie sehr wir auch auf die schwarze See starrten, wir sahen überhaupt nichts.

Dann endlich – »Ich sehe was«, sagte Martha und zeigte über den Bug hinaus. »Ich auch«, pflichtete Papa ihr bei. Und auch ich konnte auf der Wasseroberfläche vage ein noch tieferes Schwarz ausmachen. Es schien näher zu kommen. Als es dann aber die Strahlen zweier niedrig stehender Sterne kreuzte, wurde daraus ein genau umrissenes Etwas. Es schaukelte, und da wusste ich dann, dass das die Segel waren, die leicht flatterten, während die Prau mehr in den Wind kam. Es platschte, und ihr Anker wurde hinabgelassen.

»Ahoi!«, rief ich hinunter. Achtern tauchte eine Laterne auf. Das war das erste Licht, das wir auf dem kleinen Boot sahen.

»Ahoi, Tuans!«, erschallte der Antwortruf.

Unser Skipper klopfte mir auf die Schulter. »Das ist ein guter Mann, der kann Sie morgen zu den Echsen bringen. Sie werden schon sehen.« Dann ging er nach vorn, um ein Boot zu Wasser zu lassen.

Innerhalb von fünfzehn Minuten hatten wir alle Platz darin genommen und ruderten zu der Prau hinüber. Der Kapitän, ein alter Mann, meinte zu unserem Skipper, dass er uns zur Dracheninsel bringen würde, aber dass wir warten müssten, bis eine Brise aufkam.

»Woher weiß er denn, dass wir überhaupt Wind bekommen? Vielleicht bleibt die Luft still?«, fragte Martha unseren Kapitän, der als Dolmetscher fungierte.

»Machen Sie sich keine Sorgen, schöne Frau«, sagte der Kapitän der Prau in der Übersetzung des Skippers. »Es wird ein guter Tag werden. Haben Sie uns nicht die Brise für morgen herbeitrommeln hören?«

Und damit war das Thema erledigt, zumindest vorübergehend.

Bei Tagesanbruch waren wir auf der Prau und fuhren in Richtung Komodo. Ich konnte es kaum glauben. Die Berge, die am Abend zuvor solch weiche, violette Formen hatten, waren jetzt scharfe braune, weit im Landesinneren gelegene Spitzen. Und zwischen den Gipfeln war kilometerweit grüne und gelbe Vegetation zu sehen. Wir hielten direkt auf den Sandstrand mit seiner Reihe von dünnen, hohen Palmen zu.

Bevor wir auf dem Sand anlegen konnten, mussten wir durch eine Barriere von Riffen, die sich auf den letzten anderthalb Kilometern vor uns erstreckten. Dann wurden wir plötzlich über eine überbrechende Welle gespült. Unter uns konnte ich das große Korallenriff sehen, dessen gezackte Ränder bis zu unserem Boot hochreichten. Es rumste ein paarmal, als wir darüber hinwegfuhren, und dann befanden wir uns in ruhigem Wasser, das dem Wind zugekehrte Riff sicher hinter uns. Ich drehte mich zu Papa um. »Tödliche Wasser, aber herrlich«, sagte ich.

»Herrlichere gibt's nicht«, stimmte er mir zu.

Am Strand konnten wir die Hütten der Eingeborenen sehen und ein Dutzend Figuren, die an dem flachen Wasser entlangrannten und ein großes Fischernetz einholten. Der Kapitän der Prau drückte die Ruderpinne nach unten, und das Boot schoss hoch in den Wind und lag wie ein verwundeter Vogel flatternd im strahlenden Sonnenschein. Wir hatten das äußere Riff jetzt weit hinter uns gelassen und waren von einer Menge grün gesprenkeltem Wasser umgeben.

»Und jetzt auf zu den großen Echsen!«, sagte Papa und ergriff unsere neu erstandenen Büchsen.

»Meinst du nicht Drachen?«, lachte Martha.

Aber Papa hatte sich schon umgedreht und sprach mit dem Kapitän. Er wollte sichergehen, dass die Prau uns am nächsten Tag auch wieder abholen würde. Zu diesem Zweck riss er einen Hundertrupienschein in der Mitte durch. Die eine Hälfte gab er dem alten Kapitän, wobei er auch noch ein gewisses Maß an Zeichensprache gebrauchte, die andere steckte er in seine Hemdentasche. Der Kapitän nickte uns lächelnd zu und entblößte dabei seine drei Zähne. Er verstand, dass er bei unserer Rückkehr die andere Hälfte des Geldscheins bekommen würde. Ich griff mir unsere Taschen, und wir stiegen in einen Einbaum um, der uns ans Ufer brachte.

Papa ging neben dem Mann aus dem Dorf, der uns ans Ufer gerudert hatte. Wieder gebrauchte er Zeichensprache, nickte und reichte ihm ein paar indonesische Banknoten. Zu Lady Marty gewandt, meinte er dann: »Wir haben eine Hütte für die Nacht.«

Martha und ich blickten auf die vor uns am Strand liegenden Hütten. Sie waren recht dürftig. »Na ja, wenigstens hat sie ein Dach«, sagte ich zu ihr.

»Ja, aber bestimmt keinen Zimmerservice«, meinte Martha lachend.

Papa kehrte zu uns zurück. »Okay, Baron, wir haben den Abend und den frühen Morgen, um unseren Drachen zu erlegen. Lass uns keine Zeit verschwenden.«

Nach einem kurzen Aufenthalt im Dorf, wo wir ein paar Pferde fanden und jemanden, der uns als Führer dienen wollte, ritten wir in die Berge hoch. Der Führer zeigte uns die Wildschweinspuren, die überall zu sehen waren. Aus der zoologischen Studie, die ich zu Hause gelesen hatte, wusste ich noch, dass die Komodo-Warane äußerst gern Schweinefleisch fraßen. Ich wusste auch, dass die Kannibalen im Südpazifik Menschenfleisch wegen seines ähnlichen Geschmacks oft »langes Schwein« nannten. »Wenn wir ein paar Schweine hätten, dann könnten wir sie als Drachenköder benutzen«, schlug ich vor.

»Prima Idee, Baron«, sagte Papa. »Ich geb dir den ersten Schuss auf ein Schwein.«

Natürlich war ich einverstanden, aber diese Entscheidung sollte mein ganzes Leben ändern.

Zwölf

Wir ritten weiter, bis wir an eine tiefe Schlucht kamen. In dem dichten Unterholz rund fünfzig Meter vor uns war ein Rascheln zu hören. Ich stieg vom Pferd und lauerte dem Tier auf. Ein sechzigpfündiges Wildschwein steckte den Kopf unter einem schattigen Überhang hervor. Ich hielt einen Augenblick lang inne, und dann drückte ich ab. Ein lautes »Ka-ra-wong« hallte von den Bergwänden wider.

Ich hatte das Wildschwein an der rechten Seite des Kopfes getroffen. Es war ein sauberer Schuss, der ihm die Beine unter dem Körper wegriss und es mit einer Kraft von zwei Tonnen umwarf; es war tot, bevor es auf dem Boden landete.

»Guter Schuss«, meinte Papa grinsend.

»Ein bisschen heftig, aber ein sauberer Todesschuss«, stimmte ich ihm zu. »Ich geh's holen.« Ich reichte Lady Marty meine Büchse. Das war ein großer Fehler. Denn jetzt war ich, während ich zu dem Schwein hinüberrannte, unbewaffnet. Ich hatte einfach angenommen, wenn mich irgendetwas angreift, würde Papa es schon erschießen. Das hätte ich für ihn ja auch getan. Aber ich sollte umgehend die Hemingway'sche Lektion fürs Leben Nummer eins lernen, eine für mich neue Regel: Verlass dich nie auf jemand anders mehr als auf dich selbst.

Ich sah den Waran dort im Unterholz überhaupt nicht, selbst dann nicht, als ich an ihm vorbeirannte. Aber sobald ich an ihm vorbei war, machte das Ungetüm Jagd auf mich. Bei den meisten Raubtieren ist das ein Reflex. Sie jagen alles, was vor ihnen wegrennt. Ich hörte Steine unter einem schweren Fuß knirschen; und weil ich dachte, dass Papa mir aus irgendeinem Grund folgte, blickte ich mich um und sah eine riesige verschwommene grünbraune Form auf mich zukommen. Ich kam mir vor wie ein Kaninchen, das von einem großen Hund entdeckt worden war. Dies war sein Garten, und ich hatte mich törichterweise hineingewagt.

Ich hatte nicht einmal Zeit, mich umzudrehen und diesem Ding entgegenzutreten, da fiel es auch schon über mich her. Der Waran packte meinen rechten Fuß, und ich stürzte der Länge nach hin. Ich versuchte wegzurobben, aber der Drache schüttelte bloß den Kopf, um mir anzudeuten, dass er mich fest in seiner Gewalt hatte. Der Schmerz war unglaublich groß, aber der Gestank seines Atems war schlimmer. Noch schlimmer war allerdings meine Hilflosigkeit. Ich war mir sicher, dass Papa dieses Viech töten und meine Haut retten würde, aber die Sekunden verstrichen, und der Waran hielt mich weiterhin am Bein gepackt, und die Kavallerie kam und kam nicht.

Warum schoss Papa nicht? Worauf wartete er bloß? In einem solchen Augenblick gehen einem tausend Fragen durch den Kopf, bis man plötzlich und mit absoluter Klarheit die Antwort hat: Hilf dir selbst oder stirb.

Mit meinem unverletzten Fuß stieß ich dem Ungetüm, so kräftig ich konnte, in die Schnauze. Beim dritten Stoß ließ der Waran mich los, wich zurück und schüttelte den Kopf, erst nach links, dann nach rechts. Seine Zunge schnellte heraus, als wollte er meine Angst schmecken. Würde er mich erneut angreifen? Mein Knöchel war völlig hin, und ich wusste, dass ich nicht laufen konnte.

Warum hatte Papa noch nicht geschossen?

Für einen scheinbar endlosen Augenblick starrte das riesige Reptil mich nur an. In seinen kalten Augen lag kein Ausdruck, nicht der geringste Schimmer von irgendetwas, was man in den Augen eines jeden anderen Raubtieres sehen kann. Nur kalte Echsenaugen, ohne jedes Gefühl. Ich starrte zurück und bereitete mich auf den Schock vor, den ich verspüren würde, wenn mich dieser riesige Körper auf den Boden schmetterte.

Und dann, aus Gründen, die mir noch immer unklar sind, wandte der Waran sich ab und verschwand zwischen den Büschen.

Gleich darauf war Papa bei mir. »Alles in Ordnung, Baron?«, fragte er, während er mir half, den zerfetzten Stiefel abzustreifen.

»Ich weiß nicht. Dieses verdammte Ding hat an meinem Fuß rumgekaut.« Ich zeigte auf das hohe Gras. »Da ist er verschwunden.«

Papa hielt inne und lauschte. Wir hörten Martha und den Führer mit den Pferden näher kommen und dann – ein leises, kaum hörbares Geräusch, ein Atmen.

»Er ist immer noch da. Er beobachtet uns«, flüsterte Papa. Er erhob die Mannlicher und zielte auf ein Paar gelber Augen, die sich im Grün versteckten. Eine Echsenzunge schoss aus dem Gebüsch hervor.

»Verdammter Drache«, sagte ich und kämpfte gegen den Schmerz an, der jetzt in meinem Fuß pochte. Gerade als Papa den Verschluss zurückriss und eine

Patrone ins Magazin hineindrückte, konnte ich die Augen des Ungetüms in seiner tarnenden Umgebung ausmachen. Das Geräusch des geölten Mechanismus schien das Tier nicht zu stören. Papa zielte oben auf die Schulter und »Ka-ra-wong!«.

Der Schuss hallte vom Berghang wider, und die Pferde bäumten sich auf, aber ich hatte meinen Blick auf das wilde Zappeln im Gras geheftet. Ich weiß noch, wie die Schnauze der Bestie gegen einen kleinen Baum schlug und ihn umstieß. Aus meiner Perspektive am Boden hatte ich keine Ahnung, wie groß der Waran tatsächlich war, aber den Bewegungen im Gras und Gebüsch nach zu urteilen musste er, von der Nase bis zum Schwanz, an die zweieinhalb Meter lang sein.

Martha rannte zu Papa hinüber, der bereits wieder nachgeladen hatte. Sie hielt meine Büchse in der Hand; die beiden standen zwischen mir und dem Waran. Nicht gerade ein großer Trost, als mir klar wurde, dass ich mich nicht bewegen konnte, selbst wenn ich es gewollt hätte. Der riesige Schwanz des Tieres schlug aus dem Gebüsch hervor. Seine Krallen gruben sich in einen abgestorbenen Baum, und in einem allerletzten Fluchtversuch schob es sich mit seinen kurzen muskulösen Beinen darüber hinweg. Papas Schuss hatte die Echse nicht getötet. Er hatte sie nur davon überzeugt, dass es an der Zeit war, aufs Abendessen zu verzichten. »Er entkommt«, sagte Martha.

»Das werden wir noch sehen«, entgegnete Papa und feuerte erneut.

Diesmal traf mein Bruder genau. Der Kopf des Warans wurde nach oben gerissen, und es quoll Blut aus der Wunde. Das Ungetüm stürzte tot ins Gebüsch.

Martha unterbrach das Schweigen. »Der alte Hem, ein Drachentöter.«

»Allerdings!« Papa grinste und ging zu seiner Jagdbeute hinüber. Der Führer half ihm, das Tier auf die Lichtung zu ziehen. Seine Füße hatten den Durchmesser von Baseballhandschuhen, und an jedem befanden sich fünf fünf Zentimeter lange Krallen.

»Das ist 'ne gute Trophäe, Baron«, sagte Papa und wandte sich endlich wieder mir zu. Da erst bemerkte er meinen Zustand. »Oh, verflucht – wie zum Teufel geht's denn deinem Fuß?«

»Nicht so gut«, antwortete ich.

Papa und Martha kamen herbei. Schweißperlen rannen mir die Wangen herunter. Ich hielt meine graue Socke hoch. Sie war vollkommen rot. Quer über meinem Knöchel waren von den Zähnen des Warans drei tiefe Bissspuren zu sehen. »Die Zehen kann ich nicht spüren, und im Bein hab ich erhebliche Schmerzen.«

Papa schnallte sich den Gürtel ab. »Hör auf zu jammern. Das sieht zwar böse aus, ist aber bloß ein lausiger Echsenbiss.«

»'ne ziemlich große Echse«, protestierte ich. »Ein Drache.«

»Sind Drachen giftig?«, fragte Martha.

»Nicht so wie Schlangen«, antwortete ich. »Ich hab gelesen, dass in ihrem Speichel ein Enzym ist, das Proteine zerlegt.« Ich holte tief Atem und kämpfte gegen den zunehmenden Schmerz an. »Das ist zwar primitiv, aber wirksam. Mein Gott, ist das wirksam.«

»Okay, wir lassen es ausbluten, und dann desinfizieren wir es. Zum Abendessen bist du wieder auf den Beinen.«

Ich wusste nicht, ob es die Schmerzen, meine Angst, die Hitze oder die Wirkung dieses verdammten Echsenbisses war, aber meine schwache Stimme der Vernunft schrie förmlich: »So einfach wird das nicht.«

Papa band mir seinen Gürtel direkt unterm Knie ums Bein. Als er straff genug war, drehte er ihn dreimal kurz herum. Ich biss die Zähne zusammen und stieß ein paar amerikanische Ausdrücke erster Wahl hervor. Dann klappte Papa sein Taschenmesser auf und schnitt ein X über die Wunden, damit sie ausbluten konnten.

»Lausige Echsenspucke«, meinte er, »tiefer kann ich nicht schneiden. Da drunter sind nur noch Sehnen und Knochen. Morgen gehst du zum Schiffsarzt.«

»Tut mir Leid, Papa«, sagte ich, weil ich das Gefühl hatte, alles vermasselt zu haben. »Aber wenigstens hast du einen Drachen erlegt.«

»Verdammt, die Köder. Die hätt ich fast vergessen. Vielleicht können wir doch noch eine Falle bauen. Du kriegst schon noch deine Gelegenheit zu einem Schuss, Kleiner.«

Bevor ich nein, danke sagen konnte, machte Papa sich auch schon auf die Suche nach dem Wildschwein. Er hatte mehr Glück als ich und wurde nicht von irgendwelchen Riesenechsen angegriffen. Als er wieder zurückkam, waren noch drei weitere Männer aus dem Dorf zu uns gestoßen.

Unser Führer winkte sie herüber, damit sie sich meine Wunde ansehen konnten. Der größte von ihnen sagte in seinem allerbesten Englisch: »Schlimm – sehr schlimm.«

Mir fiel das Herz in die Hose. »Keine besonders gute Art, mit Kranken umzugehen«, juxte Martha. Einen Augenblick später hoben der Führer und ein anderer Mann mich über ihre Schultern und legten mich auf ein Pferd, und dann ging es zurück zum Dorf. Ich konnte noch hören, wie Papa und Martha den anderen auftrugen, unseren Drachen zu häuten und den Köder auszulegen.

Die Männer legten mich in die Hütte, die Papa gemietet hatte. In einer Ecke lag unsere Ausrüstung im Sand. Ich rollte mich wie ein Fötus zusammen, wobei es mich am ganzen Körper schüttelte. »Hört mal«, sagte ich, »ich brauch unbedingt Wasser.« Ich spürte wieder einen Krampf kommen. Während ich zitternd dalag, sah ich, dass mein Bein weiter angeschwollen war und jetzt grauweißlich aussah. Das war kein gutes Zeichen.

Ein paar Minuten vergingen, bevor mir klar wurde, dass man mich allein in der Hütte gelassen hatte. Dann schienen plötzlich alle gleichzeitig hereinzudrängen. Papa und Martha, unser Führer und ein anderer Mann, der sich als der Medizinmann der Insel herausstellte. Während Papa in unserer Ausrüstung herumwühlte, erhörte Martha mein Gebet und gab mir Wasser.

»Wir haben ein bisschen wenig Desinfektionsmittel dabei, Baron«, sagte Papa und drehte sich zu mir um. »Aber wir haben eine Flasche Gordon's Gin, Jod und ein paar Pflaster. Es wird also ein bisschen brennen.« Papa vermischte das Jod mit dem Gin.

»Eine Verschwendung von gutem Gin«, erwiderte ich mit zusammengebissenen Zähnen. Dann goss er das Gemisch auf die Wunden, und ich stieß einen lauten Schrei aus. Der kühle Alkohol schwächte die Hitze, die die Wunde jetzt von sich gab, nur wenig ab. Als Martha mich dann endlich dazu gebracht hatte stillzuhalten, verband sie die Wunde.

Papa brachte einen Trinkspruch auf mich aus: »Auf meinen kleinen Bruder, der einen Drachen mit Fußtritten zum Aufgeben bewegt hat. Prost.« Jeder nahm einen Drink, und nach diesem ersten Schuss Gin fühlte ich mich auch besser. Martha gab mir eine Decke, und dann hörte auch das Zittern erst einmal auf.

»Entschuldigung, aber hat Ernest jemals irgendeinen Grund dafür genannt, dass er den angreifenden Drachen nicht erschossen hat?«, erkundigte sich der Professor.

»Ich wollte ihn danach fragen – aber der Zeitpunkt für Fragen war verstrichen. Was geschehen war, war geschehen.«

»Aber ich bitte Sie. Selbst wenn Sie zeitweilig vor lauter Schmerzen wahnsinnig geworden sind, würden Sie das doch wissen wollen. Warum haben Sie ihn denn nicht gefragt?«

»Sie müssen verstehen, ich wusste, dass er ein schlechtes Gewissen hatte. Aber das hätte er nie zugegeben. Denken Sie an Papas Spruch: ›Wenn man, verdammt noch mal, überhaupt etwas taugt, dann hat man sich alles, was einem widerfährt, verdammt noch mal selbst zuzuschreiben.‹ Tja, Pech gehabt – ich hätte eben meine Büchse dabeihaben müssen. Ich hätte vorsichtiger sein müssen. Lektion fürs Leben Nummer eins: Verlass dich nie auf jemand anders mehr als auf dich selbst. Von dem Tag an hab ich das nie mehr vergessen.«

❧ Papa liess mich ausruhen, während er und die anderen vor die Hütte traten. Ich weiß noch, dass der Medizinmann noch einen Augenblick zurückblieb und sich meine Wunden ansah, und dann ging auch er.

Draußen hörte ich Papa sagen: »Tut, was ihr könnt, damit das Boot bei Tagesanbruch wieder hier ist.« Dann meinte er zu den Leuten aus dem Dorf, sie sollten unsere Beute nicht verkommen lassen. Und uns ein bisschen Fleisch fürs Abendessen geben, der Rest sei fürs Dorf. Als Köder würden wir bloß den Schweinskopf und die Innereien verwenden.

Ich weiß, dass sie das meiste davon verstanden hatten, denn abends bekam ich Schweinefleisch zu essen. Dann legte der Führer den Schweinskopf, die Knochen und die Innereien als Köder aus. Er band zwei kleine Glöckchen an den Eimer und stellte ihn rund fünfundzwanzig Meter von unserer Hütte entfernt an den Waldrand.

Eine Stunde nach dem Essen saß ich mit Papa und Martha zusammen. Wir versuchten Witze über den Zwischenfall zu machen. Ich kann mich noch daran erinnern, wie Papa zu der Mannlicher hinüberblickte und meinte, diese unglückselige Büchse sei wenig zweckmäßig. Zu schwer, um sie bequem zu tragen; wenn ich eine leichtere Büchse gehabt hätte, zum Beispiel eine Springfield, dann hätte ich den Drachen bei seinem Angriff töten können. Ob das nun stimmte oder nicht, ich wollte es ihm glauben.

An dem Abend trank ich mehr als meinen Anteil an dem Gin, aber das war auch Papas Absicht. Schließlich schlief ich ein. Wir hatten beschlossen, die Laterne die Nacht über brennen zu lassen, falls wir nachsehen mussten, was los war, oder irgendein anderer Notfall eintrat.

Papa und Martha saßen wieder vor der Hütte. Sie hielt unsere einzige Taschenlampe in der Hand, während Papa das schwere Gewehr quer über dem Schoß liegen hatte. Ich weiß nicht, wie spät genau es war, als ich aufwachte. Ich konnte ihre Silhouetten sehen. Marthas Kopf an Papas Schulter, sein Arm um ihre Hüfte. Sie sahen sehr entspannt aus, sehr glücklich. Kaum zu glauben, dass sie ein paar Jahre später schon geschieden sein würden.

Ich glaube, als Kriegberichterstatterin war Marty in ihrem Element. Sie war eine so selbständige Frau.

Sie hatte bereits ein Buch veröffentlicht, bevor sie Papa überhaupt kennen lernte. Als ich es las, war ich sehr von ihren Beschreibungen angetan, anschauliche Sachen über die Unmenschlichkeit der Menschen. Ich weiß, dass Papa und Martha beide der Überzeugung waren, Schriftsteller sollten für die Menschenrechte und Menschenwürde tun, was in ihrer Macht steht. Die Probe aufs Exempel kam, als sie über den Bürgerkrieg in Spanien berichteten. Da hat sich Papa richtig in sie verliebt.

Auf dieser Fahrt konnte ich jedoch den Anfang vom Ende sehen. Letzten Endes war es alles eine Frage der Konkurrenz. Sicher, bei Interviews arbeiteten sie gut zusammen. Auf dieser Fahrt haben sie mit jedem gesprochen, von den britischen Offizieren bis hin zu den Kulis. Sie machten ihre Einschätzung der Lage deutlich und hatten dabei Glück und bewiesen Scharfsinn. Sie sagten voraus, dass der erste Angriff von japanischer Seite kommen und sich gegen amerikanische Stützpunkte im Pazifik richten würde.

Abends erfüllte das Geklapper von zwei Schreibmaschinen ihr Hotelzimmer. Papa schrieb sein eigenes Material und überarbeitete das von Martha; sie wiederum schrieb sein Material ins Reine, und gelegentlich verbanden sie in Zeitschriftenartikeln ihre Gedankengänge und manchmal auch ihre Ausdrucksweise miteinander und setzten einen ihrer Namen darunter. Es ist ein seltenes Geschenk, einen anderen Schriftsteller zu finden, dem man so vollkommen vertraut. Aber das hatten die beiden gemein. Beide schrieben verdammt gut, und das führte dann auch zu ihrer Trennung. Ihr Konkurrenzkampf wurde heftiger, als Martha Karriere machte. Papa versuchte sich das als Verdienst anzurechnen. Vielleicht zu Recht, vielleicht auch nicht. Eins war allerdings sicher: Martha wollte sich nicht damit begnügen, nur Papas Frau zu sein. Sie war eine Schriftstellerin und Kriegsberichterstatterin, bevor sie ihn kennen lernte, und so auch danach.

Aber jetzt waren wir weit weg vom Krieg, und ich wurde mir langsam meiner tatsächlichen Lage bewusst. Ich hatte eine ernsthafte Entzündung. Die Wunde triefte vor Eiter. Ich fasste hinunter und spürte, wie Hitze aus der Haut aufstieg. Die Schmerzen waren konstant und zogen immer weiter das Bein hoch.

Ich hörte, wie Papa sich vor der Hütte leise mit Marty unterhielt. »Ich hätte ihn in Kuba lassen sollen.«

»Weißt du, das ist ein Machismo-Ding. Er versucht genauso mutig zu sein wie du, und das wird ihn eines Tages noch das Leben kosten. Sei froh, dass er jetzt schläft«, antwortete Martha.

»Quatsch, das ist ein mutiger Junge. Wir stammen aus ein und derselben Familie. Weißt du noch, mein Onkel Tyler? Der fand heraus, dass ›Hemingway‹ auf Chinesisch ›Wolfsjäger‹ bedeutet. Wolfsjäger, Drachenjäger – Teufel noch mal, das ist doch alles dasselbe. Der Junge hat das Ungetüm mit seinem unverletzten Fuß in die Flucht geschlagen.«

»Entschuldige bitte, ich meinte eigentlich …«, begann Martha, aber auf einmal hörte man in der Ferne Glöckchen bimmeln.

»Pst – hör mal«, sagte Papa. Gleich bei der Hütte, am Waldrand, ertönte noch einmal das gleiche Geräusch. Es war zwar kaum hörbar, aber unverwechselbar – helle Glöckchen und zersplitternde Knochen.

»Schnapp dir die Lampe, meine Tochter«, flüsterte Papa.

Ich konnte Martha nach der Taschenlampe tasten hören. »Leuchte auf den Köder«, drängte Papa. Ich rutschte ein wenig nach vorn, damit ich besser aus der Tür spähen konnte, aber die Schmerzen waren so stark, dass ich mir auf die Lippen beißen musste. Ich stöhnte, konnte jedoch ein bisschen sehen.

»Immer sachte, Baron«, sagte Papa, der mich gehört hatte.

Der Strahl der Taschenlampe bewegte sich übers Feld wie der Suchscheinwerfer eines Flugzeugs. Er streifte die Felsen, als Martha den Köder suchte – und ihn dann auch fand. Ich sah ganz deutlich ein großes dunkles Tier. Sein Kopf hob sich in den Lichtstrahl empor. Seine Augen blitzten wie zwei goldene Perlen auf. Seine Zunge schnellte heraus und schmeckte die Luft. Dieser zweite Waran war weitaus größer als der erste.

»Schieß«, flüsterte Martha. Papa drückte eine Patrone ins Magazin hinein und legte die Büchse an die Schulter. Er zielte genau zwischen die Augen und drückte ab – »Ka-ra-wong!«

Ein mehrfaches Echo hallte übers Wasser und vom Bergabhang wider. Das Tier warf sich mit gewaltigen Bewegungen im Gras umher und verstummte dann schließlich.

Einen Augenblick lang bewegte sich niemand, und dann rannten Martha und Papa hinaus, um zu sehen, wie groß dieses Ungetüm war. Ich sah das Licht übers Feld hüpfen und sich dann an der Stelle, wo der Waran lag, hin und her bewegen. »Der ist fast fünf Meter lang!«, hörte ich Papa rufen. Er war so aufgeregt wie ein kleines Kind.

Endlich schien alles zu klappen. Ein Versuch, ein sauberer Schuss. Eine riesige Drachentrophäe und ein sehr zufriedener Papa. Ich sank auf mein Bett zurück und schloss die Augen. Ich spürte ein starkes Pochen im Bein und merkte, wie mir kalter Schweiß von der Stirn tropfte, aber trotzdem freute ich mich sehr für Papa.

Als sie zurückkamen, gab es eine Runde Drinks und viel Gelächter. Nach ein paar Minuten hörte ich jedoch jemand etwas fragen, ich glaube, es war Martha: »Was ist denn das für ein Gestank?«

Der Gestank. Jetzt konnte ich es auch riechen. Ich hatte es sicher schon eine ganze Weile gerochen, aber wenn Martha nichts gesagt hätte, dann hätte ich wahrscheinlich gar nichts gemerkt. Ich wollte es auch überhaupt nicht riechen. Nachdem Martha mich jedoch erst einmal darauf aufmerksam gemacht hatte, roch ich es, und ich wusste, was es bedeutete. Das war ein Geruch, den man, selbst wenn man es wollte, nie mehr vergisst.

»Wundbrand«, sagte Papa leise, und plötzlich schien der Raum sehr still und völlig von diesem entsetzlichen Gestank erfüllt zu sein. Er beugte sich über meine Wunde und betrachtete sie sich von nahem. Dann drehte er sich um und sagte etwas zu einem der Leute aus dem Dorf, der vor der Hütte stand. Der Mann nickte und rannte in die Nacht hinaus. Papa kam zurück und kniete sich neben mein Bett. »Tut mir Leid, Kleiner. Aber jede Stunde, die wir warten, stirbt mehr Fleisch ab. Ich hab den Medizinmann holen lassen.«

Als der alte Mann eintrat, erkannte ich ihn sofort wieder. Der weißhaarige, olivhäutige Einzelgänger war der Letzte gewesen, der sich meine Wunden angesehen hatte. Jetzt trug er seine Medizintasche mit drei primitiven, aber wirksamen Heilmitteln bei sich: Honig, Schlamm – und Maden.

Eins muss ich euch sagen: Bis ein Stück von euch stirbt, habt ihr nicht richtig gelebt. Und bis ihr nicht gesehen habt, wie dieses Stück verdaut wird, habt ihr nicht zu sterben begonnen.

Und so begann ich, wie ich dort in dieser kleinen Hütte lag, das erste Mal zu leben und zu sterben. Wie gesagt, auf dieser Fahrt habe ich eine Menge gelernt. Bei Wundbrand gibt es nur eins, was man wirklich wissen muss – er breitet sich aus. Ein Wundbrand breitet sich aus, und wenn man das nicht unterbindet, dann frisst er einen auf, bis nichts mehr übrig ist als Gestank und eine Erinnerung. In den neun Stunden seit dem Angriff auf mich hatten die drei kleinen Löcher einen Bereich infiziert, der ungefähr so groß war wie meine Faust.

Als der alte Mann sich meine Wunde ansah, zog er ein Gesicht. Dann nahm er eine Hand voll von irgendetwas aus seiner Tasche. Wie ein Priester, der jemanden mit Weihwasser besprengt, bewegte er die Hand über der Wunde. Zuerst dachte ich, ich hätte Fiebervisionen. Aber als ich aufblickte und Marthas Gesicht sah, wusste ich, dass es stimmte. Er ließ Hunderte von fetten, weißen, sich windenden Maden auf mein Bein fallen. Ich schrie los und versuchte sie abzuschütteln. Aber Papa bremste mich. »Immer sachte, Baron. Die verdammten Larven sind gut für dich. Die werden dein Bein retten.«

»Red doch nicht so ’n Quatsch«, protestierte ich.

»Ich red keinen Quatsch. Maden fressen nur totes Fleisch. Die gehen an das gesunde Gewebe nicht ran. Mach die Augen zu! Mach die Augen zu, verdammt noch mal!« Ich setzte mich ein letztes Mal zur Wehr und merkte, dass er mich nicht loslassen würde, bis ich das tat, was er mir sagte.

»Das ist die reine Wahrheit«, flüsterte er mir ins Ohr. »Kannst du die kleinen verdammten Dinger spüren?«

»Teufel noch mal, Papa«, sagte ich, »tu mir das nicht an. Wenn ich das Bein verliere, dann lass mich sterben. Ohne mein Bein will ich nicht leben …«

»Herrgott noch mal, Baron …«

»Das ist mein Ernst, Papa. Da mach ich nicht mit.«

»Baron. Sag mir mal, was du gerade spürst.«

Ich hielt inne. Wenn Papa diesen Ton anschlug, dann hörte man auf ihn und tat, was er einem sagte. Und so konzentrierte ich mich auf mein Bein. Ich spürte überhaupt nichts. Keine Bewegung, keinen Schmerz, gar nichts. Ich gebe zu, dass mich das überraschte. Ich erwartete, vor Schmerzen zu schreien, aber ich spürte überhaupt nichts. Ich blickte zu Papa hoch und schüttelte den Kopf. »Ich spür überhaupt nichts«, sagte ich.

»Gut«, sagte Papa. »Was die fressen, ist absolut tot.« Er stand auf. »Du wirst dein Bein nicht verlieren, Baron. Das versprech ich dir. Ich hab das in Spanien gesehen, das funktioniert. Am schwersten ist das Warten. Darum sag ich dir, dass du die Augen zumachen sollst. Denn es gibt nichts, wovon dir schneller kotzübel wird, als wenn du diesen fetten kleinen verdammten Dingern beim Fressen zusiehst.«

Ein paar Stunden später kam der Medizinmann zurück und sammelte die Larven wieder auf. Als er die letzte abnahm, sah ich, dass mein Fleisch bis auf das pulsierende, gesunde rote Fleisch unter dem Wundbrand abgefressen war. Die Maden hatten mir überhaupt keine Schmerzen, ja nicht einmal Unbehagen bereitet, außer, wenn ich daran dachte, was dort unten vor sich ging. Die Wunde sah gut aus. Sie war sauberer, als wenn sich ein Chirurg daran zu schaffen gemacht hätte.

Aber da war es dann mit meinem Glück auch schon zu Ende. In der Mitte der Wunde konnte man sehen, dass der Waran direkt bis auf den Knöchel gebissen hatte, und die Verfärbung sagte uns, dass das Gift in seinem Speichel ein Großteil des Knochens abgetötet hatte. Das Stück musste sofort raus. Dieser Operation hätte ich mich nicht einmal bei den besten Ärzten Amerikas im Mount-Sinai-Krankenhaus unterziehen wollen. Und jetzt musste ich mich auf das Geschick ganz gewöhnlicher Menschen auf einer kleinen pazifischen Insel verlassen. Ich stand vor einer schweren Wahl: ein Hexendoktor oder mein Bruder?

Papa redete auf mich ein: »Komm, Kleiner. Mich kennst du doch. Du weißt doch, wie ich Dad oben im Ojibway-Lager immer geholfen hab.«

Die Ojibways waren Indianer, die weniger als drei Kilometer von unserer Sommerhütte entfernt lebten. Sie waren die wahren Armen in dieser Gegend, denn sie besaßen kein Land und hatten nur selten Arbeit für lange. Da gab es regelmäßig irgendwelche Notfälle: Messerstechereien, Knochenbrüche, ernste Infektionen. Unser Vater, ein Arzt, hatte diesen Menschen immer seine Zeit und sein medizinisches Wissen umsonst zur Verfügung gestellt. Oft begleitete ihn mein Bruder. Ich wusste, dass Papa die Ojibways nicht nur bewundert, sondern bei dieser Arbeit mit meinem Vater auch eine Menge über notärztliche Hilfe unter primitiven Verhältnissen gelernt hatte.

Was den hiesigen Medizinmann anging, da wollte ich gern zugeben, dass er mit den Maden Recht gehabt hatte, egal, wie falsch mir das vorgekommen war. Aber was würde er als Nächstes aus seiner Medizintasche ziehen, und wie konnte ich wissen, ob es auch funktionieren würde oder ob es alles nur Aberglaube war? Versteht ihr, ich will nicht die Zunft der Medizinmänner schlecht machen. Ich habe auf der Welt zu viele

Dinge gesehen, die ich nicht erklären konnte, und ich habe zu oft hier bei uns in den Staaten gesehen, dass etwas völlig schief ging, obwohl es ein richtiger amerikanischer Arzt eigentlich hätte besser wissen müssen.

Aber hier ging es um meinen Knöchel. Um einen Teil von mir. Und den wollte ich nicht einem Fremden anvertrauen. Ein Bein zu verlieren, nie mehr richtig laufen zu können – das wäre für mich eine Art Hölle auf Erden gewesen, das wollte ich um keinen Preis.

Hier klang Dads Stimme auf einmal ganz anders. Er erzählte jetzt nicht bloß irgendeine Geschichte. Er durchlebte noch einmal einen schrecklichen Augenblick – und ich auch. Bei seinen Worten hatte sich mir der ganze Magen verkrampft, und es war mir sauer aufgestoßen.

»Eine Art Hölle auf Erden« wäre es, hatte er gesagt, ein Bein zu verlieren.

Und zwei Beine? Was würde das für einen Mann bedeuten, der bereit war, eher an Wundbrand zu sterben, als ein Bein zu verlieren? Es war undenkbar. Aber während der letzten Woche seines Lebens hatte Dad vor genau dieser Wahl gestanden – und dann eine Entscheidung getroffen, die für mich genauso undenkbar war. Und ich hatte die Jahre seither damit verbracht, nicht an diese unvorstellbare Entscheidung zu denken.

Ich musste wieder an den Wahnsinn denken, den wir in der letzten Woche vor seinem Tod mit ihm mitgemacht hatten; das wurde jetzt alles ein bisschen verständlicher.

Er hatte im Krankenhaus gelegen. Die Ärzte hatten ihm gesagt, dass eine weitere Operation ihrer Meinung nach sinnlos sei. Seine Beine seien so schlecht durchblutet, dass das Fleisch absterben würde, selbst wenn sie neue Venen in die Unterschenkel einsetzten. Sie hatten ihm gesagt, dass sie, um ihm das Leben zu retten, beide Beine amputieren wollten.

Meine Mutter hatte mir erzählt, dass sie dabei gewesen war, als seine Beine für die doppelte Amputation markiert wurden. Sie hatte versucht, Dad zu sagen, dass alles gut gehen würde, dass sie zurechtkommen würden, aber das war ihm alles kein Trost. Eine doppelte Amputation käme überhaupt nicht in Frage. Das zöge er nicht einmal in Erwägung. Später meinte Mom dann, sie sei überrascht gewesen, dass er sich den aalglatten kleinen Assistenzarzt, der die Schnittstellen an seinen Beinen markiert hatte, nicht geschnappt und ihm eins auf die Schnauze gegeben hatte.

Daddy habe jedoch nur in seinem Krankenhausbett gesessen, hatte sie uns erzählt, den Kopf zur Seite geneigt, als lausche er einem unsichtbaren Radio. Er wartete ganz ruhig, bis alle das Zimmer verlassen hatten. Als er allein war, riss er sich sämtliche Schläuche aus den Armen und stürmte aus dem Krankenhaus. Man weigerte sich, ihm seine Sachen zu geben, und so kam er im Krankenkittel nach Hause, und hinten, wo er offen war, hing sein Po heraus.

Er kam nach Hause und meinte, jetzt gehe es ihm wieder gut, und es schien ihm wirklich gut zu gehen, besser als seit langem.

Er hatte es deutlich gemacht. Er hatte seine Entscheidung getroffen, und sie war unabänderlich. Er würde sich keiner doppelten Amputation unterziehen.

Und so blieb ihm nur eine Wahl.

Eine Woche später traf er sie.

Langsam begann ich zu verstehen.

Ich hielt eine Träne zurück und hörte mir die Geschichte weiter an.

Und so traf ich meine Entscheidung. Papa würde das Stück Knochen herausschneiden.

Sobald ich es ihm gesagt hatte, hat er keine weitere Zeit vergeudet. Er nickte nur und meinte: »Immer lächeln, Kleiner.« Er band meine Beine am Bett fest und schliff sein Jagdmesser, bis die Schneide ganz scharf war, woraufhin er sie über einer Flamme sterilisierte. Er sah, dass ich ihm zuschaute, und meinte: »Als ich in Italien im Krankenhaus lag, hat mein Bein manchmal so wehgetan, dass ich am liebsten losgeheult hätte. Und dann hab ich festgestellt, wenn ich gepfiffen hab, dann war es längst nicht so schlimm.« Er hielt die Klinge in die Höhe, um sie zu begutachten, und dann wieder ins Feuer. »Pfeif ruhig, Baron. Wenn's schlimm wird, dann pfeif einfach. Das hilft.«

»Und das hier hilft auch«, sagte Martha und gab mir den Rest des Gins und ein Stück Holz zum Draufbeißen.

»Ich versuch, es schnell zu machen«, sagte er, aber wir wussten beide, dass es lange dauern würde.

Während der nächsten Stunde entfernte er sowohl lebenden als auch toten Knochen. Ich verlor immer wieder das Bewusstsein in einer klammen roten Wolke des Schmerzes, und zweimal musste Martha mir ein neues Stück Holz zwischen die Zähne stecken. Jedes Mal, wenn sie die zersplitterten Holzstückchen herausnahm, pfiff ich vor mich hin. Es half tatsächlich.

Als Papa fertig war, tropfte der Medizinmann Honig auf die Wunde. Zu dem Zeitpunkt war mir alles egal. Wahrscheinlich fand ich es sogar lustig, denn ich kann mich daran erinnern, dass ich irgendeinen Witz machte, dass Papa so gute Arbeit geleistet hatte, dass mein Bein jetzt schon zum Reinbeißen war.

Papa klopfte mir auf die Schulter und meinte, es würde alles schon wieder werden. »Honig ist ein natürliches Antibiotikum, Baron«, sagte er. »Das tötet die Bazillen ab.« Um ehrlich zu sein, war ich zu dem Zeitpunkt so erledigt, dass es meinetwegen auch Schokoladensirup hätte sein können. Aber es muss funktioniert haben. Ich habe dort nie eine Infektion bekommen.

Dann strich der Medizinmann eine dünne Schicht Schlamm darüber. Das hielt die Luft und die Bazillen fern. Und schließlich schlief ich tief und fest ein, in dem Gefühl, Glück gehabt zu haben, die Operation und den darauf folgenden emotionalen Aufruhr überlebt zu haben. Denn ihr müsst verstehen, Papa war wegen meines Fußes immer noch ganz aufgewühlt und fühlte sich vielleicht auch ein bisschen schuldig. Und so machte er mich, wie sich das für einen großen Bruder gehört, völlig zur Schnecke.

»Einen Moment. Wartet mal«, sagte ich und hielt die Kassette an. Plötzlich war ich verwirrt. »Ich weiß, dass mein Vater einen Teil seines Knöchels verloren hat, und ich weiß, dass er ihn durch Wundbrand verloren hat. Aber das hatte nichts mit irgendeinem Komododrachen zu tun.«

»Womit denn?«, fragte Bear und blickte mit einem leicht gereizten Stirnrunzeln auf, als hätte ich sie in ihren Gedanken gestört.

»Dad war auf seinem Boot unten in der Karibik. Er hatte starken Seegang und zog gerade den Anker bei einem Riff direkt vor Jamaika hoch, als er den Halt verlor und über Bord fiel. Die See war so stürmisch, dass er genau in einem Wellental in einer Untiefe landete. Das Wasser war zu flach, um seinen Sturz abzufangen, und so knallte er mit voller Wucht auf die Korallen.«

»Aua«, sagte Jeffry. »Das muss aber wehtun.«

»Ja«, meinte Bear. »Und wie!« Sie hatte sich ein paar Monate zuvor an einer Koralle eine schlimme Schramme zugezogen, die ihr äußerst wehgetan hatte.

»Und was ist dann passiert?«, fragte Jeffry. »Ich meine, in deiner Version.«

»Das ist nicht bloß meine Version«, sagte ich. »Das hat mir Dad selbst erzählt. Die Korallen rissen ihm regelrecht den Knöchel vom Fuß. Die Ärzte in Jamaika verbrachten die nächsten beiden Tage damit, Korallen aus seinen Knochen zu entfernen. Er bekam Wundbrand, aber Vaters guter Freund Dr. Leonard Dourmashkin flog mit einer großen Dosis Antibiotika von New York hinunter. Das hat den Fuß gerettet. Zumindest hat er es mir so erzählt.«

»Ich weiß nicht«, sagte Jeff. »Ich glaube, mir gefällt die andere Geschichte besser.«

Pookie wachte auf und sagte: »Kuu-ah«, ihr Lieblingswort, als wollte sie ihrem Vater beipflichten. Ich nahm sie auf den Arm, und als ich dann hochsah, merkte ich, dass Jeff und Bear mich ungeduldig beobachteten.

»Also, was war's denn nun?«, fragte Bear. »Die Koralle oder die große Echse?«

Ich schüttelte den Kopf. Ich wusste nicht, was ich von dem Ganzen halten sollte. Und das ausgerechnet jetzt, wo ich dachte, ich käme voran. »Ich weiß auch nicht, mein Schatz. Das mit der großen Echse ist irgendwie kaum zu glauben, findest du nicht?«

»Nein«, meinte Bear ganz loyal.

»Ist dein Vater je im Fernen Osten gewesen?«, fragte Jeff.

»Nicht dass ich wüsste. Aber wir wissen, dass er für irgendwelche Abenteuerzeitschriften für Männer geschrieben hat. Er hat immer ein Pseudonym benutzt, und nach ein paar Geschichten suchte er sich dann wieder ein neues Pseudonym – lang lebe Marvin Schmeckabier.«

»Warum hat er denn seinen Namen geändert?«, fragte Bear.

»Ich glaube, er dachte, seine Arbeiten seien gut genug, um auch so bestehen zu können; und außerdem tat er sein Möglichstes, damit er seinem Bruder keine Konkurrenz machte. Wenn man Hemingway heißt, ist es schwer, Schriftsteller zu sein.«

»Wenn man nicht so heißt, aber auch«, sagte Jeff.

»Du weißt schon, was ich meine«, sagte ich. »Die Leute stellen ständig irgendwelche Vergleiche mit Ernest an. Und verdammt wenig Schriftsteller können sich mit ihm messen. Und wenn das dann auch noch dein Bruder ist – oder dein Vater –, ich kann mir überhaupt nicht vorstellen, wie schwer das gewesen sein muss. Ernests Sohn Jack – der Vater von deiner Cousine Mariel, Bear – hat mir nach Dads Tod einen Brief geschrieben. Den hab ich sicher schon hundertmal gelesen. Er meinte, Vater sei ein guter Schriftsteller gewesen, und die ganzen Vergleiche mit seinem Bruder hätten ihm wehgetan. Aber während einige der besten Eigenschaften von Papa durch seinen Ruhm und Erfolg kaputtgemacht worden seien, sei Vater unverdorben geblieben.«

»Was hat er denn mit ›unverdorben‹ gemeint?«, fragte Bear.

»Damit hat er gemeint, dass er deinen Opa sehr gern hatte«, antwortete Jeff. »Die meisten Leute haben ihn gern gehabt – und nicht bloß, weil er gute Geschichten erzählte, sondern weil er ein guter Kerl war.«

Ich sagte: »Wenn Brüder oder Schwestern, wenn sie groß sind, der gleichen Arbeit nachgehen, dann neigen sie dazu, miteinander zu konkurrieren oder eifersüchtig aufeinander zu werden. Aber dein Opa war nicht so. Ich hab ihn nie auch nur ein schlechtes Wort über seinen Bruder sagen hören.« Ich rückte näher zu Bear hinüber und fügte hinzu: »Denk da mal dran, jetzt, wo du eine Schwester hast.«

»Mach ich.« Bear nickte und kitzelte Pookie. Dann hielt sie inne und blickte Jeff und mich an. »Ob wir je rauskriegen, ob diese Geschichten wahr sind?«

»Wir könnten's zumindest probieren«, meinte Jeff. Er wandte sich an mich. »Hast du je irgendwelche Souvenirs aus dem Fernen Osten gesehen? Irgendwas, was mit dieser Geschichte zu tun haben könnte? Riesige Echsenzähne, Drachenhaut, irgend so etwas?«

»Nein, es sei denn – er hatte da ein Paar wirklich seltsame Stiefel in seinem Schrank stehen. Ich glaube nicht, dass er die je getragen hat. Aber die waren nicht aus Schlangen- oder Krokodilleder. Ich hab ihn aber nie danach gefragt.«

»Ich will jetzt den Rest hören«, verlangte Bear.

»Okay, okay«, sagte Jeff und drückte die Play-Taste. Im Hintergrund hörte man irgendein Geklapper, aber ich konnte nicht genau erkennen, was es war. Dann erklang die Stimme des Professors.

»Tut mir Leid, Les. Bin ja ein richtiger Tollpatsch heute Abend.«

»Der kann ja kaum einen zur Brust nehmen«, hörte ich Charlie Willeford sagen.

»Mit der Hand da jedenfalls nicht«, erwiderte Vater, und beide lachten vergnügt in sich hinein.

»Hier ist ein Lappen«, sagte meine Mutter.

»Vielen Dank. Tut mir wirklich Leid.«

»Da«, sagte meine Mutter, und dann raschelte es, und alle in der Runde räusperten sich, und es fielen wieder Eiswürfel klirrend in irgendein Glas.

»Wo war ich gerade stehen geblieben?«, fragte Vater.

»Sie sprachen gerade von dem emotionalen Aufruhr«, sagte der Professor.

»Genau.«

»Also, äh – was war denn das für ein emotionaler Aufruhr?«

»Na ja, seit meinem ersten Jagdausflug mit Ernest hatte ich geglaubt, dass mein Bruder mir selbst aus der größten Klemme helfen könnte. Ganz egal, wie schlimm es wurde, er würde mir aus der Patsche helfen. Ich meine, er hat das auch geglaubt, und uns war gerade auf eine böse Art und Weise in Erinnerung gerufen worden, dass dem nicht so war. Das hatte uns beiden einen Schock versetzt, und so wurde ich auf der Rückfahrt wegen jeder Kleinigkeit, die ich auf dieser Reise, und in meinem Leben allgemein, falsch gemacht hatte, zur Schnecke gemacht. Es war eine sehr lange Rückfahrt.«

»Hat Ernest nicht das Gefühl gehabt, er sei nach dem Tod Ihres Vaters als ältester Bruder das Familienoberhaupt?«

»Unbedingt, und das war er auch. Zum Beispiel hat er mir und meinen Schwestern, Carol und Sunny, finanziell geholfen.«

»Mit Carol ist er am härtesten umgegangen, stimmt's?«

»Ja – sie hatte John Gardner sehr jung kennen gelernt. Ernest machte sich Sorgen, weil John wenig

Aussichten auf geschäftlichen Erfolg hatte, und untersagte Carol, ihn zu heiraten. Carol hörte nicht auf ihn und die beiden waren über fünfzig Jahre verheiratet. Eine großartige Leistung, wenn man bedenkt, wie weit es der Rest von uns in dieser Hinsicht gebracht hat.«

»Da hat Ernest John Gardner also falsch eingeschätzt?«

»Ja, völlig. Aber Papa wollte wirklich unser Bestes. Hören Sie, das hat jetzt aber überhaupt nichts mehr mit dem Jagen zu tun. Bleiben Sie mal bei Jagdfragen.«

»Ähhh, tut mir Leid. Sie haben gesagt, seit Ihrem ersten Jagdausflug mit Ernest hätten Sie das Gefühl gehabt, er könne Ihnen aus jeder Klemme helfen. Was ist denn auf dieser ersten Jagd passiert, dass Sie so fest davon überzeugt waren?«

»Also, Mensch, das war nicht nur auf der ersten Jagd so. Papa hat mir wirklich das nackte Leben gerettet, und zwar mehr als einmal. Und nicht nur mir. So war er halt. Er schien immer zu wissen, was gerade zu tun war. Und er hat kaum je daran gezweifelt, dass es ihm auch gelingen würde. Wohin er auch kam, er handelte stets verantwortungsbewusst.«

»Aber bei Ihnen«, beharrte der Professor. »Haben Sie nicht gesagt, dass es bereits auf Ihrem ersten Jagdausflug so war?«

Ich hörte Dad laut seufzen und einen Schluck von seinem Drink nehmen. Ich war überrascht, dass er die ganzen Fragen des Professors so bereitwillig beantwortete, und neugierig, was er jetzt wohl sagen würde. »Doch. Doch, das hab ich gesagt.« Er lachte leise in sich hinein, und aus diesem leisen Lachen wurde dann eine von Vaters lauten, dröhnenden Lachsalven.

»Mein Gott, das werd ich allerdings nicht so schnell vergessen.«

»Oje, ist das die Geschichte von dem Bären?«, fragte meine Mutter.

Meine Tochter stupste mich, übers ganze Gesicht strahlend, an. »Der Bär, Mom«, sagte sie. »Das ist die Bärengeschichte.«

Ich lächelte und drückte ihre Hand.

»Ein Bär? Sie haben mit Ernest einen Bären gejagt?«, fragte der Professor. »Davon hab ich ja noch nie etwas gehört.«

»Können Sie auch nicht«, sagte Vater. »Ich war damals erst zwölf. Unsere Familie war zu unserem Sommerhaus hochgefahren.«

»Sie meinen, zum Lake Walloon?«

»Ja. Papa war zu Besuch gekommen und beschloss, es wäre an der Zeit, dass ich jagen lernte. Er zeigte mir, wie man Fallen stellt, und ich ging sie dann jeden Tag kontrollieren. Aber irgendetwas lief gleich zu Anfang schief. Die Fallen waren zugeschnappt, aber leer. Manchmal fand ich ein paar kleine Überreste von einem Tier, aber nicht genug, um es mit nach Hause zu nehmen. Und so machten Papa und ich eine Wanderung am See entlang. Wir waren vielleicht zehn Kilometer weit gelaufen, als wir zu unseren Fallen kamen.«

»Hinter was waren Sie denn her?«

»Hauptsächlich hinter Niederwild. Tiere, die man essen kann. Wir haben da ein Familiengesetz, das geht so weit zurück, wie ich denken kann: Was man tötet, muss man auch essen. Die Fallen waren also für essbares Kleinzeug bestimmt. Wahrscheinlich hat das die Aufmerksamkeit des alten Meister Petz erregt. Ich glaube nicht, dass ich jemals in meinem Leben solche Angst gehabt habe.«

»Das ist sie, die Bärengeschichte!«, rief meine Tochter, und Jeffry hielt die Kassette an.

»Hört sich so an«, meinte ich.

»Mensch, Schatz«, sagte Jeffry. »Das ist jetzt aber gar nicht so wichtig. ›Was man tötet, muss man auch essen.‹ Also, das ist nun wirklich interessant. Wo hab ich das bloß schon mal gehört?«

»Pass bloß auf«, warnte ich ihn.

»Was?«, sagte Bear und merkte an unserem Grinsen, dass irgendetwas im Gange war. »Was ist denn los?« Sie blickte zwischen Jeff und mir hin und her.

»Frag mal deine Mutter«, sagte Jeff. »Bevor du dir den Hals verrenkst.«

»Mom?«

Ich lachte. »Na gut. Du kannst es ruhig wissen. Ich hab mein erstes Luftgewehr gekriegt, als ich sieben war …«

»Ich bin jetzt sieben«, sagte Bear. »Kann ich auch ein Luftgewehr haben?«

»Mal sehen. Aber wenn du eins kriegst, dann gelten dieselben Regeln. Genau dieselben, die mein Vater mir beibrachte.«

»Was man tötet, muss man auch essen«, lachte Jeffry.

»Genau«, sagte ich.

»Das ist ja so was von ätzend«, sagte Bear.

»Genauso ätzend, wie Frosch- und Taubeneintopf zu essen«, sagte Jeffry.

»Was? Mom, was meint er denn damit?«

Ich musste auch lachen, als ich an den Tag dachte, an dem ich hinter unserem großen alten Haus an der Miami Beach gespielt hatte. »Ich hatte dieses Luftgewehr seit ungefähr zwei Tagen. Dad hatte mir eingeschärft, vorsichtig zu sein und es nie auf irgendetwas zu richten, auf das ich nicht schießen wollte, es nie auf einen Menschen zu richten, immer weit weg vom Haus zu schießen – und …«

Jeff und Bear stimmten in den Refrain mit ein, und alle zusammen sagten wir: »Was man tötet, muss man auch essen.«

»Genau. Mit den anderen Regeln hatte ich keine Probleme. Aber diese Regel, die nahm ich ihm nicht wirklich ab. Und so war ich also mit meinem Luftgewehr hinten im Garten und wollte ihm zeigen, was für eine gute Jägerin ich war. Ich schoss eine Taube von der Uferbefestigung herunter und hinten am Teich einen Frosch. Als ich aufblickte, sah ich Dad. Er stand auf der Terrasse, die Arme verschränkt, und beobachtete mich. ›Gut geschossen, meine Tochter‹, sagte er. ›Bring sie mal her.‹ Ich brachte ihm die beiden kleinen Tierkörper, und er sah sie sich an. ›Zwei saubere Schüsse‹, meinte er. ›Komm, wir bringen sie rein zu Mom.‹ Und so trug ich sie in die Küche. Ich wusste immer noch nicht, was er vorhatte, bis er Mom zurief, dass ich Mittagshunger hätte und ob sie mir nicht beim Kochen helfen könnte.«

»*Iiiiiiiiih*«, sagte Bear. »Nie im Leben!«

Ich lächelte. »Im Leben. Mom wusste, was los war, und hatte den Topf schon bereitstehen. Und dann hab ich Frosch- und Taubeneintopf zum Mittag gegessen.«

»Mom!«, sagte Bear und machte ein entsetztes Gesicht. »Du hast einen Frosch gegessen?!«

»Na ja, ein bisschen davon«, gab ich zu. »Das war unsere Regel.«

»Und das ist immer noch unsere Regel«, sagte Jeffry. »Bist du sicher, dass du ein Luftgewehr willst?«

»Ja«, sagte Bear. »Aber ich schieß keine Frösche.«

Jeff und ich lachten. Und ich erinnerte mich schmunzelnd daran, wie Dad an jenem lange zurückliegenden Tag neben mir stand, mir beim Essen zusah und aufpasste, dass ich auch wirklich etwas aß. »Ein Gewehr ist eine tödliche Waffe, Hillsides«, hatte er gesagt. »Damit musst du immer korrekt umgehen. Merk dir das.«

»Ja, das merk ich mir auch«, sagte ich, während ich an einem Stück Taube würgte. Und das hab ich auch getan.

»Und dein Daddy, isst der denn den Bär?«, wollte meine Tochter wissen. »Oder frisst der ihn?«

Ich lachte wieder. »Ich weiß nicht«, sagte ich. »Mal sehen.« Ich spulte die Kassette ein wenig zurück und drückte auf Play.

»Was man tötet, muss man auch essen«, sagte mein Vater gerade. »Die Fallen waren also für essbares Kleinzeug bestimmt. Wahrscheinlich hat das die Aufmerksamkeit des alten Meister Petz erregt. Ich glaube nicht, dass ich jemals in meinem Leben solche Angst gehabt habe.«

»Erzählen Sie uns davon, bitte, Les«, drängte der Professor.

Dad machte eine Pause, und wir hörten, wie er noch schnell einen Schluck von seinem Drink nahm. Dann hob er erneut an.

Dreizehn

DIE MEISTEN von uns kennen das Gefühl, Gäste zum Abendessen eingeladen zu haben, die dann einfach nicht wieder gehen wollen. Also, genauso war das mit dem Bären. Der hatte sich selbst zu unseren Fallen eingeladen und wollte einfach nicht wieder verschwinden, ganz egal, wie deutlich wir unsere Einladung zurückzogen. Und so meinte Papa eines frühen Morgens: »Es hat keinen Sinn, Baron. Wir müssen diesen Bären aufspüren und erlegen.«

Ich war damals erst zwölf Jahre alt. Ich hatte schon viel gejagt, aber nur kleine Tiere, wie Waschbären und Vögel. Der Gedanke, es mit einem neunhundertpfündigen Bären aufzunehmen, jagte mir panische Angst ein. Als wir losgingen, fragte ich: »Könnten wir ihn nicht einfach vergiften?«

Papa lachte, schüttelte den Kopf und lachte noch einmal. Er war achtundzwanzig, und ich wollte, dass er stolz auf seinen kleinen Bruder war. Ich hab ihm nicht gesagt, dass ich das völlig ernst meinte, aber wir hatten, verdammt noch mal, sowieso kein Gift, und außerdem wussten wir beide, dass das nicht die richtige Jagdmethode war. Bei einer Vergiftung leidet das Tier zu sehr, und ganz gleich, was einige Leute über ihn behaupten, das wollte Papa nicht. Wir waren in dem Glauben erzogen worden, dass so etwas nicht richtig sei. Und deshalb schlug Papa vor, dass wir ein paar Köderhaufen bauen, um ihn anzulocken.

Dazu hebt man eine ein mal anderthalb Meter große, aber nur rund zehn Zentimeter tiefe Grube aus und deckt sie dann mit dem Holz von Bäumen und Ästen zu, die abgestorben und vielleicht auch schon zu Boden gefallen sind. Das schützt den Köder vor kleineren Tieren. Unser Köder war eine Tüte mit Doughnuts vom Vortag. Und dann schüttete Papa, wie um die Essensglocke zu läuten, noch Lakritze, süßen Kerbel und Melasse auf die Doughnuts. Eigentlich hätte der alte Bär wie ein Wilder angeschossen kommen müssen. Aber Moccasin Joe, wie Papa ihn nannte, war einfach zu schlau. Wir saßen in unserem Versteck und warteten, bekamen aber nichts als Eichhörnchen zu Gesicht. Nach einem Tag und einer ganzen Nacht beschlossen wir, zu unserer Hütte zurückzukehren.

Auf dem Nachhauseweg entdeckte Papa dann im Sand am See Joes Spuren. »Schau mal, Baron.« Er spreizte eine Hand über dem Abdruck von Joes Hinterfuß. »Dieser alte Bär hat eine achtundzwanzig Zentimeter große Tatze. Ich wette, der ist ist gut und gerne zwei Meter zehn groß.«

Da ich wußte, dass Papa einen Meter neunzig maß, versuchte ich mir einen Bären vorzustellen, der in aufrechter Haltung größer war als er. Ein Problem, wenn man zwölf ist und knapp eins fünfzig misst, ist, dass man sich so ein Ungetüm leicht vorstellen kann, und das ist dann immer alles andere als schön.

Joe, das sollten wir schon bald herausfinden, war so groß, clever und durchtrieben, wie es ein alter Bär nur sein kann. Papa meinte, er hätte seine Tricks oben in Kanada gelernt, wo er wahrscheinlich lauter Trapper beraubt hatte. Irgendwie musste er dann südwärts in unsere Gegend von Michigan gekommen sein.

Als wir wieder in unserer Hütte waren, unterhielten sich Papa und ich weiter über den Bären. Die beiden Male, wo wir ihn zu Gesicht bekommen hatten, schien Joe immer gewusst zu haben, dass wir in der Nähe waren, und hatte sich mit bemerkenswertem Geschick vor uns oder seitwärts in die Büsche geschlagen. Dieser Bär hatte etwas fast schon Übernatürliches.

Und so hatte ich schon die Nacht zuvor nicht gut geschlafen. Ich hatte wirre Träume von sich in Luft auflösenden Bären und von Bären, die von den Geistern dahingeschiedener indianischer Krieger besessen waren, die ein diebisches Vergnügen daran hatten, Bleichgesichter ähnlich denen, die ihren Brüdern Jahrhunderte zuvor ihr Land geraubt hatten, zu quälen.

Ich sah gerade, wie der alte Moccasin Joe einen riesigen Bärentotempfahl streifte und mit Leichtigkeit umstieß, als ich plötzlich hellwach war. Es war noch dunkel, aber als ich aus dem Fenster unserer Hütte blickte, konnte ich sehen, dass der Morgen bald dämmern würde, da Orion nach Westen gleich neben die hohen Gipfel dort draußen gerückt war.

Dann hörte ich es wieder. Mir war nicht klar gewesen, was mich aufgeweckt hatte, aber als ich das schwache Geräusch vernahm, war ich überzeugt davon, gerade den Bären gehört zu haben. Es war ein *Schnieffff*, eine Art langes Einatmen.

Dann drückte etwas ganz leicht gegen unsere Tür. Als meine Augen sich an die Dunkelheit gewöhnt hatten, sah ich, dass Papa schon auf war, das Gewehr in der Hand. Aber als er die Tür aufriss, war der Bär verschwunden.

Es dauerte zwei geschlagene Stunden, bis ich schließlich wieder eindöste. Als ich aufwachte, war Papa bereits auf, und in der Pfanne brutzelten Schinkenspeck und Bohnen.

»Hast du gestern Nacht irgendwas gesehen?«, fragte ich ihn.

»Absolut nichts. Aber draußen ist alles voll von Bärenspuren. Bei den Vordertatzen sind die Klauenspuren rund zehn Zentimeter vor den Abdrücken zu sehen.«

»Dann war es also Moccasin Joe.«

»Höchstpersönlich. Wenn wir uns mit dem Frühstück ranhalten, können wir ihn von hier aus verfolgen. Ich glaub nicht, dass er schon allzu weit weg ist.«

Die Spur führte in Richtung der Fallen und des Köderhaufens. Papa wollte es nicht riskieren, dass uns der alte Räuber durch die Lappen ging, weshalb wir keine Abkürzungen nahmen, sondern immer seiner Spur folgten.

Nach einem Dreiviertelkilometer sahen wir, dass Joe stehen geblieben war und versuchte hatte, eine Familie Erdhörnchen aus ihrem Bau auszubuddeln. Er hatte sie bloß gerochen, aber keins erwischt. Zumindest fanden wir keine Haarbüschel herumliegen, und ich sah zwei Erdhörnchen im frühen Morgenlicht herumlaufen. Wir folgten Joes Spuren, die an einem Felssturz entlang bis hoch über den See hinaufführten.

»Lass uns bloß mal ein bisschen gucken gehen«, sagte Papa. »Das ist heute dein Tag, Kleiner. Du wirst den Sprung vom Anfänger zum Großwildjäger machen. Der Trick bei der Sache ist nur, sich nicht auffressen zu lassen.«

»Ich werd mein Bestes tun«, sagte ich und fügte dann hinzu: »Meinst du, dass wir ihn heute noch einholen?« Plötzlich verlor ich kurz den Halt, und Papa streckte den Arm aus und ergriff meine Hand.

»Immer sachte. Hör mal, jetzt bleib mal ganz ruhig. Selbst alte Bären machen Fehler. Sein größter war es, sich mit uns anzulegen.«

Wir erreichten den Gipfel und beeilten uns, der Spur zu folgen. Schließlich kamen wir zu dem kleinen Hochmoor mit dem Bach, der von umgestürzten Kiefern nahezu völlig verstopft war. Unsere Fallen lagen gleich dahinter.

»Na los, Baron. Ich hab keine Lust zu warten, bis er Winterschlaf macht. Komm, den schläfern wir jetzt für immer und ewig ein.«

»Abgemacht«, sagte ich, während ich gegen das flaue Gefühl in meinem Magen ankämpfte. Der alte Joe war zu meinem persönlichen Feind geworden. Die Grenzen hatte er überschritten, als er begann, in meinen Träumen herumzuspuken und mir auch tagsüber Angst einzujagen und das Leben schwer zu machen. Aber dann dämmerte es mir: Angst zu haben war etwas ganz Normales. Es war sogar gut. Man war dann mehr auf der Hut. Alles schien deutlicher zu sein – das Sehvermögen, das Gehör, der Geruchssinn.

Plötzlich hielt Papa inne. Er bedeutete mir, mich nicht zu bewegen. Er zeigte auf ein Erlendickicht, das hinter einem Stückchen Moor lag. »Da.«

Und da sah auch ich den Bären.

Selbst durch die Zweige hindurch wirkte er riesig, überlebensgroß. Er ähnelte mehr dem Bären aus meinen Träumen als irgendeinem wirklichen Tier. Schon bei seinem Anblick wurde mein Mund ganz trocken, und ich wollte aufwachen, damit er verschwand, aber ich war schon wach, und dieser riesige alte Bär blieb, wo er war.

Papa kam, vorsichtig einen Fuß hinter den anderen setzend, zu mir zurück und flüsterte: »Ich schleich mich von der anderen Seite an. Er weiß noch nicht, dass wir hier sind, und da vom See her ein leichter Wind weht, wittert er uns vielleicht erst, wenn ich nah genug dran bin. Du sollst den ersten Schuss kriegen, Baron. Das hier hat 'ne echte Stoppwirkung.« Er zeigte auf mein Gewehr.

Ich wollte ihm die Büchse zurückgeben, aber stattdessen nickte ich bloß. Ich bin mir nicht sicher, ob ich überhaupt irgendetwas hätte sagen können, so wie mir die Zunge am Gaumen klebte. Einen Augenblick lang beobachteten wir den Bären, und dann fragte ich Papa, um sicherzugehen, dass ich auch alles richtig verstanden hatte: »Ich warte also fünf Minuten, und dann geh ich in Stellung, so dass ich einen sauberen Schuss anbringen kann? Ist er an dem Köderhaufen?«

Papa nickte. »Hab's nicht zu eilig, warte lieber volle zehn Minuten. Das ist ein sehr großer Bär, und er ist schlau. Wir können uns keinen Fehler leisten.« Und dann zog er los und war schon bald außer Sichtweite.

Sie haben mich gefragt, wann ich anfing zu glauben, dass mein Bruder mir jederzeit die Haut retten könne; wahrscheinlich hab ich es an dem Tag gedacht, denn sonst hätte ich wohl den Schwanz eingezogen und wäre abgehauen, zurück zu unserer Hütte. Diese paar Minuten, die ich da allein dastand und darauf wartete, dass Papa seine Stellung bezog, kamen mir länger vor als ein Wochenende in New York. Ich hielt den Blick auf die Stelle gerichtet, wo, wie ich wusste, der Bär war, und hörte das Klopfen meines Herzens, und ich glaube, der einzige Grund, warum ich dablieb, war, dass Papa es von mir erwartete und dass ich wusste, dass er da war, wenn irgendetwas schief ging.

Und so atmete ich, nachdem genügend Zeit verstrichen zu sein schien, einmal tief durch, wischte mir die schweißigen Hände an der Hose ab und stieg zum Bach hinunter. Dabei löste sich jedoch das Gestein unter meinem Fuß. Ich schlitterte zum Bachufer hinab.

Ich kauerte mich an den Rand des Baches und spürte, wie mir Wasser in den einen Stiefel hineinrann. Ich hatte nicht den Eindruck, als säße ich ernsthaft in der Patsche. Mein Sturz schien mir jetzt sogar eine glückliche Fügung gewesen zu sein. Ich hatte mehr Deckung als Papa, der sich auf die andere Seite hinüberarbeitete. Wenn er in Position gegangen war, würde er mir ein Signal geben und wir würden unserem bedauernswerten Bären auf den Leib rücken. Dann sah ich die schwarze massige Gestalt ganz deutlich in dem Erlendickicht knapp fünfzig Meter vor mir. Ein klein wenig näher, und ich würde einen sauberen Schuss abgeben können.

Mein Blick wanderte zum Büchsenlauf hinunter. An den vorderen sieben bis acht Zentimetern klebte Schlamm. Mein Herz hämmerte. Wenn meine Vermutung zutraf, dann würde ich die Tatsache, dass ich an diesem Bachrand gerade den Halt verloren hatte, wahrscheinlich mit dem Leben bezahlen.

Papa war zu weit weg, als dass ich ihm ein Signal hätte geben können, ohne den Bären auf uns beide aufmerksam zu machen. Er würde vermutlich verdammt wütend werden, wenn er meine Büchse sah.

Wenn uns unser Vater irgendetwas eingebläut hatte, dann, gut auf unsere Jagdgewehre Acht zu geben.

Ich zog die Springfield mit der rechten Hand hoch und wischte mit der linken die Mündung ab. Mit der sauberen Hand stellte ich die Büchse hochkant, um absolut sicher zu sein. Dort, wo ein Loch mit einem Kaliber von siebeneinhalb Millimetern hätte sein sollen, verstopfte ein Schlammpfropfen den Lauf. Teufel auch, dachte ich. Wir sind so gut wie tot.

Ich stand ohne jede Waffe da. Völlig hilflos. Wenn ich die Büchse, ohne den Schlamm herauszuholen, abgefeuert hätte, wäre sie explodiert. Ich hatte kein Messer bei mir, und Papas würde mir nichts helfen. Und weniger als fünfzig Meter entfernt zerrte der alte Moccasin Joe, dieser massive Schwarzbär, an unserem Köder. Mit meiner schlammverstopften Büchse kam ich mir so hilflos vor wie ein gefangenes Tier.

In wenigen Minuten würde Papa sich dem Bären so weit genähert haben, dass dieser ihn riechen könnte. Dann würde der alte Knabe wahrscheinlich vor ihm zurückweichen und auf mich zukommen. Gemeinsam wären wir ihm ebenbürtig gewesen. Papa hätte sich mit dem Schießen zurückgehalten und mir Rückendeckung gegeben. So hatte er es jedenfalls erklärt, und wenn man ihn kannte, dann wusste man, dass man das tun musste, was Papa einem sagte.

Warum hatte er mir den ersten Schuss zugestanden? Vielleicht, um zu sehen, ob sein kleiner Bruder die Nerven für so etwas hatte – um zu sehen, was ich machen würde, wenn der Bär mich angriff. Natürlich hatte er alles noch spannender gemacht, als er mich warnte: »Der alte Joe da hat das Zeug, Hackfleisch aus uns beiden zu machen. Schieß also nicht daneben, Baron!«

Und jetzt musste ich, verdammt noch mal, den Schlamm aus meiner Büchse herausholen, wenn ich mich jemals wieder an einem Lagerfeuer wärmen, geschweige denn bei Papa gut angeschrieben bleiben wollte. Was an sich schon kein kleines Kunststück war. Wenn ich nur einen Putzstock hätte. Ich hatte aber keinen. Und es stand auch kein junger Baum in der Nähe, an den ich mit dem Büchsenlauf herangekommen wäre. Wo der Bär war, da standen lauter Erlen, aber ich wollte verflucht sein, wenn ich mit einer nutzlosen Büchse in der Hand zu dem Bären hinging und ihm eins über den Kopf gab.

Vorsichtig, den Blick auf den Bären gerichtet, kauerte ich mich noch tiefer. Ich hatte eine einzige, geringe Chance – besser, aber nicht sehr viel besser, als überhaupt nichts zu tun. Langsam, ganz langsam klappte ich den Verschluss hoch und zog ihn zurück. Man hörte ein leichtes Knacken, als der Verschluss zurückkam und die Patrone aus der Kammer auswarf. Ich fing sie mit der Hand auf und steckte sie in die Tasche. Ich hörte, wie sie dabei gegen irgendetwas stieß. Mit beiden Händen hielt ich das Gewehr mehr oder weniger im Gleichgewicht, hob es hoch und versuchte, durch den Lauf zu blasen. Aber ich bekam nur einen öligen Geschmack im Mund. Der Schlamm ließ sich nicht hinauspusten, und damit war der Fall erledigt.

Ich versuchte, die Büchse zu schütteln, wobei ich den Verschluss immer noch offen ließ. Nichts. Ich nahm eine leichte Bewegung wahr und blickte zu dem Bären hin. Vielleicht witterte er Papa schon. Mir blieben nur noch wenige Augenblicke, bevor ich dieses Gewehr brauchte, um mein Leben zu retten, und hier lag es, völlig unbrauchbar, in meiner Hand.

Ihr dürft nicht vergessen, dass ich erst zwölf Jahre alt war. Mein Puls raste. Ich sah auf meine Büchse hinunter, und dann funkte es auf einmal. Plötzlich wusste ich, was ich einen Augenblick zuvor mit den Fingern in meiner Jackentasche berührt hatte. Eine .22er Long-Rifle-Patrone, ein einziger Schuss für die Pistole, die bei uns in der Hütte lag. Aber dieses eine kleine Geschoss könnte mir doch noch das Leben retten.

Ich legte die Büchse vor mir auf den trockenen Boden. Meine Finger fischten eilig nach der kleinen Patrone und fanden sie auch. Mit der anderen Hand suchte ich in der Gesäßtasche nach dem Stück Angelschnur, das ich immer bei mir hatte, um Köder an die Auslöserpfannen unserer stählernen Fallen zu binden.

Vor lauter Eifer plötzlich ganz unbeholfen, fummelte ich an der Angelschnur herum, bis ich ungefähr einen Meter herausgezogen hatte. Dann machte ich ganz am Ende einen Laufknoten und legte die Schlaufe über die .22er Patrone. Ich zog sie fest und hob sie hoch. Es würde klappen – wenn die Zeit reichte.

Vorsichtig nahm ich die Büchse wieder in die Hand, hielt sie mit der Mündung nach unten und schob die kleine Patrone behutsam in die Kammer. Einen Moment lang drehte sie sich seitwärts, und ich musste die Schnur leicht hin- und herbewegen, damit sie in die richtige Lage kam. Ich hatte Angst, dass die Schnur zu dick sein und die Patrone plötzlich feststecken würde. Schweißtropfen liefen mir übers Gesicht. Dann glitt die Patrone in den Lauf und rührte sich nicht mehr.

Noch einmal zog ich an der Angelschnur. Diesmal kam sie fast ganz heraus. Dann ließ ich sie los, und die Patrone sauste mit einem leisen Plumps hinunter. Ich hielt das Gewehr hoch und besah mir die Mündung. Der Schlammpfropfen schaute gut fünf Millimeter heraus; ein guter Anfang. Noch ein paarmal, und ich würde –

Ka-raaaak! Das war Papas .30–30. Dort, wo der Bär gewesen war, konnte ich keine Bewegung ausmachen, weshalb ich die Schnur noch einmal hochzog und dann wieder losließ. Plopp! machte die kleine Patrone, als sie auf den Schlammpfropfen traf. Noch einmal zog ich die Schnur hoch und ließ los. Und noch einmal. Jetzt war der Pfropfen schon fast drei Zentimeter weit draußen.

Ich wollte ihn gerade packen, weil ich hoffte, dass dann das ganze Ding herauskommen würde, als das Murmeln des Baches von einem Krachen und Knacken übertönt wurde. Ich blickte auf und sah Papa aus der Deckung hervorbrechen und rennen, wie ich ihn schon seit Jahren nicht mehr hatte rennen sehen.

Wie wild zog ich die Schnur wieder hoch und ließ sie los, einmal, zweimal –

Dann brach auch der Bär, Papa dicht auf den Fersen, durchs Unterholz. Papa kam in meine Richtung gelaufen, bis er rund zwanzig Meter von mir entfernt war. Dann sah er meinen gequälten Gesichtsausdruck und die alberne Art und Weise, wie ich die Büchse hielt, den Kolben in Richtung Himmel, den Verschluss geöffnet. Er schwenkte um und rannte auf die Kiefern zu meiner Linken zu.

Der Bär schien mich nicht zu bemerken. Er war hinter Papa her, allerdings doppelt so schnell. Als Papa die ersten Bäume erreicht hatte, war der Bär nur noch ein Paar Sätze hinter ihm. Ich war so wütend und frustriert wie eine Biene, die ihren Stachel verloren hat.

Ich packte den Schlammpfropfen, und dann hatte ich ihn in der Hand, doch es steckte noch mehr im Lauf.

Wie ein Engel, der Harfe mit nur einer Saite spielt, zupfte ich an der Angelschnur und hörte wiederholt das leise Ploppen im Lauf.

Papa wirbelte um den Stamm der ersten kräftigen Kiefer, in der einen Hand noch immer seine Büchse. Ich konnte sehen, dass der Unterhebel halb offen stand. Der Bär folgte ihm knurrend und mit den Tatzen nach ihm schlagend.

Ich kletterte aus dem Moor heraus auf trockenen Boden, entschlossen, alles in meiner Macht Stehende zu tun, selbst wenn das bedeutete, dem Bär mit meiner einzigen Waffe eins überzuziehen. Genau in dem Augenblick kam die kleine .22er Patrone unten heraus. Der Lauf war frei!

Als Papa das zweite Mal um die Kiefern herumkam, sah ich, dass er nur noch einen ganz knappen Vorsprung vor dem Bären hatte und mit einem Höllentempo angeflitzt kam. Als er an mir vorbeirannte, brüllte er nur ein Wort: »Schieß!«

Ich zog die Angelschnur ganz heraus, knallte eine Patrone hinein und machte den Verschluss zu. Dann riss ich die Büchse hoch, zielte auf den alten Bären, der Papa immer noch nachsetzte, und drückte ab. *Bumm!*

Der Bär richtete sich jäh auf, und ich sah, dass ich ihn an der Schulter getroffen hatte. Er war jetzt nur noch zwanzig Meter von mir entfernt und kam schnell näher. Ich hatte keine Zeit nachzuladen. Ich ließ die Büchse fallen und rannte zu den Kiefern.

Ich sauste um die erste Baumgruppe herum, und dabei blieb ich dann mit dem Fuß an einer Wurzel hängen und fiel der Länge nach hin. Jetzt war alles aus; ich wusste, dass mein Leben vorbei war. Erst zwölf Jahre alt, und schon alles zu Ende – bevor es überhaupt angefangen hatte. Für den Bruchteil einer Sekunde hatte ich Zeit, mich so richtig selbst zu bemitleiden. Dann blickte ich auf und vergaß alles bis auf diesen Bären. Der alte Joe stellte sich schnaufend und knurrend auf die Hinterbeine und überlegte sich seinen nächsten Zug. Zu meinem Glück gab es für ihn allerdings keinen nächsten Zug mehr.

Bumm!, hörte ich meine Büchse noch einmal losfeuern, und Joes Kopf erzitterte. Seine rechte Schläfe verfärbte sich rot. Er drehte sich in die Richtung um, aus der der Schuss gekommen war. Dort stand Papa auf der Lichtung. Einen Augenblick lang starrte der alte Bär Papa quer über die Lichtung hinweg an. Dann stieß er ein lautes Grunzen aus und brach anderthalb Meter vor mir zusammen.

Papa kam zu mir herübergerannt, streckte eine Hand aus, und dann stand ich wieder auf den Beinen. »Was hältst du davon, wenn wir so was *nie* mehr machen?«, sagte er.

»Abgemacht«, antwortete ich, und wir bekräftigten unseren Beschluss mit einem Handschlag. Wir standen beide da und blickten auf den riesigen alten Bären hinab, der uns fast zum Abendessen verspeist hätte. Papa kniete sich neben ihn und bewunderte seine Größe und seine Schönheit.

»Ein teuflischer Bär, an dem du deine Unschuld verloren hast.« Er lachte.

»Jawoll.« Ich spürte, wie trocken mein Hals war, und schluckte ein paarmal. Ich stand da und blickte den alten Joe voller Erleichterung und gleichzeitig voller Trauer an. Es tat mir Leid, dass er ein solches Ende gefunden hatte. Jetzt war er nur noch ein großer, in der Herbstluft dampfender Pelzhaufen.

Ich stieß mit dem Fuß gegen die Vordertatze; zu meiner Erleichterung bewegte der Bär sich nicht. Irgendwo über mir hörte ich den Ruf eines Blauhähers.

»Warum ...«, begann ich, »warum hast du den ersten Schuss abgefeuert?«

»Joe hat mich gesehen«, antwortete Papa. Er fuhr dem Bären am Hals mit den Fingern durch den Pelz. »Er kam auf mich zu, und ich habe ihn irgendwo in der Brust getroffen, aber er blieb nicht stehen. Ich hatte vergessen, den Finger auf den verdammten Auszieher zu legen, deshalb funktionierte es nicht.« Er schob dem Bären die Lippen über das Zahnfleisch zurück, und ich konnte seine fünf Zentimeter langen weißen Zähne sehen. »Verdammt, was für ein herrliches Tier. Hey ...« Er wandte sich um und sah zu mir auf. »Was war denn eigentlich mit dir los? Worauf hast du denn gewartet? Auf 'ne Einladung?«

»Nee.« Ich lächelte. »Ich bin ausgerutscht, und dann steckte mein Lauf voller Schlamm. Aber ich hab ihn grad noch rechtzeitig frei gekriegt.«

»Ein paar Minuten früher wäre besser gewesen«, erwiderte mein Bruder. »Aber wenigstens bist du nicht in Panik geraten.« Papa stand auf und sah auf meine Schultern hinunter. »Womit hast ihn denn frei bekommen?«

Ich zog die .22er Patrone, die noch immer an der Angelschnur hing, aus der Tasche und reichte sie Papa. Während er sie sich ansah, zog er eine Augenbraue eigenartig in die Höhe.

»Wenn ich gewusst hätte, dass das alles war, was du hattest – mein Gott, Baron, da hättest du uns leicht beide auf dem Gewissen haben können. Gut, dass dir das alte Hemingstein'sche Glück hold war.« Papa gab mir die Patrone zurück. »Heb sie dir auf. Vielleicht erinnert sie dich später mal daran, dass Glück und Pech dicht beieinander liegen.«

Wir brauchten den ganzen Tag, um diesen alten Bären zu häuten. Ich glaube, das Fell hat Papa einem seiner Freunde oben in Horton Bay geschenkt. Wer weiß, vielleicht hat der es immer noch.

Vierzehn

»Ach du lieber Himmel, wenn das meine erste Jagd gewesen wäre, dann wäre es sicher auch meine letzte gewesen«, lachte der Professor.

»Aber für Papa und Les war's nicht die letzte«, wieherte Willeford.

»Hmmm – was war denn die letzte?«, fragte der Professor. Man konnte Tannennadeln knistern hören, und ich stellte mir dazu vor, wie mein Vater Holz nachlegte. »Oh, etwas wirklich Ungewöhnliches«, kicherte Willeford. »Das würden Sie in einer Million Jahren nicht erraten.«

»Also, nach all dem, was ich heute Abend gehört habe, fällt es mir schwer, mir ein Tier vorzustellen, das Les für ›ungewöhnlich‹ halten würde.«

»Na, es war ja überhaupt kein Tier«, sagte meine Mutter. »Es waren Nazi-U-Boote.« Und ich hörte, wie sie ihr Glas schwenkte, so dass die Eiswürfel klapperten.

»U-Boote. O ja, von Papas kleiner ›Gaunerfabrik‹ in Kuba habe ich gehört. Ein handverlesener Spionagering, den er gegen die Nazis einsetzte. Sehr romantisch und aufregend. Obwohl Martha Gellhorn«, meinte der Professor verschmitzt, »Papas Versuche, ein U-Boot zu kapern, nur für einen Vorwand dafür hielt, mehr von dem rationierten Dieselöl für seine täglichen Angelausflüge zu bekommen.«

»Nein, Professor«, knurrte mein Vater schließlich. »Ernesto hatte gute Gründe zu vermuten, dass sich im karibischen Meer Nazi-U-Boote aufhielten. Das weiß ich, weil ich es war, der ihm die Beweise geliefert hat.«

»Beweise?«, fragte der Professor.

»Fotos, Karten mit ihren Standorten. Es gab sie wirklich.«

»Das ist doch wohl ein schlechter Scherz? Die Idee, Nazi-U-Boote zu jagen, hatte er von Ihnen?«

»Ich hab nur gesagt, ich habe ihm die Beweise geliefert.«

»Also, wie haben Sie – ich meine, hätte da nicht jemand, äh …?«

»Herrgott noch mal, hören Sie doch einfach zu«, warf Willeford ein.

ES WAR IM JANUAR 1940. Es kursierten Gerüchte über deutsche Unterseeboote zwischen Key West und Kuba. Präsident Roosevelt verkündete, dass ein nicht identifiziertes U-Boot vor Miami gesichtet worden sei; Zeitungsberichte aus Trinidad sprachen von einem deutschen Mutterschiff und drei U-Booten, und an verschiedenen Stellen im Golf waren fünf weitere U-Boote gesehen worden. Amerika befand sich zu diesem Zeitpunkt jedoch nicht im Krieg, und so verfuhr man nach dem Motto »Wir sehen nichts Böses, wir sprechen nichts Böses«. Außerdem muss man auch noch bedenken, dass sich viele Amerikaner noch nicht entschieden hatten, was sie von diesem Krieg halten sollten. Die meisten meinten, das ginge sie alles nichts an.

Nicht so Papa. In Spanien hatte er mit eigenen Augen gesehen, wozu die Deutschen in der Lage waren, und er wollte alles in seiner Macht Stehende tun, um verdammt noch mal sicherzustellen, dass sie das Gleiche nicht auch Amerika antaten. Und so schenkte er diesen Berichten Glauben, trotz Amerikas Neutralität und den ganzen deutschen Beteuerungen, diese zu respektieren. Er wusste, dass die Nazis in unseren Küstengewässern irgendetwas im Schilde führten. Aber er wusste auch, dass Washington ohne irgendeinen verdammt überzeugenden Beweis nichts unternehmen würde.

Und Papa war nicht der Einzige, der so dachte. Er stellte mich einem Engländer namens Tony Jenkinson vor. Tony war Korrespondent für den Londoner *Daily Express*. Er schien Geld zu haben und hatte sogar irgendeinen Titel, den er aber nicht oft benutzte. Die britische Marineaufklärung hatte ihm einen Auftrag gegeben, und er brauchte einen Partner, der segeln konnte und Lust auf ein Abenteuer hatte.

Für mich klang das damals zu gut, um wahr zu sein. Nachdem Papa uns zusammengebracht hatte, sprach ich ein paarmal mit Tony; wir verstanden uns prima, und so dauerte es nicht allzu lange, bis ich mich auch schon nach einem Boot umsah – eine meiner Lieblingsbeschäftigungen. Wir fanden einen wunderschönen Zwölftonner, den Schoner *Blue Stream*, rüsteten ihn aus und fuhren los.

Wir waren uns alle ziemlich sicher, dass sich in der Gegend wirklich Nazi-U-Boote aufhielten, aber eins zu finden würde nicht einfach sein, und an Beweise zu kommen würde noch schwieriger sein. Tony und ich heckten einen Plan aus, den wir für durchführbar hielten. Ein Unterseeboot konnte damals nicht sehr weit fahren, ohne Treibstoff, Wasser, Nahrung und so weiter an Bord zu nehmen. Statt zu versuchen, die U-Boote zu finden, würden wir versuchen, die Nachschubbasen ausfindig zu machen. Die würden sich an Land statt unter Wasser befinden und auch nicht ständig den Ort wechseln, weshalb wir uns dachten, dass sie sehr viel einfacher zu finden sein müssten.

Wir kreuzten drei Monate lang in den wenig erforschten Gewässern der westlichen Karibik. Und fanden nicht nur Spuren eines gut organisierten Nazi-Auftanksystems für Unterseeboote, sondern sahen vor der Küste Mittelamerikas und auf abgelegenen Inseln entlang der mexikanischen Küste sogar Vorbereitungen für einen deutschen Seekrieg. Überall entdeckten wir Naziagenten und Nazipropaganda, und riesige Vorräte an Dieselöl.

Das bedeutete nun eindeutig Krieg, ob die USA jetzt offiziell daran teilnahmen oder nicht, und wir wussten bereits damals, dass die Nazis sich nicht an die Regeln des Marquis of Queensberry hielten. Sie waren dabei, ein völlig neues Regelwerk für den Krieg zu schreiben, und eine der ersten Regeln lautete: »Erst schießen, dann fragen.« Wie haben wir es also geschafft, am Leben zu bleiben? Nicht, indem wir uns bis an die Zähne bewaffneten – ganz im Gegenteil. Wir taten verdammt noch mal unser Möglichstes, um unschuldig auszusehen – und das bedeutete, keine Waffen und kein Abweichen vom Kurs.

Wir planten unsere Route äußerst sorgfältig und hielten uns strikt an alle Regeln. Nach internationalem Recht müssen alle Schiffe ihren erklärten Zielhafen ohne irgendwelche Zwischenaufenthalte anlaufen. Aber wir kannten eine Lücke in diesem Gesetz, und die bestand darin, eine Menge Alkohol an Bord zu haben, um sich damit bei Hafenbeamten den Weg zu ebnen, und immer eine »Seenot-

Ausrede« bereitzuhaben. Wir bauten unter dem Motor versteckte Tanks ein, in die sich unser gesamtes Frischwasser pumpen ließ. In einen der Zylinder eines Hilfsmotors trieben wir einen Mahagoniblock. Wenn nötig, war uns dann immer gerade das Wasser ausgegangen oder wir hatten einen Motorschaden.

Die erste Etappe unserer Fahrt war ein Kinderspiel. Die *Blue Stream* lag so ruhig im Wasser, wie man es sich nur wünschen konnte, und wir machten regelrecht Ferien. An einer Seite hatten wir eine Schleppangel befestigt, und zwei Tage nach dem Auslaufen zog Tony eine Hälfte des größten Wahoos an Bord, den ich je gesehen habe. Die andere Hälfte wurde von einem riesigen Hammerhai verschlungen, der aus der Tiefe heraufkam, den Fisch wie mit einem Rasiermesser durchtrennte und wieder verschwand. Da haben wir es uns dann doch noch mal überlegt, ob wir uns wirklich an einem Seil hinter dem Boot herziehen lassen wollten, was wir bis dahin getan hatten, aus Spaß und um uns den Schweiß abzuwaschen.

In der Meerenge von Yucatán gerieten wir in einen Nordwind. Diese Stürme bedeuten immer Ärger. Sie entwickeln sich schnell, blasen äußerst kräftig und können Tage dauern. Einen Tag und eine Nacht liefen wir vor dem Sturm. Er peitschte ein paar enorme Wellen um uns herum auf, und die *Blue Stream* kletterte jede dieser riesigen Wellen empor und durchschnitt die schäumenden Kämme, so wie eine heiße Messerklinge durch Sahne schneidet. Sie war ein herrliches Boot und verhalf uns zu ein paar wunderbaren Segelabenteuern in stürmischer See.

Bevor ich wusste, was ich tat, hatte ich den Arm ausgestreckt und die Kassette angehalten. Jeff sah mich mit einem besorgten Stirnrunzeln an. »Was ist denn?«, fragte er.

»Nichts«, sagte ich. »Dieser Teil der Kassette. Der hat mich gerade an was erinnert.«

»An was Gutes?«, fragte Jeff.

»Ja. Ich glaub schon.«

»Mommy«, unterbrach Bear uns. »Ist ein Nordwind so was wie 'n Hurrikan?«

»Ja, das ist ein großer Sturm, so wie ein Hurrikan. Mit großen Wellen und starken Winden.«

»Warum hat denn Opa dann keine Angst gehabt? Er war mitten in einem Hurrikan, und es hört sich an, als wenn's ihm sogar Spaß gemacht hat.«

Ich lächelte sie an, während lauter Erinnerungen über mich hinwegspülten. »Es hat ihm auch Spaß gemacht, mein Schatz«, sagte ich. »Dein Opa liebte Abenteuer, er liebte das Segeln, und er kannte sich mit Booten aus. Er wusste, dass ihm nichts passieren würde, solange er ein gutes Boot unter den Füßen hatte.«

»Und daran musstest du dabei denken«, sagte Jeff.

Ich drückte seine Hand. »Ja«, sagte ich. »Daran musste ich denken.«

Und das stimmte. Ich musste daran denken, wie ich mit Dad in einem ähnlichen Sturm gewesen war, zwischen Miami und Bimini. Die Wellen waren höher als der Masttopp, und jedes Mal, wenn wir von einer neuen Bö erfasst wurden und eine große Welle sich über uns brach, lachte er. Als er gegen diesen Sturm anlachte, wirkte er lebendiger, als ich ihn je zuvor erlebt hatte. Ich war damals dreizehn, und irgendwann sagte ich dann: »Daddy, wird uns auch nichts passieren?« Da lachte er sogar noch lauter und nahm mich in die Arme. »Keine Bange, meine Kleine«, sagte er.

Das habe ich nie vergessen: »Keine Bange.« Immer, wenn bei mir irgendetwas schief lief, ist das mein Mantra gewesen. Dann dachte ich daran, wie ich zusammen mit meinem Vater in diesem kleinen Segelboot den Sturm überstanden hatte, und alles andere kam mir längst nicht mehr so schlimm vor. Und außerdem wurde mir klar, dass ich gelernt hatte, an allem, was das Leben mir bescherte, Freude zu haben – »Keine Bange«. Immer lächeln. Lerne, das Leben zu lieben. Egal was passiert, am besten, du hast Spaß daran, denn das Leben beschert dir Gutes und Schlechtes, und das Einzige, was du selbst entscheiden kannst, ist, in welchem Licht du es siehst.

So war Dad.

Das war ein weiteres kleines Teil des Puzzles. Denn so war Dad wirklich – der große, lachende Mann voller Herzensfreude, egal, was ihm das Leben bescheren mochte. Ein Mann, der mit beiden Füßen fest auf dem Deck dem Sturm ins Auge blickte.

Für so einen Mann konnte ein Leben im Rollstuhl nie und nimmer in Betracht kommen. Der Verlust beider Beine hätte ihn zu einem anderen Menschen gemacht, einem Menschen, der er nicht war. Das wäre ein endgültigerer und schmerzhafterer Tod gewesen als der, den er dann wählte, denn er hätte den Menschen, der er war, in seinem Wesen gemindert und jemanden aus ihm gemacht, der bloß noch vor sich hin vegetierte.

Ich drückte die Play-Taste und lauschte, als Dads Stimme aufs Neue erklang.

❧ NACH FAST ZWEI Tagen ließ der Sturm noch immer nicht nach, und wir begannen Wasser zu übernehmen. Wir hatten bereits ein Segel verloren – es war von dem starken Wind heruntergerissen worden – und wären fast quer geschlagen und untergegangen, bevor es mir gelang, ein kleines Sturmstagsegel zu setzen. Und dieser verfluchte Nordwind machte keine Anstalten, sich zu legen. Wir mussten unser Boot unbedingt irgendwo aus dem Wind herausbekommen. Am zweiten Morgen sichteten wir dann die Insel Mujeres.

Wir segelten bis auf ihre windabgekehrte Seite herum, heraus aus dem schlimmsten Sturm, und warfen den Anker aus – um dann festzustellen, dass es an diesem unserem Zufluchtsort einen kleinen mexikanischen Marinestützpunkt gab, mit vierzig Mann und einem Kanonenboot.

Wir gingen an Land und stellten uns vor. Man war höflich und ließ uns wissen, dass wir natürlich dableiben könnten, bis sich der Sturm gelegt hatte. Daraufhin machten wir dem Kommandanten, einem adretten kleinen Mann in einer maßgeschneiderten Uniform, unsere Aufwartung.

Da es in Mexiko bestimmte Verhaltensregeln gibt, gingen wir nicht mit leeren Händen an Land. Und man nahm auch nicht nur unsere Geschenke in Empfang und schickte uns wieder an Bord. Nachdem wir dem Kommandanten Alkohol, Geld und ein Hemd aus Hawaii überreicht hatten, machte er mit uns einen Rundgang über die Insel. Er hatte uns schon ein paarmal abschätzend gemustert, und mir war klar, dass er uns etwas sagen wollte, aber dann führte er uns einfach durch seinen kleinen Stützpunkt und zeigte uns die Sehenswürdigkeiten: den großen neuen Kai, die Kaserne, den Funkturm. Als wir uns das Kraftwerk mit seinem riesigen Dieselaggregat ansahen, meinte der Kommandant schließlich: »Das ist ein deutsches Fabrikat. Deren Erzeugnisse sind stets die besten. Qualitätsmäßig hoch überlegen, in jeder Hinsicht. Deutschland wird den Krieg natürlich gewinnen.«

Wie er das sagte und uns dann ansah, da wusste ich, was los war. Er sagte es, um unsere Reaktion zu sehen. Tony bedeutete mir, nicht zu widersprechen – was ich allerdings ohnehin nicht getan hätte. Ich war der Gast des Kommandanten, und wenn der hätte ungemütlich werden wollen, dann hätte er uns gut und gerne in den Bunker werfen und unser Boot beschlagnahmen lassen können. Und außerdem waren wir Spione. Es war mir klar, dass es eine der Voraussetzungen für diesen Job war, zu wissen, wann man den Mund zu halten hatte.

Und so nickten wir bloß und stimmten ihm zu, dass das ein wunderbares Kraftwerk sei, und er schien zufrieden zu sein. Das war meine erste Kostprobe davon, was es bedeutete, in einem fremden Land als Spion unterwegs zu sein.

Dass der Kommandant eines so abgelegenen Stützpunktes derart offen mit den Nazis sympathisierte, war indessen genau das, wonach wir gesucht hatten. Ein solcher Mann in dieser Position würde die Insel zu einem idealen Ort für ein Treibstofflager für U-Boote machen, und Tony war sich sicher, dass dort auch irgendwo eines war.

Um diesen Verdacht zu untermauern, ruderten wir später am Abend um die ganze Insel herum, vermaßen die Wassertiefe und machten uns Notizen. Als wir das Blei in fast völliger Dunkelheit über den Rand des Ruderbootes hinunterließen, entdeckten wir gleich vor der Küste eine Stelle, die bis zu einer Tiefe von elf

Metern ausgebaggert worden war. Tony wusste, dass die größten deutschen U-Boote zum Anlegen neun Meter Wassertiefe benötigten. Wir folgten der Fahrrinne und fanden heraus, dass sie in das tiefe Wasser der Meerenge hinausführte. In der anderen Richtung führte sie zu einem direkt am Ufer gelegenen neuen Gebäude, einer Art Lagerhaus aus Beton.

Nun hielt sich freilich außer der mexikanischen Marine kein Mensch auf der Insel auf. Das Festland war kilometerweit entfernt. Und trotzdem war das Gebäude wie ein Bunker gebaut und fest verschlossen mit den besten Schlössern, die man bekommen konnte – mit Schlössern aus Deutschland, ganz wie das Kraftwerk.

»Ich hab da so was in der Harnflüssigkeit, Les«, sagte Tony. »Sollen wir mal nachsehen?«

Ich gebe zu, dass ich nervös war. Wenn man beim Spionieren erwischt wurde, dann passierte überall dasselbe: Man bekam eine Kugel in den Kopf. Aber wir waren ja schließlich zum Spionieren hergekommen. Der Marinestützpunkt lag auf der entgegengesetzten Seite der Insel, und wenn ein U-Boot käme, dann würden wir sicher irgendetwas hören oder sehen. Deshalb sagte ich zu ihm: »Frisch zu, MacDuff«, und er verblüffte mich damit, dass er einen Dietrich aus der Tasche zog. Ich hielt Wache, während er an dem Schloss herumfummelte, und nur ein paar Minuten später hatte er die Tür auch schon offen.

»Wie sagt ihr Kolonisten so gerne?«, fragte Tony mich. »Bongo?«

Ich drehte mich um und blickte hinein. »Bingo«, sagte ich. »Ein Fünfsterne-Bingo, Tony.«

Im Schein seiner kleinen Taschenlampe, die er beharrlich eine »Fackel« nannte, zählten wir siebenhundert Tonnen Dieselöl. Das waren hundertdreißigtausend Liter, genug, um mit einem Unterseeboot zweimal um das karibische Meer herumzufahren.

»Damit könnte man ein Kraftwerk aber furchtbar lange betreiben«, sagte ich. »Besonders ein effizientes deutsches Kraftwerk.«

»Allerdings«, stimmte er mir zu. Wir waren gleich beim ersten Mal fündig geworden. Das stand außer Frage. Wenn man zusätzlich zu den siebenhundert Fässern Dieselöl die frisch ausgebaggerte Fahrrinne und den nazifreundlichen Kommandanten in Betracht zog, dann konnte das Dieselöl nur aus einem Grund dort sein – und sicher nicht für das kleine Kanonenboot.

Im Schein von Tonys »Fackel« machte ich so viele Aufnahmen, wie ich konnte, und fotografierte das Schloss und den Bunker, von außen und von innen, und dann ruderten wir zur *Blue Stream* zurück. Da wir gewusst hatten, dass wir Fotos machen würden, und ihretwegen nicht unbedingt eine Kugel in den Kopf bekommen wollten, hatten wir bereits ein Versteck vorbereitet. Ich legte den belichteten Film in einer Zigarrenschachtel unter die Bordtoilette. Das stellte sich als ziemlich gutes Versteck heraus. Obwohl wir auf dieser Fahrt zweimal durchsucht wurden, ist unser Schatz nie entdeckt worden.

Der Sturm legte sich früh am nächsten Morgen. Wir lichteten den Anker und fuhren wenige Stunden nach Tagesanbruch hinaus auf die offene See. Ich weiß noch, wie ich mit einem Becher Kaffee im Cockpit saß und zu dem mexikanischen Stützpunkt zurückblickte. Draußen am Pier waren ein paar Matrosen. Sie winkten uns zu, und wir winkten zurück. Dann hissten wir das Großsegel und fuhren in Richtung Süden.

Unsere nächste Station war Cozumel. Dort stießen wir auf einen weiteren jungen ehrgeizigen, tatendurstigen und äußerst nazifreundlich eingestellten Mexikaner. Sein Name war César Rivera. César arbeitete als Funker für eine amerikanische Obstgesellschaft. Er betrieb sein Funkgerät im Obergeschoss seiner Bar. Als wir die Bar betraten, hörten wir eine dröhnende metallische Stimme: »Hier spricht Berlin! Unsere siegreichen Truppen haben dem Feind heute erneut eine vernichtende Niederlage beigebracht.«

Nach ein paar Drinks ging ich zu César hinüber und fragte ihn: »Sie wollen also wirklich, dass Deutschland den Krieg gewinnt?«

»Natürlich«, antwortete er, »Großbritannien hat doch nie etwas für uns getan. Wenn Hitler gewinnt, dann schafft er Ordnung in der Welt.«

Widerspruch gegen seine Ansichten hätte zweifellos unsere Fahrt verkürzt. In einem Halfter am Gürtel trug César eine .45er.

Natürlich gab es damals so einige raue Gesellen in der Karibik – genau wie auch heute noch. Aber eine Pistole schien für den Funker einer Obstgesellschaft doch etwas übertrieben zu sein. Wenn man allerdings gleichzeitig ein Verbindungsglied in der deutschen Versorgungskette ist, den Nazis ein Kommunikationssystem zur Verfügung stellt und das ihrer Feinde blockiert – also, dann wird es langsam verständlich, dass man mit einer großen Pistole an der Hüfte durch die Gegend läuft.

Aber wir konnten das alles überhaupt nicht beweisen, es sei denn, wir würden ihn dabei erwischen, wie er gerade irgendwelche Informationen weitergab. Aber selbst wenn uns das gelang – seine Seite hatte alle Waffen. Wir hatten lediglich ein Segelboot und eine Kamera. Und so brachte ich ihn dazu, sich neben das Funkgerät zu stellen und zu lächeln, während ich ein Bild von ihm machte – ich erzählte ihm, es sei für einen Zeitschriftenartikel über einen Segeltörn entlang der mexikanischen Küste. Tatsächlich kam es in eine Akte, die Tony einreichte, als wir wieder zu Hause waren. Wir hatten zwar keinerlei Beweise dafür, dass César sich irgendetwas hatte zuschulden kommen lassen, zweifelten aber andererseits auch kaum daran.

Am nächsten Morgen fuhren Tony und ich wieder ab. Der Trick beim Spionieren besteht darin, ständig unterwegs zu sein. Und so fuhren wir fast direkt nach Süden, auf der Suche nach dem nächsten mutmaßlichen Verbindungsglied in der Nazikette.

Unser Gefühl sagte uns, dass sich irgendwo in der Nähe von Belize ein weiteres Treibstofflager für U-Boote befinden würde, aber auf unseren Karten konnten wir keinen potentiellen Standort entdecken. Und so markierten wir ein fünfhundert Quadratkilometer großes Gebiet und kämmten es systematisch durch. Bereits auf der zweiten Etappe unser Suche entdeckten wir eine kleine Insel, die sich für solch ein Lager perfekt zu eignen schien. Sie war auf keiner Karte verzeichnet, was für einen geheimen Stützpunkt natürlich ein echter Vorteil war. An der Leeküste war das Wasser sehr tief – ein weiterer Pluspunkt –, und so kamen wir zu der Ansicht, dass sie einen Besuch wert sei.

Als wir jedoch versuchten, unseren Anker in dem kleinen natürlichen Hafen auszuwerfen, stellte sich heraus, dass unsere »verlassene Insel« alles andere als verlassen war. Von uns aus vor dem Wind lag ein alter Stahltrawler vor Anker. Der Kapitän kam an Deck und starrte zu uns herüber. Er trug eine lädierte Kapitänsmütze und Sachen, die man eher auf der Brücke eines Trampschiffs erwarten würde, aber auch er hatte eine

Pistole, und die Art und Weise, wie er dastand und uns anstarrte, sah furchtbar militärisch aus.

»Das ist einer, oder ich bin ein Araber«, meinte Tony. Dann rief er »Hallo!« und winkte fröhlich.

Der Kapitän hielt davon nicht allzu viel. Er brüllte eine kurze, explosionsartige Antwort zurück, und zwar auf Deutsch: »Geh weg!«

Wie gesagt, wir hatten eine Reihe von wirklich guten Ausreden auf Lager. Wir wollten ihm erzählen, dass unser Motor kaputt war und wir frisches Wasser brauchten. Aber auf das, was er als Nächstes tat, waren wir nicht vorbereitet.

Während Tony ein paar Brocken absichtlich furchtbares Deutsch hinüberrief, holte der Kapitän den Anker ein und hielt direkt auf uns zu.

Wir lagen dort vor Anker, die Segel eingerollt, den Motor abgestellt. Wir hatten überhaupt keine Chance. Ich war mir sicher, dass er abdrehen und uns nur einen Schrecken einjagen würde, aber ich täuschte mich. Er zauderte keinen einzigen Augenblick und kam immer näher an uns heran. Ich kann mich noch daran erinnern, wie Tony brüllte: »Der rammt uns gleich«, und unser Boot mit furchtbarer Wucht getroffen wurde. Dann war alles aus. Zapfenstreich.

Als ich wieder zu mir kam, war in der Kajütenwand eine Delle, und zwar dort, wo ich mit dem Kopf gegen das Schott gestoßen war, und am Heck der *Blue Stream* befand sich eine noch viel größere. Tony hatte den Anker gelichtet, ein Segel gesetzt und uns in Sicherheit gebracht, bevor dieser verrückte Dreckskerl von einem Kraut umdrehen und uns noch einmal rammen konnte.

Wir fuhren ab, ohne je zu erfahren, was der Deutsche auf der Insel dort eigentlich verteidigte. Aber in unserem Bericht haben wir sie schon erwähnt, darauf könnt ihr Gift nehmen.

Danach segelten wir nach Bonacca, einer kleinen Insel vor Britisch Honduras. Wir hatten gehört, dass sie von Nachkommen britischer Seeräuber aus dem siebzehnten Jahrhundert bewohnt wurde. Stattdessen hörten wir in den Geschäften auf der Insel deutsche Musik, sahen in jedem Laden Nazi-Flugblätter – und spürten auf Seiten der Spanisch sprechenden Inselbewohner einen regelrechten Hass auf die Briten. Einer der Ladenbesitzer erzählte uns sogar, dass die Deutschen aus Honduras die große Nation machen würden, die zu sein es bestimmt war.

Bevor wir wieder abfuhren, sahen wir uns Bonaccas tiefen, geschützten Hafen noch etwas genauer an. Da konnte man einen halben Flottenverband stationieren, und er würde nie entdeckt werden. Und an einem Pier war ein deutsches Wasserflugzeug vertäut. Ich machte ein paar gute Fotos, und dann verkrümelten wir uns wieder, zurück zur *Blue Stream*.

Es hatte allerdings den Anschein, als hätten ein paar Leute von der Insel, während wir herumschnüffelten, unser Boot durchsucht. Wir hatten nichts Belastendes an Bord, zumindest nichts, was sie finden konnten. Ich stürzte sofort zu unserem Versteck unter der Bordtoilette, aber sie hatten es nicht entdeckt. Die Filmrollen lagen noch immer unberührt dort. Sorgfältig überprüften wir das ganze Boot, aber das Einzige, was fehlte, waren ein paar Flaschen Schnaps.

Wir segelten weiter nach Süden und entdeckten einen größeren Nazistützpunkt, als wir die Spitze Nicaraguas umrundet hatten; je weiter wir kamen, desto offensichtlicher wurde die ganze Sache. In der Nähe von mehreren Inseln der Gegend sahen wir Lastkähne, von denen aus Lagunen ausgebaggert wurden. Die Kerle, die auf diesen Lastkähnen arbeiteten, trugen sogar ihre deutschen Uniformen. Sie machten keinerlei Versuch, sich oder ihre Tätigkeit zu tarnen. Sie bauten deutsche Stützpunkte, und dank einer ziemlich guten Propaganda und einer Menge gut platzierter Geschenke, waren die Einheimischen im Großen und Ganzen auf ihrer Seite.

Später erzählte man uns dann, dass die Nazis Teile für vorgefertigte Unterseeboote herbeigeflogen hätten. Und auf der nächsten Insel erfuhren wir, dass ein britischer Schoner, die *Alston*, von einem Torpedo versenkt worden war. Die Briten befanden sich natürlich im Krieg mit Nazideutschland, während die USA noch neutral waren, weshalb ich mir um uns auch keine allzu großen Sorgen machte. Aber trotzdem – dass ein U-Boot auf ein hölzernes Segelboot schoss!

»Mein Gott, Tony«, sagte ich, als wir diese Geschichte hörten. »Da bin ich aber verdammt froh, dass wir unter amerikanischer Flagge fahren.«

»Ich zur Abwechslung aber auch«, meinte er. Und wir waren beide wirklich davon überzeugt, dass die amerikanische Flagge unsere Sicherheit garantierte. Aber Teufel noch mal, eins dürft ihr dabei nicht vergessen: Dies war der Krieg, der die Art, wie Krieg geführt wurde, für immer verändern sollte. Drüben in Europa ging es gerade erst so richtig los, und noch kam keiner darauf, das Ganze als Zweiten Weltkrieg zu bezeichnen. Deshalb hofften wir auch, dass uns nichts passieren würde. Wir waren nicht naiv – nur war das bis dahin die Regel gewesen, und wir wussten noch nicht, dass die Nazis sämtliche Spielregeln geändert hatten. Die scherten sich einen Dreck um eine neutrale Flagge, wie wir zu unserem Leidwesen schon sehr bald feststellen sollten.

Als Nächstes machten wir bei zwei Inseln vor der Mündung des Panamakanals Station. Die Leute dort hatten uns von einem großen deutschen Schiff erzählt, das angeblich zur Haifischjagd dort war. Es lag vor Anker, und wir sahen es uns genauer an. Die einzige Ausrüstung, die wir entdecken konnten, hatte mit Fischfang nichts zu tun. Das Schiff war für Echolotungen und Landvermessungen ausgerüstet, mit deren Hilfe die Gegend kartografisch genauer erfasst werden konnte.

Vor Costa Rica fanden wir dann schließlich, wonach wir gesucht hatten. An der Leeküste einer der äußeren Inseln entdeckten wir dort nicht nur ein, sondern gleich zwei deutsche U-Boote, die am Ende eines langen Kais vertäut lagen. Es waren riesige, hochseetüchtige Boote mit je einem zweistöckigen Kommandoturm. Neben der *Blue Stream* wirkten sie so groß wie Schlachtschiffe. Unter Motorkraft passierten wir sie in einem Abstand von rund hundert Metern. Tony winkte, während ich unter Deck ihren Standort auf der Karte einzeichnete und durch ein Bullauge hindurch Fotos machte. Wir versuchten, so gut es ging, unbeteiligt auszusehen, wie Einheimische. Es muss funktioniert haben, denn sie nahmen nicht einmal die Persenning von dem großen Decksgeschütz ab. Wir fuhren zum Hafen von Port Limón weiter und fühlten uns wie Champions, die gerade ein Rennen gewonnen hatten. Wir hatten soeben richtige U-Boote entdeckt, und wir hatten Beweise; jetzt mussten wir nur noch unseren Vorrat an Lebensmitteln wieder auffüllen und sicher nach Hause kommen.

Wir fragten uns, warum die Regierung von Costa Rica die Küste des Landes nicht besser überwachen ließ, sollten jedoch bald herausfinden, dass sie es nicht einmal versuchte. Alle Leute im Ort waren nazifreundlich eingestellt. Das größte Hotel in Limón war in deutschem Besitz. Man kam sich vor wie in einem Vorposten des Großdeutschen Dritten Reiches. Wir merkten, dass wir versuchten, deutscher auszusehen, nur damit wir nicht auffielen. Rasierten uns den Bart ab, steckten das Hemd in die Hose, schritten etwas zackiger daher. Wir waren uns sicher, dass es funktionierte – bis zu unserem zweiten Tag dort.

Wir betraten eins der Lebensmittelgeschäfte im Ort und sahen, wie mehrere Männer, einschließlich des Eigentümers, aufmerksam einer deutschen Nachrichtensendung aus Berlin zuhörten. Der Eigentümer fragte uns: »Was wollen Sie hier?« Er fragte auf Englisch. Und so antwortete ich ihm auf Englisch: »Ein paar Eier kaufen.«

»Wir kriegen erst morgen wieder Eier«, meinte er.

»Dann kommen wir morgen wieder«, sagte Tony auf Deutsch.

»Das glaube ich kaum. Sie werden noch heute Abend wieder abfahren«, fuhr er auf Englisch fort.

Und so fragte ich ihn: »Wieso sagen Sie das?«

»Dafür gibt es eine ganze Reihe von Gründen. Aber der wichtigste dürfte wohl ganz klar Ihre Liebe zum Leben sein.«

Tony und ich hatte in den letzten beiden Wochen hinter jedem Busch Nazis gesehen, und als sie jetzt schließlich hervorgesprungen kamen, da nahmen wir es ernst. Eilig liefen wir zur *Blue Stream* zurück und wollten sofort aufbrechen. Aber in dem Augenblick, wo wir an Bord kletterten, wussten wir, dass unser Boot erneut durchsucht worden war – aber diesmal sehr viel unsanfter. Die Kojen waren hochgeklappt, die Kissen lagen verstreut. Eins von Tonys Notizbüchern war entdeckt worden, nicht aber meine Filme.

»Ahh, verdammt, Mann«, rief Tony aus dem Motorenraum. »Da hat jemand am Stromnetz rumgefummelt.«

»Siehst du irgendwo Sprengstoff?«, fragte ich und reichte ihm eine Taschenlampe.

Als wir nach gründlicher Suche nichts gefunden hatten, legte Tony den Schalter um, der den Motor anließ. Zu unserer großen Erleichterung flogen wir nicht in die Luft.

»Da sind wir ihnen wahrscheinlich in die Quere gekommen, bevor sie richtig fertig waren«, sagte Tony lachend. Wir fuhren noch in der gleichen Stunde ab. Als wir um eine Mangrovenhalbinsel herum ins offene Meer kamen, atmeten wir erleichtert auf, weil wir mit knapper Not davongekommen waren. Es sollte jedoch, wie wir gleich darauf merkten, noch entschieden knapper werden, als wir es uns vorgestellt hatten.

Ich stand am Ruder. Tony hatte gerade die Fock gehisst, als er ein U-Boot an der Wasseroberoberfläche ausmachte. Es lag steuerbords knapp tausend Meter vor unserem Bug. »Leicester«, rief er in einem eigenartig ruhigen Tonfall, der mich sofort aufmerken ließ. »Sag mir mal, was du da vorne siehst.« Er zeigte auf ein Stück Wasser zwischen dem U-Boot und der *Blue Stream*.

Mein Blick folgte seinem Finger. Einen Augenblick lang dachte ich, es könnte ein Delfin sein. Die hatten fast während unserer ganzen Fahrt im Wasser um uns herum gespielt. Dieser Delfin war allerdings furchtbar schnell – und kam direkt auf unser Boot zu.

»Mein Gott«, sagte ich.

»Ganz meine Meinung«, sagte Tony. Während er zum Ruder zurückgerannt kam, sah ich, dass das U-Boot immer schneller wurde und weiterhin voll auf uns zuhielt.

Tony sauste unter Deck und schnappte sich meine Filme und seine Notizbücher, während ich die Schnur des Dingis ergriff, das wir im Schlepptau hatten, und es neben das Boot zog. Ich richtete mich auf und warf einen Blick auf den Delfin. Er war jetzt verdammt viel näher an uns dran, und es gab absolut keinen Zweifel mehr.

Es war ein Torpedo. Das Nazi-U-Boot hatte auf uns geschossen, genau wie auf die *Alston.* Und uns blieben nur noch wenige Sekunden, bevor er einschlagen würde.

»Tony!«, brüllte ich. »Komm *sofort* hoch!« Ich sprang ins Dingi, und er kam von unten hochgerannt und schnellte über Bord.

Wir schafften nur vier kräftige Ruderschläge, bevor die *Blue Stream* mittschiffs voll getroffen wurde. Ihr Mahagonirumpf flog in einem orangefarbenen Blitz inmitten gelblich-weißer Gischt in die Luft. Zerbrochene Planken und brennende Trümmer regneten auf uns herab, aber wir ruderten immer weiter.

Ich weiß, wenn man bedenkt, was in den darauf folgenden fünf Jahren geschehen sollte, dann war das eine Lappalie, aber ich war trotzdem stinksauer auf die Nazis. Die *Blue Stream* war ein wunderschönes Boot, und mit ansehen zu müssen, wie sie in Zahnstocher zersplittert wurde, und zu wissen, dass ich nichts, aber auch gar nichts dagegen tun konnte …

Und das war ja noch nicht alles. Das U-Boot war jetzt sehr viel näher, und man hatte uns mit Maschinengewehren unter Beschuss genommen. Ich duckte mich und ruderte weiter, während die Wasseroberfläche von einer Garbe nach der anderen bestrichen wurde.

»Du könntest nicht zufällig ein ganz klein wenig schneller rudern, was, Les?«, fragte Tony.

»Nein«, gab ich zu, »aber du darfst es gern probieren.«

Eine Salve bohrte sich in die Seite des Bootes. Wir duckten uns beide.

»Vielen Dank«, meinte Tony vom Boden des Bootes hoch. »Aber mach du mal weiter.«

Wir hatten eigentlich überhaupt keine Wahl. Es war klar, dass eine Kapitulation bei den Nazis nicht auf der Speisekarte stand, und so taten wir das Einzige, was uns übrig blieb. Wir hielten auf das flachstmögliche Wasser zu, damit uns das U-Boot nicht folgen konnte, und platschten dann an der nahe gelegenen schmalen Mangrovenhalbinsel an Land und rannten in den Wald hinein. Die Halbinsel war durch eine Sandbank mit dem Festland verbunden. Wir blickten uns nicht ein einziges Mal um.

Ich weiß nicht, ob das U-Boot eine Suchmannschaft ausschickte. Vielleicht dachten sie, wir würden in Limón aufgegriffen werden. Diese Richtung vermieden wir jedoch. Wir machten uns auf den Weg nach Süden, in Richtung der Grenze zu Panama. Nach einer Woche erreichten wir die Küstenstadt Guabito. Dort buchten wir dann eine sichere Überfahrt zurück nach Kuba.

»Nie im Leben«, sagte Jeffry und hielt die Kassette an. »Von einem Nazitorpedo aus dem Wasser gepustet?« Er lachte. »Und sich dann eine Woche lang durch den Dschungel gekämpft? Wovon haben die sich denn ernährt? Und wo haben sie Wasser hergehabt? Das ist einer der schlimmsten Dschungel der ganzen Halbkugel – die Green Berets erhalten da unten einen Teil ihrer Ausbildung.«

»Da-aad!«, sagte Bear. »Opa hat gesagt, dass es wirklich passiert ist! Das ist doch wahr, oder, Mommy?«

»Ich weiß nicht«, sagte ich. »Eine Menge davon war wahr. Ich erinnere mich noch, wie meine Mutter erzählt hat, dass er darüber eine Geschichte für *Reader's Digest* geschrieben hat.«

»Hey, in dem Karton, den ich heute Morgen durchgegangen bin, war ein Exemplar davon«, sagte Jeff. »Einen Moment mal.« Er stand auf und ging in den Flur. Ich hörte ihn niesen, und dann meinte er: »Da isses ja.« Einen Augenblick später stand er in der Tür und schwenkte ein kleines Heft mit einer grünen Titelseite. »November 1940. ›Karibischer Schnüffeltörn‹, von L. Hemingway und A. Jenkinson. Da brat mir einer 'n Storch«, sagte er.

»Cool«, sagte T. L. Bear mit einem breiten Grinsen. »Ich hab ja gesagt, dass das wahre Geschichten sind.«

»Na mal sehen«, sagte ich. Ich wollte nicht, dass das für sie alles wie Seifenblasen zerplatzte. Aber ich war nicht unbedingt überzeugt.

Jeff begann, das *Reader's-Digest*-Heft durchzublättern. »Hier steht's alles«, sagte Jeff. »Genau wie auf der Kassette.«

»Ruhe, Dad«, sagte Bear und ließ den Rekorder weiterlaufen.

Es folgte ein langes Schweigen. Dann hörte ich, wie sich der Professor räusperte. »Ja aber, Les …«, begann er, und dann war es wieder still.

»Was?«, fragte mein Vater.

»Also, äh – nichts«, sagte der Professor.

»Gar nichts?«

Dann hörte ich meine Mutter lachen – ein warmes Lachen, das mir schon jetzt schmerzlich fehlte.

»Liebling, er kapiert es nicht«, sagte meine Mutter. »Er will wissen, was deine Geschichte mit Ernest und dem Jagen zu tun haben könnte?«

Charlie Willeford lachte und meinte: »Ja, auf was hast du denn da Jagd gemacht, Les? Auf die innersten Regungen der menschlichen Psyche?«, und der Professor sagte: »Na ja, eigentlich, ich meine …«, und dann redeten einen Augenblick lang alle auf einmal.

»Stimmt das, Sie Blutegel?«, fragte Vater. »Sie kapieren das nicht?«

»Na ja, also, sehen Sie, es ist lediglich, dass …«

»Bei Ihnen ist immer alles ›lediglich‹, stimmt's?«

»Vielleicht«, sagte er. »Aber heißt das nicht auch, dass ich ein guter Zuhörer bin?«

»Volltreffer«, sagte meine Mutter leise.

Nach einer langen Pause hörte ich meinen Vater leise in sich hineinlachen. »Na gut, Herr Doktor Professor«, meinte er. »Es ist spät, und wir haben alle was getrunken. Sagen Sie mir also: Womit kann ich Ihnen eine Freude machen?«

»Es ist nur so, äh – Sie hatten gesagt, das sei Ihr letzter Jagdausflug mit Ernest gewesen, und dann werden Sie zum Schluss torpediert, ohne irgendwie richtig etwas gejagt zu haben, und Ernest haben Sie auch kaum erwähnt …«

»Sie haben also tatsächlich richtig zugehört«, sagte Dad.

»Na ja, sicher habe ich das, und – ich meine, ein sagenhaftes Abenteuer, äußerst spannend, aber …«

»Aber kein Ernesto.«

»Und keine Jagd«, sagte der Professor. »Zumindest keine richtige.«

Es gab eine kurze Pause, und dann hörte man, wie etwas in ein Glas gegossen wurde. »Na gut«, meinte

Vater. »Sie haben Recht.« Ich hörte, wie er einen Schluck nahm, bevor er fortfuhr. »Die Sache ist die, ohne meinen Schnüffeltörn wäre Ernest nie selbst auf U-Boot-Jagd gegangen. Also, verstehen Sie mich nicht falsch, ich will mir das jetzt nicht alles selbst zum Verdienst anrechnen. Aber die Reaktion, die ich aus Washington bekam, machte Papa fuchsteufelswild.«

»Reaktion?«, sagte der Professor. »Aber Sie hatten doch Fotos, Beweise.«

»Das stimmt. Wir hatten Beweise. Fotos und Notizen über U-Boote und die Standorte von Treibstoffdepots. Aber das war alles, was wir hatten – Beweise. Und das reicht nie. Tony andererseits – der wurde bei seiner Rückkehr nach England wegen seiner Arbeit als Held gefeiert. Und ich? Ich konnte Washington nicht einmal dazu bewegen, wenigstens zuzugeben, dass von Deutschland überhaupt eine Gefahr ausging.«

»Aber das ist doch heller Wahnsinn«, sagte der Professor.

»Nein, das ist Politik. Ich muss es falsch angestellt haben oder versucht haben, mit den falschen Leuten zu reden. Vergessen Sie nicht, dass wir uns damals noch nicht im Kriegszustand befanden und dass es in diesem Land eine Menge Leute gab, die der Meinung waren, dass die Deutschen ein paar ziemlich gute Ideen hatten.

Papa gehörte natürlich nicht dazu. Und so führte er ein paar Telefonate. Und schließlich kam jemand vom OSS runter nach Kuba, ließ sich die Fotos und Notizen zeigen – und erklärte zu unserer Überraschung, das sei alles unglaubhaft.«

»Unglaubhafte Fotos«, murmelte meine Mutter.

»Das ist die erste Regel bei der Spionage: Wenn du es nicht selbst gemacht hast, dann zählt es nicht.«

»Und das hat Ernest auf die Palme gebracht.«

»Allerdings, aber ich glaube, er sah die U-Boot-Jagd auch als eine Art patriotische Pflicht an. Ich weiß, dass er mir gehörig den Kopf gewaschen hat, weil ich bloß mit der Kamera geschossen hatte. Und er war verdammt sauer, dass ich die *Blue Stream* verloren hatte.«

»Und so beschloss er, etwas zu unternehmen?«

»Also, fast zwölf Monate lang war er dadurch abgelenkt, dass er Havanna nach deutschen Spionen absuchte, aber nach rund einem Jahr erzählten ein paar kubanische Fischer von deutschen U-Booten, die längsseits der *viveros* – der Fischerboote der Einheimischen – auftauchten und ihnen ihren Fang raubten. Danach torpedierten sie dann wieder Frachtschiffe. Inzwischen war es 1942, und die U-Boote versenkten alle vier Stunden eines von unseren Schiffen. Und so entwickelte Papa einen Plan.«

»Haben Sie ihm dabei geholfen?«, fragte der Professor.

»Nur auf einer seiner Fahrten«, antwortete meine Mutter, »und da waren die Nazis nicht die einzigen Schlangen im Wasser.«

»Nein? – Tut mir Leid, aber das ...«

»Passen Sie auf. Obwohl ich nie weiter etwas gesagt habe, hatten meine Taten Papa dazu angestachelt, noch einen Schritt weiter zu gehen. Ich hatte U-Boote fotografiert. Er beschloss deshalb, eins zu kapern.«

»*Ein U-Boot zu kapern?* Mit der *Pilar*? Das soll doch wohl ein Witz sein?«

»Nein.«

»Aber das ist doch Wahnsinn.«

»Das brauchen Sie mir nicht zu sagen, Professor. Ich war schließlich dabei.«

Fünfzehn

PAPA NANNTE ES »Unternehmen Freundlos«. Der Name kam von einer seiner Katzen, die einmal Glück gehabt hatte und entgegen allen Voraussagen durchgekommen war, nachdem eine Meute Hunde sie übel zugerichtet hatte. Genauso sah Papa sich als Nazi-U-Boot-Jäger. Er war der Einzelgänger, der Löwe, der unterwegs war, um deutschen Seewölfen aufzulauern.

Er hatte die *Pilar* mit drei Maschinengewehren, zwei Bazookas, einer Kiste Handgranaten und einer selbst gebastelten Bombe ausgerüstet. Die Bombe war ein kistenförmiges Ding, an deren Seiten Griffe angeschweißt waren, damit man sie besser schleudern konnte. Papa machte Witze darüber, dass er mit den Krauts nicht bloß tanzen, sondern sie herumschleudern würde. Und wenn man die Bombe genau richtig schleuderte, würden ihre drei Pfund Schießpulver von den vier daran befestigten Granaten gezündet werden und ein riesiges Loch in den Kommandoturm sprengen.

Als Crew hatte Papa sich höchstpersönlich zwei kubanische Pelotaspieler, Patche und dessen Freund Julius, ausgewählt. Beide waren groß und kräftig. Zwei Wochen vor meiner Ankunft war Papa mit den Jungs zum Üben hinausgefahren. Sie warfen ein Dutzend Granaten in hohem Bogen auf das Riff vor Cay Sal. Später erzählte Papa mir, das Wasser habe sich ganz weiß gefärbt, so viele Fische seien an die Oberfläche getrieben. Er fischte über zweihundert Pfund Schnapper und Zackenbarsche auf und verteilte sie an die Armen der Insel.

Im Jahre 1943 war es allgemein bekannt, dass deutsche U-Boote vor der Küste Floridas und in den Gewässern vor Kuba operierten. Eines Morgens lud Papa drei einheimische Fischer zu sich zum Mittagessen ein. Sein auf einem Hügel gelegenes Haus in Kuba trug den Namen Finca Vigía. Ich war gerade für eine Woche aus Key West zu Besuch gekommen, und Ernest hatte mich im Gästehaus untergebracht. Er bat mich herüberzukommen, damit ich die Fischer kennen lernte.

Als ich das Wohnzimmer betrat, sah ich, dass sich noch einige andere Leute zu diesem Treffen eingefunden hatten. Da war der Kapitän der *Pilar*, Gregorio Fuentes, und ein ziemlich großer Mann, Winston Guest, der, wie sich herausstellte, Winston Churchills Cousin war. Ernests Söhne waren nicht dabei. Patrick – Mouse, wie Papa ihn nannte – war schon ins Internat abgereist, und Gregory, oder Gigi, spielte unten am Hügel mit Gregorios Kindern. Natürlich fand der Großteil der Unterhaltung auf Spanisch statt, und das Ganze ist dreißig Jahre her, aber an manches kann ich mich trotzdem noch erinnern.

Papa bat die Fischer, ihre Begegnungen mit den U-Booten – oder dem U-Boot – zu beschreiben. Es war wichtig festzustellen, ob in der Gegend mehr als eins operierte. Papa wollte auch wissen, ob sie die *viveros* immer auf die gleiche Art und Weise enterten oder ob es da Unterschiede gab. Er meinte, das würde ihm dabei helfen, sich in den deutschen Kommandanten hineinzuversetzen. Dann fragte er jeden der drei Fischer nach ganz spezifischen Details. Er versuchte, die wahre Größe des U-Boots oder der U-Boote so genau wie möglich in Erfahrung zu bringen. Wie hoch ragte der Kommandoturm über die Wasseroberfläche hinaus? Hatten sie sehen können, wie breit das Luk war? Wenn sein Plan Erfolg haben sollte, musste er das genau wissen. Er verbrachte ungefähr drei Stunden damit, die Fischer zu befragen. Und als er danach ihre ganzen Geschichten miteinander verglich, war er überzeugt, dass es sich nur um ein einzelnes U-Boot handelte, und darauf baute er dann seinen Plan auf.

Ich muss zugeben, dass der Plan einfach war. Papa würde mit der *Pilar* so lange herumschnüffeln, bis sie das Unterseeboot entdeckten. Er war sich sicher, dass das U-Boot, wenn er nah genug herankommen konnte, auftauchen und die *Pilar* längsseits beordern würde, genau, wie das auch bei den anderen Fischerbooten der Fall gewesen war. Aber wir würden vorbereitet sein.

Während Papa die *Pilar* auf die Höhe des Kommandoturms brachte, würden Patche und sein Freund die Bombe scharf machen. Dann würden die Pelotaspieler sie über die Turmbrüstung schleudern. Der Rest von uns würde Salven aus unseren Maschinengewehren abgeben, um die Krauts daran zu hindern, das Decksgeschütz zu erreichen. Dann würde die Bombe entweder das wasserdichte Turmluk sprengen oder ins Boot fallen und die Kommandozentrale mit dem Periskop zerstören. In beiden Fällen hätten wir ein U-Boot, das nicht mehr abtauchen konnte. Dann wollte Papa sich die Kodebücher und die Waffen schnappen und die Besatzung gefangen nehmen.

Bis zu diesem Treffen hatte ich immer gedacht, Winston Guest sei nichts weiter als ein englischer Playboy. Im Gegensatz zu Tony Jenkinson hatte Guest keinen nachrichtendienstlichen Auftrag. Aber nach der Befragung der Fischer überraschte er mich damit, dass er das U-Boot identifizieren konnte. Es stellte sich heraus, dass es ein Hochseeboot vom Typ IX war. Es war fünfundfünfzig Meter lang, hatte drei Dieselmotoren und eine Überwassergeschwindigkeit von zwanzig Knoten. Die Chance, dass Papas dreizehn Meter lange *Pilar* mit ihrem relativ schwachen Doppelschraubenantrieb es schaffen würde, dieses U-Boot zu erwischen, schien ziemlich gering.

Aber Papa war zuversichtlich, dass er die Mission erfolgreich ausführen konnte, wenn es ihm gelang, eines zum Auftauchen zu bewegen. Ein Erfolg hing jedoch von der Höhe des Kommandoturms ab. Wenn die Ballasttanks angeblasen waren und das U-Boot weniger als den halben Treibstoffvorrat an Bord hatte, würde der Turm mehr als zehn Meter aufragen. In dem Fall würden die Pelotaspieler die Bombe nicht auf das Turmdeck schleudern können. Die Fischer konnten sich nicht darüber einigen, wie hoch der Kommandoturm war, denn auf See ist es schwierig, Höhen richtig abzuschätzen. Ihre Beschreibung beschränkte sich darauf, dass der Turm ungefähr genauso hoch zu sein schien wie der seetüchtige Schlepper, der in Key West Lastkähne schleppte. Das gab Papa Hoffnung, denn er wusste, dass dieser Schlepper nur rund sechs Meter hoch war.

Der Kapitän der *Pilar*, Fuentes, war nicht so scharf darauf, das U-Boot anzugreifen. Er wollte wissen, ob die Deutschen schon einmal auf ein Fischerboot geschossen hatten.

»Nein«, antwortete der größte der drei. »Die haben nicht mal die Persenning von ihrem großen Decksgeschütz abgenommen. Die wollten bloß was zu essen. Die haben uns unseren ganzen Fang weggenommen und alles, was wir sonst noch an Bord hatten – Hühnchen, Brot, Obst.«

»Das ist doch perfekt, oder, Baron?«, grinste Papa. »Wir schippern als Lockvogel herum, ködern sie mit unserem Fang. Und dann, wenn sie nicht auf der Hut sind, geben wir's ihnen.«

Ein paar Tage nach diesem Treffen kam Fuentes noch einmal zur Finca zurück. »Papa«, meinte er, »mir ist nicht besonders wohl bei dem Gedanken, es ohne Panzerung an meinem Boot mit einem Unterseeboot aufzunehmen.«

»Okay«, willigte Papa ein. »Gehen Sie zur Bootswerft in Havanna und sehen Sie, was sich da auftreiben lässt.«

Noch in derselben Woche wurde der Rumpf der *Pilar* mit vier sechs Millimeter dicken Stahlplatten verkleidet. Am Bug bekam sie eine zweieinhalb Zentimeter dicke Verstärkung. Dadurch war die *Pilar* jetzt in der Lage, Boote zu rammen und Geschosse von einem Kaliber bis zu zwölf Zentimetern abzulenken, und vielleicht sogar die. Aber nachdem Kapitän Fuentes zwei Tage lang mit der Panzerung herumgefahren war, meinte er: »Papa, diese Panzerung an der Seite lässt mich nicht besonders gut schlafen. Wir sind zu langsam im Wasser.«

»Ja«, stimmte Papa ihm zu. »Sie durchschneidet die Wellen wie ein voll gesogener Baumstamm.«

Am nächsten Tag entfernten die Werftarbeiter die ganzen extra angefertigten Stahlplatten wieder.

Eines Abends rief ein Marineoffizier aus Washington Papa an, um ihn zu fragen, wie die Dinge so stünden. Er machte seine Späßchen und fragte Papa, wie er denn den Führer zu unterhalten gedächte, wenn der deutsche Kommandant ihn und seine Crew mit zurück nach Berlin nahm.

»Dann setz ich mich in meine Zelle und schreib schmutzige Limericks für diese Dreckskrauts. Aber der größte Witz wird auf Ihre Kosten und die unserer Marine gehen. Denn Sie haben es versäumt, unserer Crew wenigstens eine faire Chance zu geben.«

Eine Woche später erhielt Papa von der amerikanischen Marine Funkpeilgerätschaften im Werte von 32 000 Dollar. Sie nahmen fast den gesamten Platz in der vorderen Kajüte ein. Aber jetzt hatte Papa bessere Möglichkeiten, Jagd auf ein U-Boot zu machen, weil er nicht mehr warten musste, bis eins irgendwann mal zum Luftschnappen auftauchte.

Ich schloss mich dieser Gruppe nur für eine Jagd an. Ich will jetzt nicht lügen und euch weismachen, dass wir unser U-Boot noch am selben Abend erwischten, denn das gelang uns nicht. Aber immerhin schafften wir es, ein auf Grund gelaufenes U-Boot zu orten. Mit Hilfe dieses aufwendigen Funkpeilgeräts konnten wir seine genaue Position bestimmen.

Es war wirklich die Krönung eines perfekten Tages. Wir waren seit dem ersten Morgenlicht unterwegs gewesen, hatten gepeilt und gefischt. Papa nahm das Fischen ernst, und zwar, weil dazu verdammt viel mehr gehört, als die Fische einfach nur zu fangen.

Gerade zwei Monate zuvor war Papa mit mehreren Fischkundlern von der Akademie der Wissenschaften in Philadelphia, die die verschiedenen Marlinarten im Golfstrom katalogisieren wollten, zum Fischen gefahren. Eine der Arten, die sie fingen, wurde sogar nach Papa benannt: *Neomarinthe hemingwayi*.

Von da an führte Papa Buch über alle Fische, die er

fing. Fangtiefe, Köderart, Art, Größe, Gewicht und Wassertemperatur. Dasselbe Ziel verfolgte dann später eine Gruppe, die sich Internationaler Sportfischerverband nannte, eine Organisation, die Ernest zusammen mit seinem Freund Mike Learner gegründet hatte. Aber statt mit den Wissenschaftlern aus Philadelphia zusammenzuarbeiten, nahm der Verband Beziehungen zum Amerikanischen Museum für Naturgeschichte auf.

Gerade als Sir Winston ein Prachtstück von einem Fächerfisch wieder freigelassen hatte, hörte er das Notsignal von dem deutschen U-Boot. Gemeinsam mit Papa konnte er seine Position orten – direkt vor dem Cayo-Confites-Riff. Wir waren nur zu sechst: Papa, ich, Winston, die beiden Pelotaspieler und Kapitän Fuentes.

Als wir die Insel erreichten, ging die Sonne bereits unter. Ich erwartete wirklich, noch im letzten Glanz des goldenen Sonnenuntergangs die Silhouette eines U-Bootes zu sehen, aber stattdessen sahen wir überhaupt nichts. Papa sagte Fuentes, er solle auf die andere Seite herumfahren und dem Rand des Riffs bis zu der Stelle folgen, wo es in den Golfstrom abfiel. Langsam und vorsichtig fuhren wir an dem Riff entlang und starrten in das kristallklare Wasser hinunter. Aber fast eine Stunde später hatten wir noch immer nichts gefunden. Das U-Boot war verschwunden, das Tageslicht jetzt allerdings auch.

»Wir müssen wissen, welche Richtung es eingeschlagen hat«, ertönte Papas Stimme über dem Lärm der rotierenden Schiffsschrauben.

»Vielleicht ist es noch hier. Vielleicht zielt es gerade auf uns«, sagte Fuentes auf Spanisch. »Es ist gefährlich, diese Hurensöhne im Dunkeln zu jagen.«

»Mensch, nu sei mal kein Frosch!«, entgegnete Papa, ebenfalls auf Spanisch. »Baron, hol die Tauchermaske und die Flossen unter der vorderen Koje hervor. Du gehst jetzt schwimmen. Winston – wirf den Unterwasserscheinwerfer an. Ich will wissen, wo diese herumhurende Missgeburt aufgelaufen ist. Dann können wir uns ausrechnen, in welche Richtung sie unterwegs war, und die Verfolgungsjagd aufnehmen.«

Ich ging unter Deck und holte die Ausrüstung. Die Flossen waren alt, aber da Gummi knapp war, hatten wir Glück, überhaupt welche zu haben. Typisch meine Art von Glück: Sie passten mir. Ich hatte gehofft, diese Aufgabe einem der Pelotaspieler überlassen zu können. Stattdessen zog ich mir das Hemd aus, streifte mir die Brille über den Kopf und schlüpfte mit den Füßen in die schwarzen Flossen.

Die Sterne traten gerade hinter den Wolken hervor, als ich wieder an Deck kam. Fuentes hatte die Motoren abgestellt, und die *Pilar* lag vor Anker und schaukelte auf der ruhigen See leicht hin und her. Winston hielt den schweren, isolierten Scheinwerfer in der Hand, während Patche und Julius den Dreikilowattgenerator anwarfen. Der war nach einem Feuer, bei dem ein Kino im Stadtzentrum von Havanna fast vollständig abgebrannt war, geborgen worden. Jetzt wurden damit mein Atemregler und der Scheinwerfer angetrieben. Ich hakte den Scheinwerfer an einer dreißig Zentimeter breiten isolierten Platte fest, die vorn an meinem Gürtel angebracht war. Sechzig Meter Kabel und Schlauch verbanden mich mit dem Boot. Das Kabel hatte eine spezielle wasserdichte Beschichtung, aber Winston gab mir trotzdem noch ein paar warnende Worte mit auf den Weg: »Pass auf, alter Knabe. Salzwasser ist ein besonders guter Leiter.«

»Ich würde höchst ungern mit einem Zitteraal verwechselt werden«, antwortete ich. Um ehrlich zu sein, ich hatte eine fast schon abergläubische Angst vor der Kombination von Strom und Salzwasser. Ich wusste, dass das zum größten Teil albern war, aber es wollte mir einfach nicht gefallen. Allerdings war das nicht etwas, worüber man viele Worte verlor, und so hielt ich den Mund. Stattdessen blickte ich über den Bootsrand. Auf dem Wasser spiegelte sich der Halbmond und tanzte über die Wellen. Als ich in die dunklen Tiefen hinabblickte, sah ich keine Bewegung.

Fuentes hatte den Anker ausgeworfen und kam zurück. »Vielleicht geben wir den Deutschen mal was, worauf sie schießen können, he? So 'ne Art Weihnachtsbaum auf'm Meer.« Er betätigte einen Schalter unter der Konsole, und der Suchscheinwerfer, der von der Fly-Bridge herabhing, strahlte auf. Das Achterdeck wurde taghell erleuchtet, und das Wasser hinterm Heck bekam eine tiefblauschwarze Färbung.

»Viel Glück, Baron«, rief Papa mir zu. Ich sah, dass er seine gute alte Maschinenpistole hervorgeholt hatte. Die hatte ich das letzte Mal gesehen, als ich einmal zur *Pilar* zurückgeschwommen kam, nachdem ich ihren Anker losgemacht hatte und Papa einen dreieinhalb Meter langen Hammerhai davon überzeugt hatte, dass es sich nicht lohnen würde, mich zu verschlingen. Er hatte sechs Kugeln in diesen seltsam geformten Kopf gejagt, bevor das Ungetüm endlich in den rot gefärbten Fluten versank.

Ich versuchte, nicht an diesen Hai zu denken, und auch nicht an seine vielen Verwandten. Oder an meine Angst vor Strom und Wasser. Ich hielt lediglich die Luft an und ließ mich über die Seite vom Boot ins Wasser fallen. Die warme Dunkelheit verschluckte mich. Ich richtete mich gerade auf und sank auf den Grund des Meeres.

Sechzehn

Die Muskeln um meinen Mund zogen sich zusammen, und das Wasser drückte mir auf die Lungen. Ich musste die Luft kräftig einsaugen, um durch den Schlauch atmen zu können. Schließlich kamen meine Flossen auf dem Riff zu stehen. Es war hier unten dunkler als um Mitternacht in einem Kohlenkeller, aber ich zögerte, den Scheinwerfer anzustellen. Ich bildete mir ein, spüren zu können, wie der Strom meinen Arm hochschoss und ich zu einer Speckschwarte verbrutzelte.

Aber ich hatte hier unten, verdammt noch mal, eine Aufgabe zu erledigen – es hieß also »Jetzt oder nie«. Ich beugte mich vor und knipste das Licht an. Mein Magen krampfte sich in Erwartung eines Stromschlags zusammen, aber stattdessen leuchtete der Scheinwerfer auf. Es war alles in Ordnung.

Das Licht bildete direkt vor mir einen immer breiter werdenden Tunnel. Er war blassgelb und wurde an den Rändern immer schwächer, bis er in die ihn umgebende Dunkelheit überging. Rund fünfzehn Meter vor mir sah ich einen Schwarm schlummernder Zackenbarsche. Vom Licht aufgeschreckt, schwammen sie schnell davon. Ich stellte den Scheinwerfer auf eine Entfernung von drei Metern ein, obwohl er bis zu zehn, zwölf Meter weit reichte. Es war wunderschön hier unten.

Ich stieß mich ab und schwamm los und merkte, dass der Schlauch und das Kabel, die ich hinter mir herzog, sowie die Ausrüstung mich so unbeholfen machten wie ein trächtiges Schwein. Ich kam um einen großen Korallenvorsprung herum und fand einen ganzen Schwarm Gauklerfische, die in der gegen das Riff schwappenden Brandung hin- und herschaukelten. Sie hatten die übliche kräftige gelbschwarze Färbung und schienen sich an dem Licht nicht zu stören, denn sie zogen innerhalb wie auch außerhalb des Lichtstrahls ihre Kreise. Ich machte eine weitere Neunziggraddrehung und erblickte am Ende des Lichtstrahls einen riesigen Fisch. Ich konnte ihn nicht sehr deutlich sehen, aber er muss ungefähr zweieinhalb Meter lang gewesen sein. Es war möglich, dass das ein Fächerfisch war, denn ich befand mich direkt am Rand des Riffs. Es hätte aber auch etwas anderes sein können, etwas, über das ich mir nicht allzu viele Gedanken machen wollte. An der zum offenen Meer hin gerichteten Seite eines Riffs sucht alles Mögliche Nahrung, besonders nachts.

Aber egal, was es jetzt war, es schoss wie eine Rakete außer Sichtweite, und da ich ja nur sechzig Meter Kabel und Schlauch hatte, hätte ich es nicht verfolgen können, selbst wenn ich es gewollt hätte – was aber mit Sicherheit nicht der Fall war. Ich war nicht hier unten, um Fische zu jagen. Ich war hier, um irgendeinen Hinweis darauf zu finden, in welcher Richtung das U-Boot unterwegs gewesen war, als es auf Grund lief.

Als ich das Ende meiner Leine erreicht hatte, machte ich kehrt; auf dem Rückweg arbeitete ich mich diagonal vor. Zwei Korallenstöcke versperrten mir den Weg. Sie erhoben sich vom Meeresgrund bis knapp einen Meter unter die Wasseroberfläche und fielen dann auf der anderen Seite wieder ab. Ich musste vorsichtig sein, damit Kabel und Schlauch nicht an ihren scharfen Kanten hängen blieben.

Als ich erst nach oben und dann über den lebenden Fels hinwegschwamm, zog eine riesige Lederschildkröte an mir vorbei. Ich erstarrte und sah zu, wie dieser zwei Meter große Riese an mir vorbeischwamm. Ich fragte mich, warum sie zu dieser Nachtzeit nicht an der Wasseroberfläche war, tat es dann jedoch mit einem Achselzucken ab. Wahrscheinlich wegen der Schwingungen von den Bootsmotoren oder wegen des Brummens von dem Generator. Als ich den Korallenkamm überquert hatte, wusste ich jedoch den wahren Grund. Ich hatte gefunden, wonach wir gesucht hatten.

Das Riff war zu einer milchig weißen Wolke zermalmt worden. Überall trieben zerquetschte Pflanzen und Fischteile umher. Dieser ganze Abschnitt des Riffs ähnelte einem Broccolibeet, das von einem riesigen Rasenmäher weggefressen worden war.

Das war ganz eindeutig die Stelle, an der das U-Boot auf Grund gelaufen war. Ich schwamm durch das weiße Wasser und versuchte herauszufinden, in welche Richtung es gefahren war, als es auflief. Aber mein Scheinwerfer machte alles nur noch trüber. Ich hielt eine Hand hoch, konnte jedoch kaum meine sich nur wenige Zentimeter vor der Brille befindlichen Finger sehen. Ich schaltete das Licht aus und schwamm langsam weiter.

Ich zählte jeden Stoß und versuchte mir auszurechnen, wie breit die Bresche in dem Riff war – nach fünfundzwanzig Stößen war ich an der anderen Seite. Da ich jetzt wusste, wo beide Seiten waren, musste ich nur noch auf meinem Handkompass die Richtung ablesen, in der sich die flachste Stelle des Riffs befand, und schon würde ich wissen, in welcher Richtung das U-Boot unterwegs gewesen war. Ich schwamm an die Wasseroberfläche und sah die überbrechenden Wellen.

Die Nadel pendelte sich im Mondlicht zum magnetischen Norden ein. Jetzt hab ich dich, du verfluchte Missgeburt der Krauts – Nordnordwest. Knapp fünfundzwanzig Meter entfernt schaukelte die *Pilar* sanft in den Wogen. Ich konnte die leisen spanischen Worte hören, mit denen die beiden Pelotaspieler Wetten auf meinen Erfolg abschlossen. Patche kam aus den Bergen; ihm gefiel die Idee, nachts im Wasser zu sein, überhaupt nicht. Julius überredete ihn dazu, zehn amerikanische Dollar darauf zu wetten, dass ich nicht wieder zum Boot zurückkommen würde.

Lächelnd tauchte ich unter die Wellen zurück und schwamm auf das Boot meines Bruders zu. Als ich an den beiden großen Korallenstöcken vorbei war, ließ ich mich in eine Tiefe von sechs Metern sinken. Ich schaltete den Scheinwerfer wieder ein und schwamm am Riff entlang zurück.

Ich hatte die Antwort für Papa gefunden. Alles schien in bester Ordnung zu sein. Mir machte das langsame Schwimmen zurück zum Boot sogar Spaß. Die unbeschädigten Teile des Riffs waren wunderschön – und wenn das Scheinwerferlicht eine strahlend helle Traube bunten Lebens streifte, ließ die sie umgebende Dunkelheit die Farben noch erregender und heller erscheinen.

Mehrere Minuten verstrichen, während ich mich weiter auf die *Pilar* zubewegte. Ab und zu bemerkte ich, dass ein Hornhecht über mich hinwegschwamm, dachte mir aber nichts weiter dabei. Plötzlich wurde diese unbeschreiblich friedliche Atmosphäre jedoch von einem dreimaligen kräftigen Rucken an meinem Kabel unterbrochen. Was ich dann hörte, überraschte mich sogar noch mehr – das gedämpfte Knattern der Maschinenpistole und das sehr viel nähere Geräusch der direkt über mir ins Wasser einschlagenden Kugeln: *plopp, plopp, plopp, plopp, plopp, plopp, plopp.*

Mir fiel nur ein Grund ein, warum Papa schießen könnte, während ich mich im Wasser befand. Ich blickte mich nach Haien um – sah aber keine. Soweit ich es beurteilen konnte, gab es keinen Grund zu schießen, es sei denn, sie fanden die Warterei einfach langweilig. Es gab aber sicher keinen Grund, auf eine Hand voll Hornhechte zu schießen. Ich ärgerte mich über ihre Ungeduld – immerhin brachten sie mich mit ihrem Leichtsinn in Gefahr –, beschleunigte jedoch mein Tempo. Es brachte nichts, hier unten zu bleiben, wenn sie unbedingt schießen wollten. Mir schien das allerdings auf jeden Fall der falsche Zeitpunkt dafür zu sein.

Dann spürte ich wieder einen heftigen Ruck an dem Kabel, und mir wurde klar, dass sie mich hochzogen. Hey, immer mit der Ruhe, brüllte ich im Stillen. Ihr reißt noch das Kabel los, und ich krieg einen Schlag. Meine ganze Angst vor einem Stromschlag kehrte zurück, und einen Moment lang war ich nahe daran, in Panik auszubrechen. Ich begann, gegen das kräftige

Rucken anzukämpfen, und versuchte mich wegzudrehen, damit das Kabel nicht mehr ganz so straff war – und da sah ich die Erste. Ich erstarrte. Und wie ich da im Wasser hing, sah ich, dass der Ersten noch ein Dutzend mehr folgten.

Ich habe gesagt, dass ich dachte, es seien Hornhechte. Waren es aber nicht. Als die Erste in den Lichtkegel hineinschwamm, konnte ich erkennen, was es war, und selbst unter Wasser spürte ich, wie mir die Haare zu Berge standen. Weit schlimmer als Haie oder Muränen oder irgendetwas anderes, das ich mir vorstellen konnte. Schlimmer ging es nun wirklich nicht.

Sie kamen scharenweise genau in das Stück Wasser, das ich durchqueren musste, um zu *Pilar* zu kommen, und schienen sich um das Boot herum sogar regelrecht zu versammeln – Dutzende, ja Hunderte von Seeschlangen. Das Wasser wimmelte nur so von ihnen. Und sie schwammen alle genau in den Scheinwerferstrahl hinein – und ich wurde hochgezogen in diesen tödlichen Schwarm. Damals wusste ich noch nicht sehr viel über diese Tiere, aber das brauchte ich auch gar nicht. Denn ich wusste, dass Seeschlangen die giftigsten Schlangen überhaupt sind.

Genau. Die giftigsten Schlangen der Welt, giftiger als die Königskobra, giftiger als die schwarze Mamba – ein Biss dieser Reptilien kann einen ausgewachsenen Elefantenbullen in weniger als fünf Sekunden töten. Und in dem Wasser um mich herum waren jetzt über hundert.

Vor meinem geistigen Auge tauchten Bilder von meiner Frau und meinen Söhnen in Key West auf. Mein Leben sollte nicht hier enden, nicht auf diese Art und Weise. Ich war noch nicht so weit. Ich wollte

Dort schwamm ich also hin – weit weg vom Licht und von den Schlangen.

Ich tauchte im dunkelsten Stück Wasser auf, das ich finden konnte, direkt vor der Backbordseite des Buges. Einen Augenblick lang atmete ich nur tief durch den Mund ein. Erstaunlich, wie gut Luft schmeckt, einfach nur Luft, wenn man eine Weile ohne sie auskommen musste. Ich schwamm etwas hinaus, um besser sehen und hören zu können, was die Crew im Cockpit gerade machte.

Fuentes und Winston wickelten das Scheinwerferkabel und den Sauerstoffschlauch auf, die beiden Kubaner schlugen mit einem Knüppel und einem Angelmesser gegen die Seite der *Pilar*, und Papa stand am Heck und schoss mit seiner Maschinenpistole in kurzen Salven auf die sich zusammenscharenden Schlangen.

Der Knüppel war Papas vorn abgesägter Baseballschläger, mit dem wir sonst große Fische bewusstlos schlugen. Julius hatte einen natürlichen Rhythmus und gebrauchte den Schläger fast wie einen Trommelstock. Aber da er mächtig aufgedreht war, schlug er Beulen in die Seite der *Pilar*.

Papas Stimme erhob sich über alle anderen. »Pass auf das gottverdammte Holz auf. Pass auf, hab ich gesagt!« Und er ließ eine weitere Salve auf die Schlangen prasseln.

Patche brüllte Julius zu: »*Mira, mira, miralos!*« »Guck mal, guck mal, guck mal die da!« Der große Mann beugte sich vor und hieb auf zwei Schlangen ein, die dabei waren, sich durch den Rumpfdurchlass am Spiegelheck hindurchzuschieben.

Papa feuerte eine eine weitere Salve ab: *plopp, plopp, plopp, plopp, plopp, plopp, plopp.*

»Pass auf, da kommt eine den Schlauch hoch!«, rief Winston. Patch trennte einer bunten, mehr als einen halben Meter langen Schlange den Kopf ab.

Julius drehte sich um und sah drei weitere über den Bootsrand hereinrutschen. Er erschlug sie auf dem Deck und verfluchte die kleinen Mistviecher auf Spanisch.

Papa schoss eine weitere Salve ins Wasser direkt vor dem Heck.

»Mein Gott, wann hört das bloß auf?«, fragte Winston.

»Baron?!«, rief Papa in die Dunkelheit hinaus. »Wo zum Teufel steckst du denn?« Er drückte ab und übersäte die Wasseroberfläche aus lauter Frustration mit Kugeln. Sie fegten über das Wasser und verfehlten mich nur um knapp einen halben Meter.

Ich duckte mich, rief: »Hier drüben!«, und machte ein paar Stöße in Richtung Boot. Dann wurde mir plötzlich klar, dass sie überhaupt nicht auf den Gedanken gekommen waren, dass die Schlangen von dem Licht angezogen werden könnten. »Macht das Licht aus!«, schrie ich.

Sie mussten mich gehört haben, denn Papa drehte sich um und feuerte auf den Suchscheinwerfer über dem Cockpit. Dann hörte ich ihn in der Dunkelheit sagen: »Hängt da ein Gewicht ran und schmeißt ihn über Bord.« Einen Augenblick später platschte es, und mein leuchtender Scheinwerfer, der noch immer am Kabel befestigt war, sank trudelnd auf den Meeresboden hinab.

»Seht mal, wie die abziehen«, sagte Winston. »Die schwimmen ihm direkt bis ins Reich des Wassermanns nach.«

Ich wartete noch ein paar Minuten um sicherzugehen, dass ich nicht unter ein paar Nachzügler geriet.

Dann reichte Papa mir die Hände und zog mich an Bord. »Alles in Ordnung?«

»Ja. Ich glaub, ich hab's überlebt«, antwortete ich und dabei fiel mein Blick auf eine der auf dem Deck herumliegenden toten Schlangen. Ihr Körper glänzte im Mondlicht. Man konnte die gelblich grüne Färbung mit den schwarzen Tupfen und die dicken schwarzen Ringe um den Körper erkennen. Sie war kaum mehr als einen halben Meter lang, aber ihr Körper war so dick wie mein Arm. Ich war überrascht, wie sehr sie doch einer Landschlange ähnelte. Nur ihr platter Schwanz verriet, dass sie ein Wassertier war.

»Ein Wunder, alter Knabe«, sagte Winston und klopfte mir auf die Schulter. »Wenn auch nur eine einzige dieser unangenehmen Vipern am Ziel ihrer Wünsche angelangt wäre, dann würden wir dir jetzt die letzte Ehre erweisen.«

»Tut mir Leid, dass ich dich da enttäuschen muss«, lachte ich. »Ich hab eben immer noch das alte Hemingstein'sche Glück.«

»Ich bin froh, dass du noch unter den Lebenden weilst«, sagte Papa grinsend. »So, jetzt aber Schluss mit den Witzen. Hast du rausgefunden, wo die Krauts aufgelaufen sind?«

»Ja, da auf der Steuerbordseite, knapp fünfundzwanzig Meter weiter draußen.« Ich zog mein nasses Hemd aus und schnappte mir ein Handtuch. »Sie waren in nordnordwestlicher Richtung unterwegs.«

»Ausgezeichnete Arbeit, Baron. Meine Herren, heute Nacht geht's auf U-Boot-Jagd.«

»Was soll mit dem Scheinwerfer passieren?«, fragte Patche auf Spanisch.

Papa legte den Notschalter des Generators nach unten; er spuckte ein paarmal und verstummte dann. Im Wasser unter uns ging das Licht aus. »Zieh ihn hoch. Der leuchtet nicht mehr. Jetzt wird er die schleimigen Viecher kaum noch interessieren.«

Papa ging nach unten in die Kajüte, während der Rest der Crew den Anker lichtete, den Motor anwarf und alles verstaute. Als Ernesto wieder hochkam, hatte er zwei Flaschen Gin und mehrere Gläser in der Hand. »Auf einen erfolgreichen Einsatz, Freunde.« Wir nahmen unsere Drinks. »Wenn uns das Glück weiterhin hold ist«, fuhr er fort, »dann erwischen wir sie auf ihrer Rückfahrt nach Berlin mit einem verbogenen Propeller oder sogar noch was Schlimmerem.«

»Wenn ich bedenke, wie beschädigt das Riff ist, dann wundert es mich, dass die überhaupt noch fahren können.«

»Wie war es denn überhaupt da unten?«, fragte Papa.

»Wunderschön«, sagte ich, und dabei fiel mir wieder ein, wie mir die Farben aus der Dunkelheit heraus ins Auge gesprungen waren. »Aber auch unheimlich, und sämtliche Gefühle zwischendrin. Die Seeschlangen müssen genau da, wo das U-Boot gegen das Riff gestoßen ist, ihr Nest gehabt haben. Die kamen mir vor wie Bienen ohne Stock.«

»Bin verdammt froh, dass du nicht gebissen worden bist.«

»Ich auch.«

Fuentes steuerte die *Pilar* an den überbrechenden Wellen vorbei und fuhr dann in Richtung Nordnordwest. Wir machten gute zehn Knoten, und durch die Strömung des Golfstroms kamen noch weitere fünf dazu.

Ich blickte zu den über das Riff rollenden Schaumkronen zurück. »Wisst ihr was, in ein paar Jahren wird dort eine Insel geboren werden.«

»Die nennen wir dann Cayo Ernesto«, witzelte Julius.

»Nein, nein«, erwiderte Papa lachend. »Die hat der Baron entdeckt. Das ist seine Insel.«

Siebzehn

»Professor«, fiel meine Mutter Dad ins Wort, »Sie wissen doch, dass Les wirklich eine Insel gebaut hat, oder?«

»Wirklich? Cayo Ernesto?«

»Quatsch«, antwortete Vater. »Bei so einem Blödsinn hätte sich Papa regelrecht der Magen umgedreht. Und außerdem gibt es nur einen Namen, der zu einer aus dem Meer aufgestiegenen Insel passt.«

»Und der wäre?«, fragte der Professor.

»Neu-Atlantis natürlich«, sagte Vater, und Charlie begann, im Hintergrund »My Country 'Tis of Thee« zu summen.

»Sie haben tatsächlich eine Insel im Meer gebaut?«, fragte der Professor.

»Nicht nur eine Insel«, rief Willeford dazwischen und unterbrach für einen Augenblick sein etwas falsches Gesumme. »Sie sehen den Präsidenten eines unabhängigen Landes vor sich.«

»Den Präsidenten? Lässt das Gesetz denn so etwas zu?«

»Allerdings – alles streng nach Vorschrift«, sagte Vater, und dann stimmte Charlie »Hail to the Chief« an. Meine Mutter meinte: »Charlie, kannst du dich bitte für eine Tonart entscheiden. Egal, welche.«

Vater ignorierte das Geplänkel und erzählte weiter. »Wir haben Neu-Atlantis auf einer Tiefseekuppe errichtet, ungefähr zehn Kilometer vor der Küste von Jamaika. Unsere Unabhängigkeit haben wir am 4. Juli 1964 erklärt.«

»Und warum dort?«

»Um die Seekuppe herum ist das Meer rund dreihundert Meter tief, aber auf der Kuppe selbst waren wir nur knapp acht Meter unter der Wasseroberfläche, und das Wichtigste – wir befanden uns in internationalen Gewässern. Wissen Sie, warum das wichtig ist, Professor?«

»Nein, eigentlich nicht.«

»Die meisten Leute, die die Zivilisation so richtig satt haben, träumen doch davon, auf eine einsame tropische Insel zu entfliehen. Hab ich Recht?«

»Ja, natürlich. Aber …«

»Aber es gibt keine. Jedenfalls nicht mehr. Heutzutage wird selbst auf die entlegenste Landzunge von irgendeiner Regierung Anspruch erhoben. Aber wenn sich eine Insel in internationalen Gewässern erheben sollte, dann könnte sie zu einem unabhängigen Land erklärt werden.«

»Das hört sich aber eher nach *Der Maus, die brüllte* an«, meinte der Professor.

»Bingo«, applaudierte meine Mutter.

»Ein gutes Buch«, lachte Dad. »Und nicht allzu weit von der bitteren Wahrheit entfernt. Überlegen Sie sich mal, 1964. Ein paar Jahre zuvor mussten die USA mit der Kubakrise fertig werden. Sie werden verstehen, warum Neu-Atlantis die Aufmerksamkeit des amerikanischen Außenministeriums erregte. Die waren natürlich daran interessiert zu sehen, ob wir eventuell groß genug für einen südlichen Abhörposten waren.«

»Sie meinen, Sie haben versucht, sich den Bau der Insel von der CIA bezahlen zu lassen?«

»Das wäre wirklich grandios gewesen«, sagte Mom mit einem Lachen. »Leider haben wir unser eigenes Geld in diesen Traum gesteckt.«

»Es war eine riskante Sache, aber wenn es geklappt hätte, dann hätten wir uns eine goldene Nase verdient. Wir wollten auf einer Seekuppe ein künstliches Riff bauen, das eine Sandbank tragen konnte. Das sollte alles nicht groß werden – sagen wir, hundert Meter breit und achthundert Meter lang. Letzten Endes hatten wir vor, ein kleines Hotel, ein Postamt und einen Leuchtturm mit einem Kurzwellensender zu bauen.«

»Ein Postamt? Und warum kein Kasino?«, fragte der Professor mit öliger Stimme.

»Ich wollte, dass es dort ehrlich zuging. Allerdings dachte ich an ein ozeanographisches Institut, so eins, wie Mike Learner in Bimini hatte.«

»Aber wie hätten Sie denn Geld verdient?«

»Das war ja das Schöne daran. Mit Briefmarken fängt man an, jedes Land hat Briefmarken. Die erste Briefmarke von Neu-Atlantis wurde zu Ehren von Präsident Johnson herausgegeben. Danach brachten wir Winston Churchill, Hubert Humphrey und unsere zurückkehrenden Kriegsgefangenen.«

»Erzähl ihm mal von den Skrupeln, Les«, lachte Willeford. »Das find ich derartig gut.«

»Was?«, fragte der Professor.

»Skrupel, Mann, Sie werden doch wohl wissen, was das ist«, sagte Vater. »Selbst Sie haben doch sicher ein paar. In Neu-Atlantis war das der Name der offiziellen Währung. Denn genau wie Dollars kann man auch nie genug Skrupel haben. Unser Kurs war mehr oder weniger identisch mit dem von Uncle Sams Dollar.

Aber das wahre Kunststück bestand darin, von der Welthandelsorganisation anerkannt zu werden. Dann kann man sich praktisch sein eigenes Geld drucken.«

»Das ist ja unglaublich. Warum hab ich denn davon nie etwas gehört? Und was kam dann?«

»Dann kamen die Hurrikane. 64 und 65«, antwortete Mutter.

Jeff hielt die Kassette an. »Mann – ich wollte schon immer mal wissen, wie dein Vater auf diese Idee mit Neu-Atlantis gekommen ist. Ich werd nie vergessen, wie er meinen Eltern das erste Mal davon erzählt hat. Ich war gerade zwölf – wir wohnten in diesem komischen runden Haus unten auf den Keys –, und ich dachte: ›Was für ’ne tolle Idee!‹«

»Ja«, sagte ich, »das war auch ’ne tolle Idee, aber …«

»Mein Opa war ein Präsident?«, unterbrach Bear uns. »Ein richtiger Präsident?«

»O ja. Er hat einen Traum gehabt und ihn verwirklicht. Zumindest für ein paar Jahre.« Ich lächelte. »Ich weiß noch, wie er seine Freunde noch Jahre später mit einem warmen ›Holla, Edelmann‹ begrüßt hat oder, wenn es eine Frau war, mit ›Ihre Ladyschaft‹. Er gab jedem einen Titel. Ich hab noch irgendwo Papiere, da steht drauf, dass ich eine ›Lady der Republik Neu-Atlantis‹ bin.«

»Ich wette, das ist in einem dieser Kartons«, meinte Jeff. »Ich hab einen gesehen, der war voll mit Fotos und Briefmarken aus Neu-Atlantis.«

»Die will ich sehen, die will ich sehen!«, rief Bear.

»Okay«, sagte Jeff, »aber immer sachte mit den jungen Pferden.« Er verschwand für einen Augenblick im Flur, und ich hörte, wie die Kammertür auf- und dann wieder zugemacht wurde.

»Das macht Spaß, stimmt's, Mom?«, sagte Bear grinsend.

»Ja«, lachte ich. »Irgendwie bin ich froh, dass du jetzt mal deinen Opa kennen lernst.«

»Seht mal«, sagte Jeff, während er den Inhalt eines Kartons auf dem Bett ausbreitete.

»Mann, das ist ja cool«, sagte Bear und nahm die Briefmarkenbögen in die Hand. Jeff nahm sich einen von rund einem Dutzend Zeitungsausschnitten. Ich sah mir die Fotos von der Insel an.

»Können wir die Marken auf unsere Weihnachtspost kleben?«, fragte Bear.

»Nein, mein Schatz, das sind Sammlerstücke«, meinte Jeff.

Er hielt einen Ausschnitt aus der *New York Times* hoch. »Seht euch das mal an. Dein Vater gründet sein eigenes Land, und in der Schlagzeile steht immer noch irgendwas von Hemingways kleinem Bruder. Der hat aber wirklich zeitlebens in Ernests Schatten gestanden.«

Ich zwang mich zu einem Lächeln. »Einmal, als ich ein Motorbootrennen gewonnen hatte, hieß die Überschrift ›Die junge Frau und das Meer‹, und Dad meinte: ›Hillsides, mach dir da mal nicht weiter Gedanken drüber. Selbst wenn du die erste Frau auf dem Mond gewesen wärst, würden sie ihre Zeitungen immer noch mit einem Bild von Papa verkaufen. Das Wichtige im Leben ist herauszufinden, wer du bist – und nicht, mit wem du verwandt bist.‹«

Ich blätterte zum nächsten Bild um. Es zeigte meinen Vater, wie er auf der Insel auf einer erhöhten Bambusplattform stand. Die Arme hielt er jubelnd in die Höhe, während er in die karibische Sonne blinzelte.

»Seht euch mal dieses Grinsen an.« Ich tippte auf das Foto. »Das hatte ich nach all diesen Jahren völlig vergessen. Dein Opa und ich haben auch ein paar ziemlich gute Abenteuer zusammen erlebt.«

»So wie er und sein Bruder?«

»Keine Seeschlangen oder Drachen, aber einmal waren wir in einem kleinen Boot in einem Riesensturm.«

Jeffry lächelte und berührte meine Hand. »Da musstest du vorhin dran denken, als du die Kassette angehalten hast, stimmt's?«, fragte er.

»Ja«, sagte ich. »Genau.«

»Hab ich die Geschichte schon mal gehört?«, fragte er mich.

»Du hast gesagt, du hast sie alle schon mal gehört – mindestens zweimal.«

»Stimmt, hab ich auch«, sagte er und sah absichtlich nicht zu Bear hin. »Schon gut.« Und er streckte die Hand nach der Play-Taste aus.

»Nein, warte doch mal. Erzähl mir davon, Mommy, erzähl mir davon«, sagte Bear ganz aufgeregt.

»Ach was, das interessiert dich doch gar nicht so sehr«, neckte Jeff sie.

»Doch! Wirklich!«

»Also …«

»Mom, bitte?«

Ich lächelte. »Ich war damals älter als du – dreizehn –, und mein Vater war von jemandem gebeten worden, ein Segelboot von Bimini nach Miami zurückzubringen. Der Eigentümer hatte Angst vor der Fahrt, weil der Motor kaputt war. Eigentlich hätte das kein Problem sein sollen. Man segelt einfach acht Stunden lang direkt nach Westen, und dann kommt man garantiert irgendwo in Florida an. Und außerdem hasste Papa Motoren sowieso. Er war diese Strecke schon oft nur unter Segeln gefahren. Da war überhaupt nichts dabei. Es war sogar so einfach, dass ich nur eine Gallone Wasser und ein Brot kaufen sollte. Wie gesagt, die Fahrt würde ja sehr schnell gehen.«

»Eine dreistündige Kreuzfahrt«, sang Jeff.

»Genau. Und als wir aus dem Hafen von Bimini ausliefen, meinte Dad: ›Hillsides, das wird ein prima Abenteuer.‹ Dazu muss ich euch sagen, dass ›prima‹ bei meinen Vater ein interessantes Wort war. Er hat's oft verwendet. ›Das wird ein prima Tag, ein prima Abenteuer, es war prima, dich zu sehen.‹ Aber ›prima‹ bedeutete nie ›leicht‹ oder ›einfach‹. Es bedeutete ›aufregend‹, ›hart‹, ›angenehm‹ und vor allem ›denkwürdig‹.

Und genau das war unsere Fahrt auch. Wir liefen ungefähr eine Stunde vor Sonnenuntergang aus. Dad tat sein Bestes, die Sonne zu vermeiden. Vor dieser Fahrt hatte ich nie ein Problem damit gehabt, nachts mit ihm zu segeln, aber da war ich auch noch nicht in das launische Wetter des Bermudadreiecks geraten.«

»Weißt du, was das Bermudadreieck ist, Bear?«, fragte Jeff.

»Nee.«

»Es wird auch Teufelsdreieck genannt. Das ist ein Gebiet zwischen Florida und den Bahamas, wo eine Menge Schiffe gesunken und Flugzeuge abgestürzt sind. Die verschwinden einfach, und niemand weiß, warum. Aber ich glaube nicht, dass der Teufel damit was zu tun hat. Das ist nur eine Gegend, wo es oft sehr schnell sehr stürmisch wird.«

»Und da habt ihr festgesessen, Mommy?«, fragte sie.

»Festgesessen nicht, mein Schatz«, sagte ich. »Aber mittendrin steckten wir schon. Wenn wir Wind hatten, dann war es gleich ein orkanartiger Sturm, Böen mit einer Geschwindigkeit von fünfzig Knoten und mehr. Deshalb haben wir unsere Segel eingeholt und die Luke verschalkt. Aber wenn der Sturm wieder vorbei war, dann war da nichts, absolute Windstille. Dann wehte kein Lüftchen. Das passierte während der ersten Nacht mehrere Male. Am nächsten Tag dann genau das Gleiche. Große Stürme, gefolgt von Flauten. Schließlich, als wir bereits zwanzig Stunden auf See waren, meinte Vater, wir sollten die Segel gesetzt lassen und versuchen, vor der nächsten Bö zu fahren.«

»Oje«, meinte Jeff, und dann, in Anspielung an *Gilligans Insel*: »Wäre die furchtlose Crew nicht so tapfer, dann wäre die *Minnow* verloren.«

»So ungefähr«, sagte ich. »Der Sturm kam dann auch, und wir hatten bis zu vier Meter hohen Seegang. Es krachte eine Menge Wasser aufs Deck. Zuerst war's irgendwie cool. Wie wir so diese riesigen Wellen durchpflügten, da hätten wir gut auf dem Titelbild vom *Sail Magazine* sein können.

Und dann haben wir sie gesehen. Diese tückische graue Wolke, die aussah wie eine sich langsam bildende, auf die Meeresoberfläche herabsinkende Eistüte. ›Hillsides, das ist eine Wasserhose!‹, brüllte mein Vater. ›Wir holen besser ganz schnell das Segel ein.‹

Ich hatte bis dahin noch nie eine Wasserhose gesehen. Ich wusste nicht einmal, dass das was Gefährliches war, bis ich sah, dass sie wie ein Tornado im Kreis herumwirbelte. Aber was sollte ein Tornado auf See schon groß anrichten können?, dachte ich. Einen Fisch hochsaugen und ihn durch die Luft schleudern?

Ich machte mich auf den Weg zurück zum Mast, behielt die herumwirbelnde graue Tüte jedoch ständig im Auge. Die Wellen fingen an, ganz schön zu schäumen. Ich wusste, dass das kein normaler Sturm war, aber ich hatte keine Ahnung, in welcher Gefahr wir uns tatsächlich befanden. Schließlich war ja mein Dad bei mir. Und der schien sich keine allzu großen Sorgen zu machen – nein, der lachte sogar. Warum sollte ich mir da also Sorgen machen?«

»Na – wie wär's mit gesundem Menschenverstand?«, schlug Jeff vor.

Ich lachte. »Nicht gerade die stärkste Seite in meiner Familie«, antwortete ich.

»Daddy, unterbrich nicht dauernd«, sagte Bear. »Und dann, Mommy? Was war mit dem Tornado?«

»Die Wasserhose sank immer weiter herunter«, sagte ich. »Und dabei wurde der Wind immer stärker. Und stärker.«

»Es hat sich genauso angehört wie im Film«, sagte ich zu Bear. »Der Wind klang wie ein Güterzug, der über einen hinwegfuhr, und dann wurde der Ton immer höher, und es hörte sich an wie ein schriller Schrei von irgendeinem furchtbaren Geist. Ich sah meinen Vater an, wie der das Boot in den Sturm hineinlenkte, und fragte: ›Dad, wird uns auch nichts passieren?‹ Er lächelte und meinte: ›Keine Bange, meine Kleine. Kümmer dich mal um das Segel da.‹

Ich merkte, dass ich es nicht schaffte, die Segel einzurollen. Der Wind zerrte viel zu stark daran, weshalb Dad mir zurief: ›Binde die mal besser ganz schnell zusammen. Wir haben bloß noch ein paar Minuten.‹ Und dann brüllte er: ›Ist das nicht prima?‹

Langsam kamen mir so meine Zweifel, aber ich stolperte und kroch zum Bug vor, wo ich dann die Ankerleine um das Fock herumwickelte. Das Segel schlug in einem dumpfen Takt – *bumm, bumm, bumm*, wie ein ohrenbetäubend lauter Herzschlag. Aber nach und nach gelang es mir, mit der Leine die Luft aus dem Segel herauszudrücken.

Nun hatte ich die ganze Zeit über nur auf das Segel geachtet. Zu der Wasserhose hatte ich mehrere Minuten lang nicht hingesehen. Stellt euch also meine Überraschung vor, als ich mich umdrehte und sah, dass dieses wirbelnde Ungetüm nur noch ungefähr einen halben Kilometer vor unserem Steuerbordbug war. Es drehte sich wie wahnsinnig, ein grünlich schwarzes wildes Ding, und das Wasser in seiner Nähe war derart aufgewühlt, dass die Schaumkronen nur so durch die Luft flogen. Und da wurde mir dann endlich klar, dass dieses Ding wirklich gefährlich war. Ich glaube, ich konnte nicht mal atmen, solche Angst hatte ich.

Ich blickte zu diesem dreihundert Meter hohen grauschwarzen Riesen, der sich so wild drehte wie der Drillbohrer von Lewis Carrolls Verrücktem Hutmacher, und spürte, wie mir die Knie weich wurden. Ich sah ohne jede Hoffnung zu, wie er Tausende Tonnen Wasser hochsaugte und sie in einem weiten Umkreis versprühte. Wir hatten keine Chance, ihm zu entkommen.

Je näher das Ungetüm kam, desto stärker regnete es. Eine Hand hielt ich mir vors Gesicht, mit der anderen hielt ich mich am Deck fest. Die Tropfen schlugen jetzt so hart auf meine Haut, dass sie sich wie Wespenstiche anfühlten. Der tosende Wind ließ die Wanten unseres Großsegels aufheulen. Und wir legten uns so weit über, dass jede anrollende Welle direkt ins Cockpit zu spülen schien. Ich war mir sicher, dass wir untergehen würden.

Es bestand keine Hoffnung, das Großsegel einzuholen; ich war froh, mich irgendwo festklammern zu können. Ich blickte zu Dad zurück, der die Ruderpinne festhielt. Er war bis auf die Knochen durchnässt, aber seinem Gesicht sah man keine Angst an. Nein, er war wütend wie ein Kind, das mit dem Ball vom Spielfeld abhauen will. Die Natur hielt sich nicht an die Regeln, und er wollte weg.

Man konnte aber nicht einfach ›weg‹. Das Meer um uns herum brüllte und tobte wie ein verwundetes wildes Tier. Dann spürte ich einen entsetzlichen Druck auf meinem Gesicht und meiner Brust, und die Luft wich aus meinen Lungen. Ich konnte nicht mehr atmen. Unser kleines Boot erhob sich wie ein Spielzeug aus dem Wasser und wurde zur Seite geworfen. Und dann knallten wir wieder runter – es konnte einem schlecht werden. Es spritzte unheimlich. Die Wellen waren so hoch wie unser Mast. Ich wusste gar nicht, dass sie überhaupt so groß werden konnten. Dann krachten sie aufs Deck – ich kam mir vor wie auf einer außer Kontrolle geratenen Fahrt in einem Wildwasserpark. Meine Augen brannten vom Salz, mein Puls raste, und mein Magen war schon irgendwo ganz oben im Hals und würde mir jeden Augenblick aus dem Mund heraus ins Wasser geschleudert werden.

Dann sah ich den Trichter. Er bewegte sich weg, entfernte sich von uns wie ein betrunkener Autofahrer, schlingerte von einer Seite zur anderen. Wir waren in Sicherheit. Zumindest dachte ich das. Da hörte ich, wie mein Vater ›Duck dich!‹ schrie.

Ich blickte auf und sah unseren hölzernen Mast wie einen Bleistift kaputtbrechen. Wenn ich jetzt daran denke, kommt es mir seltsam vor, aber es klang genauso, als wenn im Wald ein Baum umstürzt. Ich versuchte auszuweichen, rutschte aber auf einem Haufen verhedderter Seile aus. Und noch bevor ich irgendetwas rufen konnte, war ich auch schon über Bord und unter Wasser.«

»Mom!«, sagte Bear, deutlich entsetzt.

»Lass mal«, meinte Jeff. »Das nimmt schon ein gutes Ende.« Das hatte er ihr immer gesagt, wenn er ihr Gutenachtgeschichten vorgelesen hatte, die ihre Phantasie allzu sehr beflügelten.

»Wirklich, Mom?«, fragte Bear.

»Ich bin doch hier«, sagte ich.

»Was ist dann passiert?«

»Na ja – ich kam rund fünf Meter hinter dem Boot wieder hoch. Bevor ich in Panik geraten konnte, spürte ich, wie es an meinen Gurten ruckte. Das Seil hatte gehalten – ich war noch mit dem Boot verbunden.«

»Puuh«, sagte Bear.

»Aber ich wurde die ganze Zeit durchs Wasser gezogen, durch riesige Wellen hindurch. Eigentlich hätte mir das nichts ausmachen sollen. Ich war ja schließlich nicht am Ertrinken. Aber ich konnte meine Angst nicht abschütteln. Denn gerade in der Woche davor hatte ich den Film *Der weiße Hai* gesehen. Danach war mir wirklich die ganze Lust am Schwimmen im Meer vergangen. Ich hatte jetzt mehr Angst vor Haien als vor dieser Wasserhose.«

»O Mann, und was hast du gemacht?«, fragte Bear.

»Ich hab angefangen, mich zum Boot hinzuziehen, immer eine Hand über die andere, immer an dem Rettungsseil entlang. Jedes Mal, wenn ich versuchte einzuatmen, hab ich die Hälfte Luft und die Hälfte Wasser geschluckt. Als ich das Boot dann erreicht hatte, war ich völlig erschöpft. Komisch, aber dieser Film und meine Angst vor Haien, die haben mich gerettet.«

Ich blickte zu meiner Tochter hinunter. »Als ich endlich nah genug am Boot war, da packte dein Opa mich beim Arm. Du weißt ja, dass er mir nicht absichtlich wehgetan hätte, aber als er mich aus dem Wasser rauszog, da hat er so doll gezogen, dass ich mir den Arm ausgekugelt hab.«

»Ist das so was wie gebrochen?«, fragte Bear.

»Das heißt ›aus dem Gelenk gedreht‹«, erklärte ihr Jeff.

»Auuuah«, sagte Bear. »Das muss aber wehtun.«

»Na ja, sagen wir mal, meine ersten Worte waren nicht unbedingt ›Danke schön‹. Aber Dad hat ihn schnell wieder eingerenkt, und nach ein paar Stunden waren die Schmerzen dann auch nicht mehr so schlimm.«

»Halt, einen Moment mal.« Bear begann zu lachen. »Oma hat mir erzählt, dass du dir den Arm beim Bäumeklettern ausgekugelt hast. Hast du das alles nur erfunden?«

»Ha – da hat sie dich erwischt!«, lachte Jeff.

»Hätt ich mir die ganzen Einzelheiten etwa ausdenken können? Ich bin doch kein Geschichtenerzähler, so wie mein Vater.«

»Nein, ganz offensichtlich nicht«, sagte Jeff.

»Als ich sieben war, bin ich von einem Baum gefallen, und als ich dreizehn war, aus einem Boot.«

»Na, ich weiß nicht«, meinte Jeff und zwinkerte Bear zu. »Deine ganze Familie scheint Spaß daran zu finden, ihre Leistungen ein wenig auszuschmücken.«

»Was heißt 'n das?«, fragte Bear.

»Das heißt, dass deine Mom zu einem Stamm gehört, der gern eine gute Geschichte erzählt. Selbst wenn das bedeutet, dass man sie erfinden muss«, antwortete Jeff.

»Meinst du nicht, dass das meine Angst davor erklärt, nachtsüber zu segeln? Und du weißt ganz genau, wie ich das Geräusch von starken Winden hasse.«

»Es ist doch vollkommen egal, ob wir dir glauben oder nicht«, sagte Jeff. »Es ist trotzdem eine gute Geschichte.«

»Da hat Dad Recht. Aber ich will wissen, wie ihr nach Hause gekommen seid«, sagte Bear.

»Warte mal, ich hab's«, sagte Jeff. »Ihr wurdet von einem Nazi-U-Boot auf einer Reise durch die Zeit nach Hause geschleppt. Oder nein, warte mal – von einem UFO!«

»Nicht ganz«, lachte ich. »Aber fast.«

»Wirklich?«, sagte Bear.

»Jawoll. In der zweiten Nacht, die wir da draußen waren – ich schätze, es war ungefähr zehn Uhr –, da war der ganze Himmel plötzlich hell erleuchtet.«

»Was war das denn?«, fragte Bear.

»Stell dir vor, auf dich scheint das hellste Licht, das du dir überhaupt nur vorstellen kannst. Es ist so hell, dass du nur das sehen kannst, was im Licht selbst ist.«

»Cool, war das dann wirklich ein UFO?«, fragte Bear.

»Nee. Als ich aus der Kajüte trat, hörte ich, wie sich uns riesige Dieselmotoren näherten. Dad rief: ›Muss ein Kutter von der Küstenwache sein!‹ Ich bin in meinem ganzen Leben nicht so froh gewesen wie in dem Augenblick, als ich diese Worte hörte. Denn ihr dürft nicht vergessen, dass ich gerade acht Stunden damit verbracht hatte, mit einem Eimer Wasser aus unserer Kajüte zu schöpfen.

Es dauerte ein paar Minuten, bis das Licht herangekommen war. Es war so hell, dass wir unsere Augen mit den Händen abschirmen mussten. Vater schickte mich nach vorn zum Bug, damit ich das Schlepptau hinüberwarf.

»Und dein Arm?«, fragte Bear, und Jeff meinte: »Gut aufgepasst, Bear.«

Lächelnd sah ich die beiden an. »Natürlich hab ich dazu meinen unverletzten Arm benutzt. Ich hab die so gehalten, die Bugleine«, sagte ich und rollte die Gardinenschnur zusammen. Dann lehnte ich mich zurück und schwang den Arm. »Ich hab gewartet, bis sie auf mehrere Meter herangekommen waren. Aber gerade, als ich dachte, ›Okay, jetzt sind sie nah genug dran‹, wurde der Suchscheinwerfer ausgestellt. Da haben Dad und ich dann gesehen, dass da gerade ein mehr als hundert Meter langer Hochseefrachter mit Höchstgeschwindigkeit direkt vor uns vorbeigerauscht war.

Ehrlich gesagt war ich froh über dieses grelle Licht. Denn sonst hätten wir dieses riesige Schiff auf uns zukommen sehen und wären vor lauter Angst gestorben.«

»Also, wenn die euch nicht gerettet haben, wer denn dann?«, fragte meine Tochter.

»Weißt du noch, wie Opa von der Lektion fürs Leben Nummer eins gesprochen hat? – ›Verlass dich nie auf jemand anders mehr als auf dich selbst‹? Tja, am nächsten Morgen stellten Dad und ich ein Inventar auf. Eine leere Batterie, kein Funkgerät, eine Tasse Trinkwasser, zwei Scheiben Brot, ein kaputter Motor und ein gebrochener Mast.

Ich weiß noch, wie Vater lächelte und meinte: ›Noch ist nicht alles verloren, meine Tochter – in keinster Weise. Wir können immer noch mit dem Bimini-Topp segeln. Und beim nächsten Regen stellst du ein paar Töpfe und Tassen raus. Nichts schmeckt so süß wie Gottes Saft.‹

Versteht ihr, meinem Vater machte das alles immer noch Spaß. Ich weiß nicht, ob er die Gefahr liebte oder einfach nur gern Mutter Natur herausforderte. Aber es war genau in solchen Augenblicken, dass er mir am lebendigsten vorkam, am meisten sein eigener Herr zu sein schien.«

»Jetzt erzähl aber mal die Geschichte zu Ende«, forderte Bear. »Wie seid ihr denn nun nach Hause gekommen?«

»Es kam noch ein Sturm auf. Der war zwar böse, aber im Vergleich zu der Wasserhose gar nichts.

Als die schweren Regengüsse und die starken Winde kamen, ließen wir das Bimini-Topp herunter und setzten es in so einem Winkel, dass daraus ein perfektes Vorwind-Rahsegel wurde. Wir wurden direkt nach Westen geschoben. Genau in die Richtung, in die wir fahren mussten. Ich kann mich noch an Dads glückliches Grinsen erinnern, als er die Ruderpinne in der Hand hielt. Er sagte: ›Hillsides – so lässt's sich leben!‹

Ein paar Stunden später sichteten wir dann endlich Land. Ein großes Fischerboot kam auf uns zu, und Papa überredete den Kapitän dazu, uns ins Schlepp zu nehmen. Gleich nördlich von Palm Beach liefen wir dann in einen Hafen ein.«

»Das war aber eine Fahrt«, meinte Jeff.

»Das kann man wohl sagen«, erwiderte ich, und ein paar Sekunden lang war ich wieder bei Dad. Das Geräusch der gegen den Rumpf schlagenden Wellen, das Quietschen und Knarren und Wogen eines Bootes unter Segeln; der beruhigende Anblick meines Vaters, wenn er die Ruderpinne in der Hand hielt und ein stilles Lächeln um seine Lippen spielte.

Ich sah auf und merkte, dass Bear und Jeffry zu mir hinüberblickten.

»Erde an Mom«, sagte Bear.

»Ich musste nur gerade an was denken«, sagte ich.

Jeff beugte sich vor und streichelte mir über die Wange. Dann streckte er seine Hand aus – auf einer

Fingerspitze glänzte eine Träne. »Das hörte sich an, als wenn's eine gute Erinnerung war«, sagte er.

»War's auch«, sagte ich und wischte mir die Wange ab. »Aber dabei ist mir auch etwas klar geworden. Das größte Geschenk, das mein Vater mir gegeben hat, war die Lektion, dass das Leben selbst das Abenteuer ist. Ganz egal, was es einem beschert – man kann es schaffen. Darum – tja ...« Ich verstummte.

»Was?«, fragte Bear.

»Darum ist es schwer, sich damit abzufinden – wie ...« Wieder versagte mir die Stimme, und ich wischte eine weitere Träne weg. »Es ist schwer für mich, mich damit abzufinden, wie Dad gestorben ist.« Jetzt weinte ich ein wenig. Jeff legte mir eine Hand auf den Rücken.

»Mir fehlt mein Vater«, sagte ich und atmete tief aus. »Er fehlt mir wirklich, so wie er war – bevor er krank wurde.« Ich versuchte, nicht die Selbstbeherrschung zu verlieren, und blickte zu Bear. Sie sah richtig besorgt aus. Der Großteil aller Kinder weiß nicht, was er tun soll, wenn seine Mutter weint, und sie war sensibler als die meisten. Ich konnte es nicht ertragen, vor ihr zu weinen, aber ich kam mir so verdammt klein vor. Eher wie ein Kind als wie eine Mutter. Plötzlich war mir zumute, als wenn ich gerade beide Eltern verloren hatte. »Diese verdammte Kassette«, sagte ich.

»Mommy, erzähl mal – wie ist Opa denn gestorben?«, fragte Bear.

»Jetzt nicht, meine Süße«, sagte Jeff schnell, aber ich hob eine Hand in die Höhe.

»Das ist schon in Ordnung«, sagte ich. »Irgendwann muss sie es sowieso wissen, da kann sie's auch ebenso gut jetzt erfahren.«

»Was muss ich wissen?«, fragte Bear. »Was ist denn daran schlimm, wenn man stirbt? Müssen wir nicht alle sterben?«

»Ja«, sagte ich. »Das müssen wir.« Ich wischte mir das Gesicht ab und atmete tief durch. Bear war ein empfindliches, einfühlsames Kind – was ihre Frage umso schwerer machte.

In welchem Alter ist ein Kind so weit, dass man mit ihm über Selbstmord sprechen kann? Wie konnte ich den Tod ihres Großvaters erklären, ohne ihr Bild von einem mutigen, abenteuerlustigen Mann zu zerstören? Einerseits war er der Mann, der mir beigebracht hatte, wie man Mut beweist und das Leben liebt. Aber er war auch ein Mann, der sich das Leben genommen hatte. Ich konnte diese beiden Aspekte nicht unter einen Hut bringen. Sein Ende ließ den Rest seines Lebens fast wie eine Lüge erscheinen – aber das war es nicht, ich war mir sicher, dass es das nicht war. Doch wie konnte ich das meiner Tochter erklären, wenn ich es selbst nicht verstand?

Wartend blickte Bear zu mir hoch. Ich hoffte, dass, wenn es mir gelang, das Ganze in Worte zu fassen, aus denen meine Tochter schlau wurde, ich es vielleicht auch endlich verstehen würde. »Dein Opa«, begann ich, »hatte das Gefühl – dass sein Körper ihn betrogen hatte.«

»Was?«, fragte sie. »Was heißt ’n das?«

Eine Unzahl von Bildern ging mir durch den Kopf: Sprechzimmer, Krankenhauszimmer, Wartezimmer. Dad beim Arzt, Dad, wie er, die Hände überm Kopf ineinander gelegt, zum Abschied winkt, Dad auf dem Fliesenboden, den Revolver neben sich. Ich schloss die Augen und hörte, wie Jeff es Bear erklärte, während mein Gedächtnis weiter von Bildern überflutet wurde.

»Das heißt, dass Opas Körper sich gegen ihn gewandt hat«, sagte Jeff.

»Aber – wir *sind* doch unser Körper«, sagte Bear.

»Wir sind entweder noch viel mehr, oder wir sind gar nichts«, sagte Jeff. »Opa dachte, dass sein Körper langsam und allmählich starb und dabei die Dinge tötete, die ihn zu dem machten, der er war.«

»Ich versteh immer noch nicht, wie der Körper einen töten kann«, sagte Bear. Ich konnte sehen, dass sie das Ganze ziemlich mitnahm. Aber wir waren schon zu weit, als dass wir das Gespräch plötzlich abbrechen konnten.

»Diabetes«, antwortete ich und öffnete die Augen. »Er hatte Diabetes.«

Das war einfach und wahr. Das wird sie akzeptieren, dachte ich. Und Diabetes hatte ihn auch umgebracht. Egal, was die allwissenden Ärzte sagen, die behaupten, dass niemand an Diabetes stirbt. Natürlich tut das keiner; man stirbt an Herzversagen, Leberversagen, Kreislaufversagen, Depressionen und natürlich durch Selbstmord. Niemand stirbt an der Krankheit selbst. Dazu lebt ja keiner lange genug.

»Diabetes, wirklich?«, fragte Bear, die spürte, dass ich ihr noch irgendetwas verschwieg.

»Na ja, gewissermaßen. Sieh mal – die Art von Diabetes, die bei den Hemingways in der Familie liegt, die bricht erst durch, wenn man viel, viel älter ist. Da brauchst du dir jetzt keine Sorgen zu machen.«

»Na gut, aber was macht die denn?«

»Die, äh, zerstört den Körper von innen heraus – bei deinem Großvater führte das dazu, dass er den Tod sehr viel attraktiver fand als das Leben.«

»Aber Opa hatte doch keine Angst«, sagte Bear und blickte zwischen Jeff und mir hin und her. »Oder doch?« In ihrem Lächeln lag eine Spur von Unsicherheit.

»Er hatte keine Angst«, sagte Jeff. »Vor gar nichts.«

»Dann – versteh ich das nicht«, sagte Bear. Ich konnte sehen, dass sie versuchte, sich darüber klar zu werden, ob man vor dem Tod Angst haben sollte oder nicht. Ich versuchte sie zu beruhigen.

»Schatz, dein Opa liebte Abenteuer. Er liebte es, sich selbst auf die Probe zu stellen, und hatte ein absolutes Vertrauen in sich und seine Fähigkeiten. Der Diabetes hat ihm das alles weggenommen. Er lässt einen von innen her verfaulen.«

Ich hielt inne, denn was ich da sagte, leuchtete mir tatsächlich ein. Das erste Mal seit fünfzehn Jahren dachte ich nicht daran, *wie* mein Vater gestorben war, sondern *warum* er seinem Leben ein Ende gesetzt hatte. »Willst du wissen, wann ich das erste Mal ahnte, dass dein Opa krank war? Das war an einem heißen, schwülen Junitag, da kam er ins Zimmer und meinte: ›Hillsides, ich bin schweißgebadet, aber meine Füße sind eiskalt. Was meinst du, was das ist?‹ Tja, ich hatte keine Ahnung und er auch nicht.«

»Das hört sich aber gar nicht so schlimm an«, meinte Bear.

»Irgendwie war's das aber«, sagte ich, »denn dass seine Füße kalt waren, das war bloß das erste Symptom. Am nächsten Wochenende fuhr Dad nach Bimini rüber, die üblichen geschäftlichen Sachen wegen der Zeitung. Irgendwas ist da passiert, und er verletzte sich am Fuß. Wenn man bedenkt, was er alles durchgemacht hatte, war das keine große Sache. Aber sein Fuß wollte einfach nicht heilen. Als er dann schließlich zu einem Arzt ging, hat man sofort eine Operation angesetzt, um die Durchblutung wiederherzustellen. Seine Füße waren kalt, weil wegen des Diabetes seine Venen zusammengefallen waren.«

»Igitt. Und was haben sie gemacht, um ihn wieder gesund zu kriegen?«

»Seine Ärzte haben ihm eine Diät verordnet: kein Alkohol, kein Zucker, kein Salz. Im ersten Monat nahm Vater ungefähr fünfzig Pfund ab. Aber als Diabetiker hat er immer noch ein starkes Verlangen nach Zucker verspürt.« Wie gut konnte ich mich daran noch erinnern. An die Augenblicke, wo er versuchte, heimlich Süßigkeiten zu essen, als wenn er seinem Körper und der Krankheit genauso leicht etwas vormachen könnte wie uns. Manchmal war es schon fast lustig – aber nur fast. »Einmal hörten wir es von der Auffahrt her hupen. Deine Oma ist rausgerannt und fand Opa mit dem Oberkörper auf dem Lenkrad liegend. Sie war sich sicher, dass er einen Herzanfall gehabt hatte, aber dann hat er sich plötzlich wieder aufrecht hingesetzt.«

»Was war denn gewesen?«, fragte Jeff.

»Er hatte vor dem Abendessen heimlich einen Liter Eis und einen Apfelkuchen verdrückt.«

»Junge, Junge.« Bear lachte. »Dann wusste Opa also, dass Zucker nicht gut für ihn war, und hat ihn trotzdem gegessen? Weil er das Leben so liebte?« Für Bear waren Eis und Apfelkuchen der Inbegriff des Lebens, und das zu essen und dadurch zu riskieren, krank zu werden – das war echter Mut und wahre Abenteuerlust. Aber ich schüttelte den Kopf. Wir hatten damit angefangen, und jetzt wollte ich auch, dass sie es richtig begriff.

»Nein, mein Schatz. Nicht deswegen. Das war nicht eins von Opas Abenteuern. Das war die Krankheit, die ihn dazu veranlasste, Dinge zu tun, von denen er wusste, dass sie nicht gut waren. Wenn man nicht mit einem Diabetiker zusammenlebt«, sagte ich, »dann kann man das gar nicht verstehen. Der Körper verspürt ein Verlangen nach Zucker, obwohl er ihn nicht abbauen kann. Und dann die Stimmungsschwankungen, Mann o Mann.«

»Das versteh ich nicht«, sagte Bear.

»Einen Augenblick fühlst du dich glücklicher, als du es in deinem ganzen Leben je gewesen bist, und voller Energie. Im nächsten Augenblick – bums. Da willst du dich bloß noch hinlegen – du fühlst dich, als wenn du die ganze Welt und alle Menschen nur noch hasst.«

»So wie du und Dad, wenn ihr einen Abgabetermin für eure Bücher habt?«

»So ähnlich«, antwortete ich lachend. »Aber bei meiner Familie ist das ein permanenter Abgabetermin.«

»Sagen wir mal, die Hemingways sind berühmt für ihre Stimmungsschwankungen«, sagte Jeff. »Natürlich ausgenommen deine Mutter«, fügte er schnell hinzu und duckte sich vor einem imaginären Boxhieb.

»Sieh mal, heute weiß man, dass diese Schwankungen mit unserem Blutzuckerspiegel zusammenhängen. Gib uns Zucker, und wir sind wie aufgeputscht. Ohne ihn haben wir überhaupt keinen Schwung und werden grantig.«

»Und zwar richtig grantig«, fügte Jeff hinzu.

»Du meinst, traurig?«, fragte Bear.

»Mehr als nur traurig. Wenn ein Diabetiker Depressionen hat, dann explodiert er bei jeder Kleinigkeit. Manchmal – na ja, da hat man dann Schwierigkeiten, sich zu konzentrieren. Man fängt mit irgendetwas an, und dann macht man auf einmal irgendwas anderes. Und die ganze Zeit über drohen die inneren Organe den Betrieb einzustellen. Wenn man mit einem Diabetiker lebt, wenn man selbst Diabetes hat – das ist eine tägliche Herausforderung.«

»Hast du diese Krankheit auch?«, fragte Bear mich mit einem ängstlichen Gesichtsausdruck.

»Nein, aber sie liegt in unserer Familie. Mein Bruder Peter und deine Tante Annie haben sie, und unser Vater, Onkel Ernest, und Großvater Hemingway hatten sie auch. Wahrscheinlich reicht sie noch weiter zurück, aber man hat erst in den letzten siebzig Jahren Tests gemacht. Und richtig behandeln lässt sie sich erst seit zehn Jahren. Als Onkel Ernest in der Mayo-Klinik war, da hat man nicht seinen Diabetes behandelt, sondern seine Depressionen.«

»Wie denn?«, fragte Bear.

»Mit Schockbehandlungen. Da schließt man das Gehirn an elektrischen Strom an und schmort es dann gewissermaßen.«

»Ätzend.« Bear verzog das Gesicht.

»Ja. Kaum zu glauben, dass man meinte, das würde helfen. Aber bei manchen Leuten hilft's wirklich. Die vergessen dann völlig, warum sie deprimiert waren. In Wirklichkeit vergessen sie eine Zeit lang alles. Was meinst du, kannst du dir vorstellen, warum das für einen Schriftsteller eine richtig schlimme Behandlungsmethode wäre?«

»Wenn man sich an nichts erinnern kann, worüber soll man denn dann schreiben?«

»Bingo«, sagte Jeff. »Da wird man bestohlen. Da werden einem genau die Erinnerungen gestohlen, die man braucht, um sich Geschichten auszudenken. Weshalb man natürlich noch mehr Depressionen kriegt, wenn man dann nicht mal mehr schreiben kann.«

»Und darum sind Opa *und* Onkel Ernest gestorben?«

»Genau.«

»Oh. Okay«, sagte Bear. Sie runzelte die Stirn und saß einen Augenblick still da. Und wir auch. Dann sah sie wieder auf.

»Na gut, aber wartet mal«, sagte Bear. »Irgendwas versteh ich da nicht.« Sie blickte zwischen uns beiden hin und her. »Sind die jetzt an Diabetes gestorben oder von dem elektrischen Strom?«

»Von keinem von beidem«, erwiderte ich und sagte dann einen Augenblick lang gar nichts, bevor ich endlich den Satz herausbekam, den ich die ganze Zeit über vermieden hatte: »Sie sind gestorben, weil sie sich erschossen haben.«

Achtzehn

»Was?« Bear war fassungslos. »Du meinst, mit einer *Pistole*?« Das war das erste Mal, dass sie etwas vom Selbstmord ihres Opas gehört hatte. Ich wollte zwar nicht ihre keimende Freundschaft mit ihrem Großvater zerstören, aber jetzt musste ich es ihr schon erklären.

»Wenn man Diabetes hat, dann hat man ganz reale, logische Gründe, Depressionen zu haben. Gegen Ende seines Lebens musste dein Opa damit rechnen, dass ihm beide Beine amputiert wurden und dass er das Augenlicht verlor. Das Gewicht deines Großonkels Ernest war von zweihundertzehn Pfund, als er gesund war, auf klägliche hundertfünfundfünfzig heruntergegangen. Verstehst du – sie wurden beide zu Schatten ihrer selbst.«

»Da haben sie also beide Angst vorm Sterben gehabt?«, fragte Bear.

»Nein«, meinte ich. »Ich glaube nicht, dass sie Angst vor dem Tod hatten. Sie hatten Angst davor, ein eingeschränktes Leben leben zu müssen.«

»Was heißt 'n ›eingeschränkt‹?«

»Weniger, als es vorher war. Weniger, als es sein sollte«, sagte Jeff.

»So wie bei Oma?«, fragte Bear.

»Genau.« Ich schluckte kräftig. Diese Verbindung hatte ich selbst noch gar nicht hergestellt. Mit ihrem Lungenkrebs hatte Mom sich einer langen Strahlen- und Chemotherapie unterzogen. Sie hing an einem Sauerstoffschlauch und war ans Krankenbett gefesselt, und trotzdem kämpfte sie weiter. Als die Ärzte ihr dann nur noch sechs Monate gaben, lebte sie noch sechs ganze Jahre. Vielleicht war das der Grund, dass ich den Tod meiner beiden Eltern so unterschiedlich sah. Mutter hatte um ihr Leben gekämpft, und als der Tod sie dann holte, war ich darauf vorbereitet.

»Weißt du noch, was ich gesagt habe, als Oma starb?«

»Du hast gesagt – sie ist im Himmel.«

»Ja.« Ich blickte zu Jeff. »Und ich hab gesagt, als sie starb, da war das, gleich nach deiner Geburt, der schönste Augenblick meines Lebens.«

»Aber hast du Oma nicht lieb gehabt?«, fragte Bear.

»Ich hab sie immer noch lieb. Ich hab sie so lieb gehabt, dass ich sie nicht mehr leiden sehen wollte. Als sie starb, da waren deine Tante Annie und ich an ihrem Bett und hielten ihre Hände. Wir haben ihr gesagt, dass wir sie lieb hätten. Wir haben ihr gesagt, dass es in Ordnung wäre loszulassen. Der Pfarrer des Hope Hospice sprach ein Gebet, und dann kamen die Engel und holten sie.«

»Mom. Engel?«

»Ja. Das glaub ich wirklich. Deine Oma drehte den Kopf von uns weg, sah zur Tür und lächelte, als wenn gerade jemand ins Zimmer gekommen wäre. Jemand, den sie sehr lieb und eine Weile nicht gesehen hatte. Es waren drei, und sie begrüßte jeden mit einem Lächeln und folgte ihnen mit den Augen, während sie an ihr Bett traten.«

»Und was hat sie gesagt?«

»Sie hat gar nichts gesagt. Aber es war klar, dass sie irgendetwas sah. Sie war so glücklich. Und als der Letzte hereinkam, da kullerte ihr eine Träne aus dem Auge, und sie stieß ein wunderschönes Lachen aus, und da wusste ich es. Es war dein Großvater. Nur mein Vater konnte meine Mutter so zum Lachen bringen. Und deine Tante Annie und ich weinten. Wir wussten, dass Mutter auf dem Weg zu einem großen Fest war.« Mit dem Ärmel wischte ich mir die Tränen ab, schaute auf und sah, dass Bear mich mit einem ernsten, fragenden Blick anstarrte. Ich nahm ihre Hand.

»Und Oma hat mir ein tolles Geschenk gegeben. Ich hätte schon gern an ein Leben nach dem Tod geglaubt, tat es aber nicht. Nicht nach dem Tod meines Vaters. An dem Abend, als es passiert war, saß ich die ganze Nacht wach auf dem Fliesenboden und wartete. Ich wartete die ganze Nacht über. Ich wollte eine Art Zeichen. Irgendetwas – egal was. Irgendetwas, das auf Wiedersehen bedeutete. Ich saß die ganze Nacht da, aber nichts geschah. Er hatte uns keinen Zettel hinterlassen oder irgendein Zeichen, das …« Ich hielt einen Augenblick inne und ließ meinen Tränen freien Lauf. »Ach Mensch«, sagte ich schließlich. »Ich wollte halt seinen Geist sehen. Ich wollte, dass er aus dem Grab zurückkam und sagte, dass es ihm Leid täte und dass ich ihm fehlte. Aber er hat's nicht getan. Nichts. Dehalb hatte ich, als Oma dann einschlief, das Gefühl, endlich die Gelegenheit zu haben, ihnen beiden auf Wiedersehen zu sagen.«

Ich wusste nicht, was ich sonst noch hätte sagen können, und so sah ich Bear einfach nur an. Sie blickte weg, ließ sich das alles erst einmal durch den Kopf gehen. Entweder würde sie es glauben oder aber nicht. Das war ihre Entscheidung. Schließlich sah sie zu mir hoch und lächelte mich strahlend an.

»Ich finde diese Kassette gut«, sagte Bear.

»Und warum?«, fragte ich.

»Weil du mit einem Lächeln statt mit Tränen von Opa erzählst.«

Jeff flüsterte: »Wie bist du nur so schlau geworden?« Ich nahm meine Tochter in die Arme.

»Einfach Glück gehabt.« Bear grinste.

»Ist hier irgendjemand daran interessiert, die Kassette zu Ende zu hören?«, fragte Jeff. »Wir haben's fast geschafft.«

»Auf jeden Fall«, sagte ich und drückte die Play-Taste des Barney-Kassettenrekorders.

»Hurrikane?«, fragte der Professor. »Aber gibt's die denn bei Ihnen nicht jedes Jahr?«

»In Wisconsin gibt's keine«, sagte Mutter trocken.

»Das waren die schlimmsten Hurrikane, an die ich mich erinnern kann«, sagte mein Vater. »Die Stürme kamen einer nach dem anderen heulend übers Meer auf uns zugefegt. Das ließ sich unmöglich vorhersagen. Und unser kleines Land konnte es unmöglich überleben.« Dad hielt inne, und im Hintergrund hörte man das Feuer knistern. »Und so versank Neu-Atlantis, genau wie sein Namensvetter, wieder im Meer. Wir konnten es uns nicht leisten, alles wieder neu aufzubauen.«

»Ich finde immer noch, da sollte ein Buch draus werden«, meinte Mutter.

»Da wir gerade davon sprechen, was so alles sein *sollte* – wir sollten das jetzt hier zu einem Abschluss bringen. Ich muss bei Tagesanbruch bei Junior's sein.«

»Bei Junior's – was ist das denn?«, fragte der Professor.

»Von da kann man in ganz Miami am besten nach Bimini trampen.«

»Nach Bimini? Die Insel, wo Ernest und Mike Learner Weltrekorde im Hornhechtangeln aufgestellt haben?«

»Na, nun machen Sie aber mal halblang«, erwiderte Willeford lachend. »Les ist doch der Herausgeber der *Bimini Out-Island News*. Les, ich kann dir nicht genug danken. Es hat wirklich Spaß gemacht. Doris, nochmals vielen Dank.«

»Es war uns ein Vergnügen, Charles«, antwortete Mom.

»Sie sind ein feiner Kerl, Herr Doktor Professor.« Ich hörte einen dumpfen Schlag – Dad muss dem Professor einen seiner berühmten »Klapse« auf den Rücken gegeben haben. »Charles, gib auf diesen Mann hier Acht. Der braucht Hilfe. Also, jetzt machen Sie doch um Himmels willen dieses Ding endlich aus.«

Die Kassette verstummte mit einem Schlag, und dann ging es plötzlich mit dem lauten Gebrumm von Bootsmotoren weiter. Über dem Motorengeräusch ertönte die Stimme des Professors. »Sagen Sie, Les, wie ist es denn dazu gekommen, dass Sie in Bimini eine Zeitung herausgeben?«

»Ein Boot!«, rief Bear. »Die sind auf einem Boot, Mom! Das kann man genau hören!«

Allerdings konnte man das. Das Geräusch des über das Mikrofon streichenden Windes war ganz deutlich zu erkennen, und hinter dem ständigen Motorengedröhn konnte man, ganz schwach, das Wasser gegen den Rumpf spritzen und schlagen hören.

Jeffry hielt lachend die Kassette an. »Das ist doch nicht wahr!«, sagte er. »Das ist echt ein äußerst poten … äh, patenter Kerl«, verbesserte er sich mit einem Blick auf Bear. »Der hat sich von deinem Vater nach Bimini mitnehmen lassen! Das ist aber wirklich ein richtiger Hemingegel.«

»Was ist denn ein Hemingegel?«, fragte Bear.

Auch ich musste lächeln. »So nennt dein Vater Leute wie diesen Professor. Die wollen alle ein kleines Stück von deinem Großonkel Ernest haben.«

»Na und?«, sagte sie. »Wieso lesen sie denn dann nicht einfach seine Bücher?«

»Kindermund tut Wahrheit kund«, sagte Jeff.

»Manchen Leuten reicht das nicht. Die brauchen mehr. Die machen aus Ernest so eine Art Religion. Die wollen so sein wie er, tun, was er getan hat …«

»Manchmal sogar, ohne sich die Mühe zu machen, all die langen, schwierigen Bücher überhaupt zu lesen«, sagte Jeff.

»Das versteh ich nicht«, meinte Bear.

Ich tätschelte ihr die Hand. »Ich manchmal auch nicht«, sagte ich.

»Aber ist das nicht in Ordnung, den Onkel Ernest gut zu finden?«

»Natürlich ist es das«, sagte ich. »Es ist nur, dass manche Leute es übertreiben.«

»Wie denn zum Beispiel?«

»Wir haben mal einen Typ in Italien kennen gelernt«, sagte Jeff. »Der hat nicht mal guten Tag gesagt. Ging einfach zu deiner Mutter hin und fing an, irgendwelche Dokumente aus der Tasche zu ziehen, die beweisen sollten, dass er Ernests Sohn war, und mit einem dicken Buch herumzufuchteln, das er geschrieben hatte und das zeigte, wie man, ausgehend von Ernest Hemingway, die Welt neu entwerfen konnte.«

»Der war sicher verrückt«, sagte Bear.

Jeff lachte wieder. »Nee, nee. Das war ein angesehener Collegeprofessor.«

»Genau wie der Typ in Opas Geschichte!«

»Siehst du, jetzt kapierst du's«, sagte ich.

»Ob dieser Typ auch so was macht?«, fragte sie.

Ich lachte. Ich fing an, mich sehr viel besser zu fühlen. »Na, wollen wir mal sehen«, sagte ich und drückte auf Play.

»– die Leute sind prima. Und das Wasser«, sagte Vater. »Es gibt auf der ganzen Welt keine schönere Gegend als Bimini.«

»Ein Teil des Charmes hat doch aber sicherlich damit zu tun, dass Ernest so schön darüber geschrieben …«

»Also, jetzt schlägt's aber dreizehn. Ich fahr schon seit vierzig Jahren nach Bimini. Ich kenn da jeden Mann, jede Frau, jedes Kind. Mann, ich hab da sämtliche Geburtsanzeigen und Nachrufe geschrieben. Himmel, Gesäß und Nähgarn!«

»Tut mir Leid, ich wollte wirklich nicht – na ja – gleich wieder bei Ihnen ins Fettnäpfchen treten.«

»Dazu haben Sie wirklich Talent«, schnaubte Vater. »Bis jetzt hab ich Ihre Füße noch nicht ein einziges Mal zu Gesicht bekommen.«

»Das tut mir wirklich Leid. Ich hab letzte Nacht nicht viel geschlafen. Ich bin heute nicht so ganz klar im Kopf. Aber, äh – manche von den Geschichten, die Sie gestern Abend erzählt haben …«

»Na, was ist damit?«

»Na ja, die sind einfach, äh – wunderbar erzählt, wissen Sie.«

»Spucken Sie's aus, Professor.«

»Na ja, es ist einfach so, dass – Willeford meinte, manche von den Geschichten wären vielleicht nicht absolut wahr.«

»Das hat Charlie gesagt?«

»Äh – ja.«

»Und das glauben Sie ihm?«

»Ich weiß nicht. Ich weiß nicht, was ich glauben soll.«

»Tja, genau das ist Ihr Problem.«

»Ja, aber – ich meine, wissen Sie, ich würde wirklich gern die Wahrheit wissen.«

»Mit der Wahrheit ist es 'ne komische Sache, Junge«, antwortete Dad.

»Holla, Les!«, rief eine neue Stimme über das Motorengedröhn hinweg. »Wollen Sie mit dem Doc auf die Brücke hochkommen?«

»Gerne, Kapitän!«, rief Vater. Dann, im Plauderton: »Passen Sie auf, dass Sie sich nirgends den Kopf stoßen, sonst müssen wir hier gleich graue Substanz aufwischen.« Wieder verstummte die Kassette mit einem Schlag, dann klickte es, und man hörte den Wind über das Mikrofon rauschen.

»– haben die U-Boot-Geschichte nie zu Ende erzählt. Hat Papa das U-Boot denn nun gefunden?«

»Diese U-Boot-Geschichte gefällt mir zu gut«, sagte der Kapitän lachend.

»Hat Ernest – zusammen mit Ihnen natürlich –, haben Sie das U-Boot je gefunden?«, fragte der Professor.

»Nicht ganz«, antwortete Dad. »Das war so.«

Neunzehn

NICHTS AUF DER Welt ist so dunkel wie eine Nacht auf dem Golfstrom, besonders um Bimini herum, ich weiß auch nicht, warum. Es ist wie schwarzer Samt, da kann man die Dunkelheit fast auf der Haut spüren. Ich will natürlich nicht behaupten, dass da überhaupt kein Licht war, denn hinter der *Pilar* erstreckte sich diese irgendwie unheimliche glühende Spur. Um diese Jahreszeit schwimmt winziges Plankton an der Wasseroberfläche. Das phosphoreszierende Licht des Planktons ist ein ganz natürliches Warnsystem. Man sieht alles, was aus dem Wasser auftaucht.

Ich glaube, Papa hat fast erwartet, dass wir im Kielwasser des U-Boots eine ähnlich helle Spur entdecken würden. Aber der Abstand war zu groß. Trotzdem, das U-Boot war beschädigt, und wir machten gute Fahrt, konstant acht Knoten. Rechnet man da noch die fünf Knoten der nach Norden fließenden Strömung dazu, kann man verstehen, warum wir uns sicher waren, dass wir unsere Krauts erwischen könnten.

Nach ein paar Stunden kam Winston plötzlich aus der Vorderkajüte hochgeschossen. »Ich hab's, ich hab's!«, schrie er. »Ein Frachter vor Key West hat gerade gemeldet, dass er ein U-Boot über Wasser gesehen hat. Es ist in Richtung Norden unterwegs.«

»Irgendein Notsignal?«, fragte Papa.

»Nein. Der hat nur den Standort, die Geschwindigkeit und die Richtung durchgegeben.«

»Wenn die nicht auf den Frachter geschossen haben, sind vielleicht die Torpedorohre beschädigt worden, als sie das Riff gerammt haben«, meinte ich.

»Könnte sein«, stimmte Papa mir zu, »oder das Boot ist so angeschlagen, dass sie so schnell wie möglich nach Hause wollen.«

»Wann werden wir's denn eingeholt haben?«, fragte ich.

»Bei unserem jetzigen Tempo müssten wir's ungefähr bei Morgengrauen vor Miami sehen können«, schätzte Winston.

Bis dahin waren es nur noch drei Stunden, weshalb keiner von uns ein Auge zutat. Wir waren alle völlig aufgedreht. Patche und Julius überprüften immer wieder unsere Waffen. Winston hing die ganze Zeit am Funkgerät, Papa und ich ließen unsere Blicke über das Meer schweifen. Als die ersten Sonnenstrahlen den Himmel rosa färbten, lagen wir knapp zwanzig Kilometer vor der Küste von Miami. Das war eine internationale Schifffahrtstraße, darum weiß ich auch nicht, warum ich über unsere Entdeckung überrascht war, aber ich war es halt.

Kapitän Fuentes sah es zuerst. Auf der Steuerbordseite, hundert Meter vor unserem Bug, hatte das Wasser eine andere Färbung. Das satte Blau des Golfstroms glänzte ölig und schillerte in allen Regenbogenfarben. Als wir näher kamen, konnte man unter der Wasseroberfläche ein tieferes Schwarz sehen. Wir befanden uns in einem Trümmerfeld. Zwei Rettungswesten und ein paar Holzstücke trieben auf dem Ölteppich. Seine Ausdehnung ließ Winston vermuten, dass es ein Boot mehr oder weniger von der Größe der *Pilar* gewesen sein musste. Wir fischten ein paar kleine Teile aus dem Wasser – mehr war von dem Boot, das, wie uns schon bald klar wurde, eine ziemlich schöne Yacht gewesen sein musste, nicht übrig geblieben.

Dass nirgends große Trümmer zu sehen waren, bedeutete wahrscheinlich, dass es nicht von einem Torpedo versenkt worden war. Bei einer Explosion zerbirst ein Boot in Tausende kleine Stücke, die alle auf dem Wasser umhertreiben – Holzstücke, Möbelteile, Teakrelings und -täfelungen, selbst Lebensmittel. Dergleichen sahen wir überhaupt nicht. Aller Wahrscheinlichkeit nach war das U-Boot zufällig auf die Yacht gestoßen und hatte sie einfach in der Mitte durchgetrennt.

Das hätte bedeutet, dass da nur zwei große Teile waren, die fast sofort gesunken sein müssen. Die Crew hat wahrscheinlich gar nicht mehr gesehen, was sie da erwischt hatte.

Das Ganze hat uns wahnsinnig wütend gemacht. Ich weiß nicht, warum die auf dem U-Boot meinten, das tun zu müssen. Vielleicht hatten sie Angst, die Yacht würde ihren Standort verraten. Vielleicht waren sie von den Belastungen, die ihre lange Patrouillenfahrt und die Beschädigung ihres Bootes mit sich brachten, fix und fertig. Vielleicht waren sie einfach bloß kranke, sadistische Dreckskerle. Aber ganz gleich, welchen Grund sie gehabt haben, sie hatten es getan, und es war letztendlich ziemlich egal, warum. Besonders für die Leute, die mit der Yacht untergegangen waren.

Das war eine bittere Lektion – die Wirklichkeit hatte uns eingeholt. Die Yacht hätte genauso gut auch die

Pilar sein können. Papa organisierte eine Suchaktion, aber nach drei Stunden hatten wir noch keine einzige Leiche gefunden. »Verdammte Misthaie«, fluchte Winston, »die haben nicht mal genug für 'ne Beerdigung zurückgelassen.«

Die Zeit, die wir mit der Suche verbrachten, warf uns derart zurück, dass Papa nicht mehr glaubte, das U-Boot noch erwischen zu können. Ich persönlich war verdammt froh, dass es nicht zu dem großen Showdown kommen würde. Aber Papa war untröstlich. Das U-Boot war für ihn wie ein verwundeter Löwe – er wollte ihm den Gnadenstoß geben, wollte wie bei einer gefährlichen Bestie einen sauberen Todesschuss anbringen. Aber es hatte nicht sein sollen.

Wie dem auch sei, Papa beschloss, das U-Boot nicht weiter zu verfolgen. Ahab ließ seinen Wal ziehen, und ich glaube, dafür waren wir alle dankbar. Papa schlug vor, auf Bimini zuzuhalten. Und so drehten wir wieder nach Osten ab und hingen ein paar Schleppangeln raus – und der Teufel soll mich holen, wenn wir nicht zwei rekordverdächtige Thunfische fingen.

Zwanzig

Es gab eine kurze Pause, während der lediglich das tiefe Brummen der Dieselmotoren und das Geräusch spritzenden Wassers zu hören war.

»Eine wunderbare Geschichte, Les«, sagte der Professor. »Sie sollten wirklich ein paar von diesen Storys veröffentlichen.«

»Und was würden Sie dann machen, um eine Professur zu bekommen?«, fragte Dad spöttisch.

Langes Schweigen. Ich hörte den Wind und das spritzende Wasser und das ununterbrochene Dröhnen der großen Motoren. Dann meinte Vater: »Sehen Sie mal da draußen. An einem Tag wie heute kann man ins Wasser spucken, und die Wellen gehen bis nach Kuba.«

»Ist das normal?«, fragte der Professor.

»Nur vor richtig großen Stürmen«, meinte der Kapitän.

»Oh … ähh, wie lange brauchen wir denn noch bis nach Bimini?«

»Vielleicht eine halbe Stunde, viel mehr wird's nicht sein«, erwiderte Dad.

»Sagen Sie«, meinte der Professor nach einer Weile, »hat Ihr Bruder Ihnen fürs Schreiben eigentlich jemals irgendwelche Ratschläge erteilt?«

»Er hat mir gesagt, ich soll was anderes machen«, antwortete mein Vater. »Als er dann sah, dass ich das nicht tun würde, hat er mir klar gemacht, dass ich mir einen schweren Weg ausgesucht hatte und dass der mit einem Bruder wie ihm noch verdammt viel schwerer sein würde.«

»Kein Wort von wegen ›Schreib das, was du weißt‹?«

»Also wirklich, Mensch! Papa wusste doch, dass er mir das nicht noch extra erklären musste. Worauf wollen Sie eigentlich hinaus?«

»Auf gar nichts, Les. Es ist nur, dass Ihre Geschichten wahrhaftig von einigen bemerkenswerten Dingen handeln.«

»›Wahrhaftig‹, Professor. Dieses Thema scheint Sie stark zu beschäftigen.«

»Nun ja«, sagte der Professor vorsichtig. »Wissen Sie, das ist bei meinem Beruf ziemlich wichtig.«

»Ach was, das ist mir neu«, meinte mein Vater mit einem kleinen Lachen. »Aber mir ist es übrigens auch wichtig. Sagen Sie, wie wissen Sie denn, wann etwas wahr ist, Herr Doktor?«

»Also, eigentlich versuche ich lediglich, mir, so gut ich kann, ein Urteil zu bilden und, na ja, andere Quellen zu finden, mit denen sich das dann erhärten lässt.«

»Na, die Methode scheint mir aber ein paar riesengroße Mängel aufzuweisen. Was machen Sie denn, wenn irgendwas einmalig ist?«

»So wie Ihre Geschichten?«, fragte der Professor nervös.

»Sie haben mich gefragt, ob mein Bruder mir fürs Schreiben jemals irgendwelche Ratschläge erteilt hat«, fiel mein Vater ihm ins Wort, und dann gab es eine kurze Pause, während der ich in der Ferne eine Möwe kreischen hörte. »Einmal hat Papa zu mir gesagt:

›Zögere nie, die Dinge bei ihrem schmutzigen, nicht druckreifen Namen zu nennen.‹ Und es ist in Ordnung, auch den guten Kerlen eins zu verpassen, nur eben sanfter. Außer der Wahrheit, so, wie du sie kennst, fühlst und in deiner Prosa erschaffst, ist nichts auch nur einen verdammten Pfifferling wert. Er hat immer gesagt: ›In England hat mich nie irgendjemand wegen *Fiesta* verklagt.‹ Obwohl die Figuren darin auf ganz realen Menschen basieren und das auch jeder wusste. Manch einer der Porträtierten ist mit dieser Ähnlichkeit sogar prahlen gegangen. Jubel es ihnen also unter, und zwar jedem. Eine gute Geschichte ist am allerbesten, wenn die Grenze zwischen Wahrheit und Fiktion undeutlich bleibt.«

»Bimini, meine Herren!«, rief der Kapitän.

»Ahhh – verdammt, was für ein herrlicher Anblick.«

»Les, haben Sie eine Idee, wo ich eine Unterkunft finden könnte«, fragte der Professor, und in seinem Ton schwang ein »Bitte verlassen Sie mich nicht« mit.

»Das Compleat Angler ist nett. Die historische Komponente wird Ihnen gefallen. Der Besitzer heißt Ossie Brown. Ein guter Mann.«

»Und wo übernachten Sie?«

»Oh, mir steht das Hausboot von einer guten Freundin zur Verfügung, unten an den Learner-Stegen. Gleich hinter den Haifischkäfigen. Aber passen Sie auf, da sind noch welche drin.«

Ich musste an das rote Hausboot in Bimini denken und hielt die Kassette an. »Miss Isabels«, sagte ich, und meine Tochter und mein Mann blickten beide zu mir hoch. »Dieses Hausboot hat Miss Isabel gehört. Eine nette Frau.«

»Hast du da auch mal übernachtet, Mom?«, wollte Bear wissen.

»Ganz oft«, sagte ich. »Ich glaube, in einem dieser Kartons hab ich ein Bild davon entdeckt. Ich geh mal nachsehen.«

Ich ging zu der Kammer unter der Treppe, zog zwei Kartons hervor und wühlte mich durch eine erstaunliche Ansammlung von Gerümpel, bevor ich den richtigen fand. Ich wischte mir den Staub von den Händen und schleppte den Karton ins Kinderzimmer. »Das meiste davon ist Zeug aus Bimini.«

»Mom, guck mal – da bist du ganz jung«, sagte Bear und fischte ein Bild von mir heraus, wo ich als Teenager den King's Highway entlangging. Das war ein hochtrabender Name für eine Schotterstraße, die durch ganz Nordbimini führte. Auf dem Foto tanzten lauter Einheimische in einem Umzug hinter mir her, mit Trillerpfeifen, Trommeln und zwei Trompeten, die, wie ich noch wusste, sehr viel mehr auf den Rhythmus achteten als auf die Melodie. »Mein Gott, Bimini fehlt mir wirklich. Da hab ich so viele herrliche Erinnerungen dran.« Ich zog ein Schwarzweißfoto von dem Hausboot hervor. »Da ist es. Ich hab gehört, es ist in einem der Hurrikane Ende der achtziger Jahre untergegangen. Mann, wäre es nicht toll, mal zu sehen, wie sich die Insel so verändert hat?«

»Lass uns doch hinfahren«, schlug Jeff vor. »Die Autofahrt nach Miami dauert allenfalls drei Stunden und der Flug nach Bimini dann noch 'ne halbe.«

»Aber sicher«, sagte ich und ließ den Blick über Dads ganze Sachen schweifen, und dann fiel mir wieder ein, dass ich ja noch Moms Zeug sortieren musste. »Ich steck bis über die Ohren in Papierkram. Und um

Moms Nachlass muss ich mich auch noch kümmern. Und Bear hat Schule.«

»Okay, aber sag nicht, ich hätt's dir nicht angeboten«, antwortete Jeff. »Wie wär's denn, wenn wir wenigstens die Kassette zu Ende hören?«

»Abgemacht«, sagte ich.

Ich drückte die Play-Taste. Erst hörten wir jemanden mit dem Mikrofon herumfummeln, und dann ertönte die Stimme des Professors: »– paar Fragen eingefallen, möchten Sie nicht vielleicht …«

»Herrgott noch mal«, hörte ich meinen Vater sagen. »Mann, Sie sind in Bimini. Können Sie nicht mal einen prima Tag auf der schönsten Insel der Welt einfach genießen?« Und ich sah Vater auf der staubigen zweispurigen Straße vor mir, wie er sein farblich abgestimmtes Gepäck trug – zwei braune Papiertüten mit seiner bewährten Polaroid und Hunderten von Exemplaren der *Bimini Out-Island News*. Dad trug immer Kakihosen, ein kubanisches Guayabera-Hemd, dunkelblaue Turnschuhe und einen breitkrempigen bahamischen Strohhut. Das war seine Bimini-Uniform.

»Na ja, stimmt schon«, meinte der Professor. »Es ist wirklich ein herrlicher Tag.«

»Mann, machen Sie doch mal die Augen auf. Sehen Sie sich um. Hey – riechen Sie das? Na los, schnuppern Sie mal.«

»Äh …«, sagte der Professor. Dann hörten wir ein vorsichtiges, leises Schnüffeln, gefolgt von einem »O ja« und einem längeren, lauten Geschnüffel. »Was für ein wunderbarer Duft! Was ist denn das?«

»Da wird ein frischer Schub Bimini-Brote gebacken. So ein süßes Brot gibt's auf der ganzen Welt nicht noch mal.« Aus einem vorbeifahrenden Auto schallte Reggaemusik, und eine Stimme rief: »Hey, mon!« Dann hörte man das Geräusch von einem Motorroller. Seine winzige blecherne Hupe machte »Tüüt, tüüt« und ein freundlicher Bahamer rief: »Hey, mon, wie geht's denn meinem Onkel Les?«

»Prima, Edelmann«, grüßte Dad ihn fröhlich. Ich sah ihn vor mir, wie er seinen Strohhut lüftete und die Augenbrauen spielen ließ. Bimini war eine Insel voller Originale, und Vater war der amtierende König.

»Gibt es eigentlich irgendjemanden auf der Insel, den Sie nicht kennen?«, fragte der Professor.

»Nur die Touristen«, antwortete Vater lachend. Jetzt waren auf der Kassette mehr Straßengeräusche zu hören und Möwen, die sich im Hafen über die von den zurückkehrenden Fischerbooten über Bord geworfenen Köder stritten und deren Gekreische sich mit den Rufen der in den Gärten herumstolzierenden Hähne vermischte. »Ist das nicht prima hier?«

»Herrlich. Les, ich hab mich schon öfter mal gefragt …«

»Fragen Sie sich mal hier lang. Ich hab jetzt was tun.«

»Oh, hey, sehen Sie doch mal, was das für ein großer Fisch ist.« Ich hörte das Geräusch ihrer Füße auf irgendwelchen Planken und wusste genau, wo sie gerade waren. Ich schloss die Augen und sah die blaue Winde unten am Bimini Big Game Club. Ich stellte mir einen riesigen Marlin vor, wie er bewegungslos und erstarrend an dem Stahlhaken hing und wie an seiner Seite ein Stück Papier klebte, auf das mit wasserfester Tinte sein Gewicht geschrieben stand. Wie viele Hundert Marline hatte ich da schon hochgehievt gesehen? Wie viele Fotos hatte Dad von arroganten reichen Männern und wunderschönen toten Fischen gemacht?

Wenn mir an Bimini irgendetwas nicht gefiel, dann die Art und Weise, wie die großspurigen Reichen regelmäßig wunderschöne Fische nur eines Fotos wegen töteten. Niemand hat diese Marline je gegessen. Selbst die Inselbewohner hatten sich an diese Verschwendung gewöhnt. Stundenlang mit einem großen Fisch zu kämpfen, ihn mit einem Knüppel zu erschlagen, ihn zum Wiegen an Land zu bringen und ihn dann den Krabben vorzuwerfen – das war einfach nicht richtig.

»Das ist ein ziemlich großer blauer«, sagte Dad. »Vierhunderfünfzig, vielleicht fünfhundert Pfund. Los, wir gehen mal das Anglergenie suchen, das ihn gefangen hat.«

Man hörte Schritte auf einem Bootssteg. Ich kannte Vaters Routine. An einem typischen Wochenende kletterte er bei zwanzig bis dreißig Sportfischern an Bord, machte Fotos von den Männern und ihren großen Fischen und schrieb einen Bericht für die Zeitung. Vielleicht verkaufte er ein paar Abonnements, stellte den Einheimischen Rechnungen für ihre Annoncen aus und besuchte Freunde. Das Leben in Bimini machte Dad immer Spaß, selbst wenn er arbeitete.

»Les, ich hatte gehofft, dass wir uns noch ein bisschen unterhalten können.«

»Worüber denn, Maestro?« Vater lachte in sich hinein. »Ich hab keine Jagdgeschichten mehr für Sie.«

»Ja, aber – na ja, ich dachte mir, Sie haben sicher noch ein paar sagenhafte Anglergeschichten auf Lager.«

»Unsinn – haben Sie mich denn nicht schon genug ausgesaugt? Passen Sie auf, wo Sie hintreten.«

»Also, ich hatte mir gedacht …«

»Ich hab doch gesagt, Sie sollen aufpassen, Sie – Auuuuhhhh!« Man hörte jemanden auf einem hölzernen Steg stolpern, und dann gab es einen dumpfen Schlag. »Heiliges Kanonenrohr …«

»Mein Gott, ist das ein großer Haken«, flüsterte der Professor. »Sehen Sie doch mal das ganze Blut …!«

»Das, mein Herr – ist ein Fischhaken«, sagte Dad mit zusammengebissenen Zähnen. »Das Blut erklärt sich aus der Tatsache, dass der Fischhaken in meinen Fuß eingedrungen ist.«

»O Gott«, sagte der Professor in besorgtem Ton. Das war das erste Mal, dass ich in seiner Stimme eine echte Gefühlsregung gehört hatte. »Gütiger Himmel.«

»Mann, nun beruhigen Sie sich mal. Ich bin's, dem's wehtut. Sie müssen dieses verdammte Ding bloß rausziehen.«

Plötzlich ertönte ein Lied von Jimmy Buffet, und eine Stimme rief: »Was ist denn los?«

»Wir brauchen einen Arzt«, antwortete der Professor. In seiner Stimme machte sich Panik bemerkbar.

»Hey, ist das mein Fischhaken?«, fragte die neue Stimme, die immer näher herankam, bis es sich anhörte, als stünde der Mann direkt über Vater und dem Professor.

»Ja«, grunzte Dad, »aber mein Fuß.«

»Mann, das sieht aber übel aus.«

»Verflixt und zugenäht – ziehen Sie mir doch bloß diesen verdammten Fischhaken aus dem Fuß.«

»Ich möchte Ihnen aber nicht wehtun«, sagte der Professor mit bebender Stimme.

»Mann, reißen Sie sich zusammen. Es *tut* mir schon weh.«

»Was soll ich denn machen? Der ist ganz glatt durch den Turnschuh durchgedrungen.«

»Ziehen Sie den Haken«, flüsterte Dad, »ganz vorsichtig gerade heraus. Ziehen Sie mir nicht den Schuh aus – der Haken kommt so raus, wie er reingekommen ist.«

»Ja, aber …«

»Tun Sie's!«

Man hörte ein Poltern – da muss, dachte ich mir, der Kassettenrekorder auf den Steg gefallen sein –, und einen Augenblick lang klang alles gedämpft. Dann hörte ich Vater sagen: »Ganz ruhig jetzt. Ziehen Sie ihn einfach ganz raus.« Wir hörten ihn ein paarmal stöhnen, und dann »Auuh, Schhhhhhheeeeeiiiiißßße«.

Bear sprang erschrocken auf. »Mom …!«

Ich bedeutete ihr, sich wieder hinzusetzen. »Pscht!«, machte ich und beugte mich vor, um besser zu hören. Der Professor stöhnte. »Ich hab ihn«, sagte er schließlich. »Ich hab's geschafft.« In seiner Stimme schwang ein wenig Überraschung und Triumph mit.

»Danke«, sagte Vater leise.

»Wollen Sie 'n bisschen Eis haben?«, fragte die neue Stimme.

»Nein, aber einen Verband«, antwortete Vater.

»Mann, das ist 'ne Menge Blut«, fügte die Stimme hinzu.

»Und von allerbester Qualität«, sagte mein Vater. »Den Rest würd ich aber ganz gern behalten, wenn's geht.«

»Besorgen Sie doch bitte Verbandszeug«, drängte der Professor. Man konnte hören, wie immer mehr Leute herbeikamen, wie sich eine kleine Menschenmenge bildete und geflüstert wurde: »Was ist denn passiert?« »Mann, sieht böse aus.« »Hey, da ist ja Blut im Wasser. Bobby, hol mir mal meine Spinnrute.«

Dad sagte leise: »An manchen Tagen ist es nicht leicht, ein Angehöriger der menschlichen Rasse zu sein.«

Es kamen noch mehr Leute den Steg heruntergelaufen, und dann hörte ich durch den Lärm der Menschenmenge hindurch das Geräusch von einem Motorroller und das »Tüüt, Tüüt, Tüüt« seiner Hupe. »Hey, mon, Onkel Les, siehst ja nich grad toll aus.«

»Danke, Ossie. Übernachtet bei dir vielleicht zufällig gerade ein Arzt?«

»Ich find schon einen. Los, Freunde, helft Mr Hemingway. Eins, zwei, drei, und hoch. Okay …«

Selbst wenn Vater den Namen des Mannes nicht erwähnt hätte, hätte ich diese Stimme erkannt. Das war Ossie Brown, ein warmherziger Bahamer, dem das Compleat Angler Hotel gehörte.

Ich war froh, dass Vater zu Ossies Hotel ging. Ich hatte nicht gewusst, dass man ihn dort hingebracht hatte. Aber ich konnte mich noch daran erinnern, dass es dieser Unfall mit dem Fischhaken gewesen war, der Vater dazu veranlasst hatte, die Ärzte in Miami aufzusuchen, die ihm dann sagten, dass er Diabetes hatte.

Plötzlich wurde mir klar, was ich da hörte. Hier ging es nicht mehr um ein paar interessante Geschichten und eine Nervensäge von Professor. Auf dieser Kassette war der Wendepunkt in der Geschichte meiner Familie eingefangen. Ich war tief erschüttert. Mein Vater klang hier so glücklich, so unglaublich lebendig – und hatte keine Ahnung, dass dies der Anfang vom Ende seines Lebens war. Von dem Bootssteg in Bimini würde nun ein kurzer, gerader Weg zu Ärzten, in Krankenhäuser und Operationssäle und schließlich auf den kalten Fliesenboden im Flur unseres Hauses führen.

Was man jetzt hörte, war ein einziges Durcheinander: Musik, ein Haufen Menschen, das Klappern von Eiswürfeln in einem Glas. Die müssen jetzt bei Ossie sein, dachte ich. Und tatsächlich, sofort hörte ich Ossies Stimme. »Hier, Les. Los, trink das. Trink das, mon!«

»Aaahhh. Mensch, das tut gut«, hörte ich meinen Vater sagen.

»Kann ich Ihnen irgendwie helfen?«, fragte der Professor leise.

Eine neue Stimme antwortete. »Sehen Sie mal zu, dass er 'ne Menge redet, das lenkt ihn von meiner Näherei ab.« Ossie hatte einen Arzt gefunden.

»Also, Les – wie wär's denn mit einer Anglergeschichte?«, fragte der Professor.

»Na los, Les«, drängte ihn der Arzt. »Wenn Sie anfangen zu erzählen, dann merken Sie's vielleicht nicht, wenn ich ein paar Fehler mache.«

»Prima Art, mit einem Kranken umzugehen, Doc. Versuchen Sie doch bitte, mir den Fuß nicht am Tisch festzunähen.«

»Versprechen kann ich Ihnen nichts«, antwortete der Arzt und lachte in sich hinein.

»Na gut, Doc – immer her mit den Drinks.«

Man hörte Eiswürfel in einem Glas klappern, und dann platzte der Professor dazwischen: »Hier, Les. Ein frischer Drink.«

»Ahhh, Sie sind ein wahrer Engel.«

»Also, Les, wie wär's denn nun mit einer Anglergeschichte?«

Ich hörte, wie Vater noch einen großen Schluck nahm. Schließlich meinte er: »Na gut, Doc. Teufel noch mal, so, wie das in meinem Fuß pocht, da schlaf ich heute Nacht sowieso nicht viel. Dann kann ich auch ruhig was erzählen.« Er nahm noch einen Schluck. »Okay. Der große Barrakuda – das ist ein Fisch, der wird gute zweieinhalb Meter lang und schafft auf kurzen Strecken an die sechzig Kilometer die Stunde. Ich hab mal gesehen, wie die einen Thunfisch, der so dick war wie Ihr Oberschenkel, angegriffen und mitten durchgehackt haben. Das geht so schnell, da kommt man gar nicht mit den Augen mit.«

»Hört, hört«, sagte jemand im Hintergrund, und dann lachten zwei oder drei Leute.

»Vielen Dank, Edelmänner. Und ich habe den 'kuda zuschlagen sehen – Mensch, tut das weh …!«

»Tut mir Leid. Fast fertig«, meinte der Arzt.

»Ich hab den 'kuda aus der Nähe gesehen, und zwar aus einer viel größeren Nähe, als mir lieb war. Das war im Sommer 1941. Ich war mit Papa und seiner Frau Martha vor der westlichen Spitze von Kuba. Wir waren für einen Tag rausgesegelt, aber ich hatte eins der Seezeichen nicht gesehen und uns richtig auf Grund gesetzt.

Wir warteten gerade auf die Flut, damit wir das Boot wieder flottbekamen. Ich versuchte, die Zeit so gut wie möglich zu nutzen, und stand, da wir in sehr seichtem Wasser lagen, an der Seite vom Boot und kratzte die Seepocken vom Boden ab. Wir hatten das Boot an den Mangroven am Rand der Fahrrinne festgebunden. Während ich arbeitete, saßen Papa und Martha da und lasen.

Ich hatte keinen Grund anzunehmen, dass ich mich in Lebensgefahr befand. Ein Schwarm kleiner Stachelmakrelen kam in die Bucht geschwommen. Dass sie verfolgt wurden, merkte ich zum ersten Mal, als eine Hand voll verzweifelt aus dem Wasser sprang. Ihre Sprünge hörten sich an, als klatschten dicke Regentropfen aufs Wasser. In einer einzigen Bewegung jagte der ganze Schwarm auf unsere Seite der Bucht.

Die Stachelmakrelen flitzten jetzt an der flachen Stelle überall um mich herum und versuchten, dem sie verfolgenden und pfeilschnell auf sie zusteuernden großen Fisch auszuweichen. Ich stand da in dem kristallklaren Wasser und starrte auf die silbernen Pfeile, die zwischen meinen nackten Füßen hindurchschossen, als ich Papa rufen hörte: »Pass auf!« Er hatte gesehen, dass der torpedoförmige Barrakuda direkt Kurs auf meine Beine nahm. Bevor ich irgendetwas erwidern konnte, hatte der ’kuda mir mit seinen blitzenden Zähnen den Spachtel aus der Hand geschlagen.«

»O Gott, Les, halt. Die Kassette ist gleich zu Ende«, fiel ihm der Professor ins Wort. »Bitte warten Sie, auf meinem Zimmer habe ich noch eine leere. Bitte. Ich renne bloß schnell hoch und …«

Man hörte ein scharfes Knacken und die Kassette war zu Ende.

»Einen Moment mal.« Ich sah erst meinen Mann und dann meine Tochter an. »Was war das denn gerade?«

»Es ist Schluss«, sagte Jeff. »Das ist das Ende von der Kassette.«

»Und was ist mit der zweiten Kassette, die er holen gegangen ist?«, fragte Bear.

»Die hab ich nicht«, sagte ich. »Das hier ist alles, was Mutter mir gegeben hat.«

»Ich will aber hören, was weiter passiert ist«, sagte Bear.

»Ich auch. Verdammt. Es gibt noch so viele unbeantwortete Fragen.«

»Schreib sie dir auf«, meinte Jeff.

Ich schnappte mir ein Stück Papier. »Okay.« Ich dachte einen Augenblick nach. »Wer ist der Professor? Wie hat Mom diese Kassette bekommen?«

»Wo ist die zweite Kassette?«, fügte Bear hinzu.

»Sind die Geschichten wenigstens halbwegs wahr?«, warf Jeff ein.

Ich ließ mir alles, was ich gerade gehört hatte, durch den Kopf gehen und kritzelte meine ganzen Fragen schnell hin. Die Kassette hatte mich auf eine emotionale Achterbahnfahrt geschickt: einen Moment war ich hoch oben, im nächsten ganz unten. Es gelang mir nicht, die Bilder von meinem Vater, die ich beim Zuhören vor mir gesehen hatte, abzuschütteln. Und obwohl das mit der Liste mich nur einfach mal ein paar Minuten hatte ablenken sollen, wusste ich, dass ich mir immer wieder Gedanken darüber machen würde, bis ich Gewissheit hatte. »Fragen hab ich jede Menge«, sagte ich und blickte schließlich zu Jeff auf. »Aber wo finden wir bloß die Antworten?«

»In Bimini«, sagte Bear. Wir drehten uns beide zu ihr hin und starrten sie an.

Einundzwanzig

Jeder gute Plan braucht Zeit. Gerne würde ich berichten können, dass meine Familie und ich, gleich nachdem wir Vaters Kassette gehört hatten, alle Antworten fanden, aber in Wahrheit war dem nicht so.

Während der darauf folgenden sechs Wochen regelte ich den Nachlass meiner Mutter. Kein Mensch sagt einem, wie viel Papierkram der Tod mit sich bringt – es ist entschieden mehr, als bei einer Geburt anfällt. Ich musste zu Rechtsanwälten, Buchhaltern und Bankangestellten rennen, und dann musste die gemeinsame Beisetzung von Mutters und Vaters Urnen arrangiert werden.

Während dieser Zeit verbrachte ich allerdings auch wenigstens eine Stunde pro Tag damit, die Kassette des Professors abzutippen. Es schien ewig zu dauern, besonders, als der Barney-Kassettenrekorder kaputtging. Außerdem wurde ich mir der Tatsache bewusst, dass meine Legasthenie beim Tippen ein echtes Handikap war. Aber schließlich war die Niederschrift dann fertig.

Während derselben sechs Wochen übernahm Jeff die schwere und staubige Arbeit, die Kartons sowie Vaters Unterlagen durchzusehen. Als er damit fertig war, die Geschichten zu ordnen und die, die unvollständig waren, auszusortieren, hatten wir zweiundfünfzig komplette Geschichten in Manuskriptform. Manche handelten vom Jagen, vom Krieg oder vom Fischen. Andere beschrieben wilde Gegenden zum Zelten, Erkunden und Schatzsuchen.

Wir stellten fest, dass sich viele Geschichten von der Kassette des Professors mit denen, die Vater geschrieben hatte, deckten. Allerdings gab es eine erhebliche Abweichung: Dad hatte in keines seiner Manuskripte die Figur von Papa eingebaut. Seine Bemerkungen über Ernest als Bruder, als Mann und als Schriftsteller waren ausschließlich für den Professor bestimmt gewesen. Ich wusste sehr gut, dass Vater von Ernest immer nur gesprochen hat, wenn er direkt gefragt wurde – und selbst dann hat er es oft nicht getan. Warum also wollte er gerade diesen Professor einweihen, und warum hatte er sich dazu diese Geschichten ausgesucht?

Was die Jagdausflüge selbst angeht, so haben mich die Unmengen von Details allmählich davon überzeugt, dass mein Vater viele dieser wilden Abenteuer tatsächlich erlebt hat. Aber selbst die, die er nicht wirklich erlebt hat, hatte er so gründlich recherchiert, dass es schwer war, Dichtung und Wahrheit auseinander zu halten. Nachdem wir mit Verwandten und Freunden gesprochen und Vaters Reisepässe durchgesehen haben, sind wir jetzt der Ansicht, dass er in Europa, Afrika, Mittel- und Südamerika, der gesamten Karibik und natürlich den Vereinigten Staaten herumgereist ist. Wir haben keinerlei Beweise dafür gefunden, dass mein Vater je in China gewesen ist, und abgesehen von der Tigerklaue, die ich als Kind gesehen hatte, habe ich keine Anhaltspunkte dafür, dass er jemals in Indien war.

Das war unser wesentliches Beweismaterial. Natürlich reichte es nicht aus. Wir hatten noch genauso viele Fragen wie zuvor. Die meisten Fragen über die Kassette, einschließlich der, wie und warum meine Mutter in ihren Besitz gekommen war, hätten in einem halbstündigen Gespräch mit dem Professor beantwortet werden können. Aber unsere Suche nach diesem Mann ist in den ganzen zwei Jahren, die seit dem Tod meiner Mutter verstrichen sind, erfolglos geblieben. Wir haben dann auch noch Niederschriften von Interviews mit Vater gefunden, die eine Reihe von Hemingway-Spezialisten geführt hatten, unter ihnen mehrere äußerst bekannte Biografen: Carlos Baker, der Autor von *Ernest Hemingway. Die Geschichte eines abenteuerlichen Lebens*, Denis Brian, *The True Gen*, und Bernice Kert, *Die Frauen Hemingways*. Aber in diesen Interviews gab Dad seine Antworten, anders als bei dem Professor auf meiner Kassette, nicht in Form von Geschichten. Vielleicht ärgerte er sich über die Interviewer nicht genug – oder, was wahrscheinlicher ist, die Interviews wurden nach dem Unfall mit dem Fischhaken geführt, als mein Vater das Trinken aufgegeben hatte.

Aber wir konnten uns da nicht absolut sicher sein. Und alle, die uns außer dem Professor hätten weiterhelfen können, waren bereits gestorben: Vater, Charlie Willeford und meine Mutter.

Jeff hat auch versucht, den Professor übers Internet ausfindig zu machen. Er hat nach wissenschaftlichen Arbeiten über Papas eher außergewöhnliche Jagdausflüge gesucht und, als das zu nichts führte, nach allen Zeitschriftenartikeln zu diesem Thema. Er konnte nichts finden, was nicht bereits in den gängigen Quellen erwähnt war. Eher aus einer Laune heraus als mit der Hoffnung auf einen tatsächlichen Erfolg suchte Jeff sogar nach allen Varianten des Namens Leech, dem englischen Wort für »Blutegel«, einschließlich Leach, Leache, Lietsch und Liech. Und obwohl er eine ganze Reihe von Akademikern mit diesen Namen fand, war keiner von ihnen Englischprofessor.

Als wir uns eines Abends beim Essen darüber unterhielten, runzelte T. L. Bear die Stirn und meinte: »Also, egal wer das jetzt war – würde er nicht die zweite Kassette haben? Dann könnten wir es doch beweisen.«

»Das ist aber toll. Irgendwie so wie der gläserne Pantoffel.« Jeff lachte in sich hinein. »Wenn sich jemand meldet und sagt, er sei Professor Leech – dann können wir das überprüfen.«

»Vorausgesetzt natürlich, dass wir sie nicht doch selbst haben«, entgegnete ich. »Als du Dads Geschichten geordnet hast, da hast du doch alle Kartons durchgesehen, oder?«

»Nein. Ich hab mir nur alle Papiere, Manuskriptseiten und Briefe rausgesucht. Es wäre schon möglich, dass da noch irgendwo eine zweite Kassette ist. Da ist 'ne Menge Zeug, das ich mir nicht angesehen hab.«

»Ich weiß, was wir machen«, sang Bear, »und zwar gleich nach dem Essen.«

Wir blieben an diesem Abend noch lange auf und machten am nächsten Morgen sofort weiter. Nach sechs Stunden hatten wir erst sechs Kartons geschafft. Man glaubt kaum, wie schwer es ist, die Fotos und Andenken seines Vaters durchzusehen und sich nicht in Erinnerungen zu verlieren. Da waren Briefe wegen Neu-Atlantis, NA-Briefmarkenbögen, tönerne Maya-Fruchtbarkeitspuppen. Wir fanden Zeitungsausschnitte über Großmutter Graces Kunstausstellungen, jede

Menge Familienfotos, Unterlagen für Vaters Biografie *Mein Bruder Ernest* und unzählige Stapel von Dads *Bimini Out-Island News*.

Die große Entdeckung machte T. L Bear jedoch am Boden des sechsten Kartons. Nicht die zweite Kassette, aber fast genauso gut.

»Was ist denn das hier, Mom?«, fragte sie und hielt einen grünen Samtbeutel hoch. Auf einer Seite stand in abblätternden Goldbuchstaben »Bimini Big Game Club«.

»Hmm – Big Game Club. Das ist ein schönes Hotel. Was ist denn da drin?«

»War das nicht an dem Bootssteg, wo sich dein Vater den Fuß verletzt hat?«, fragte Jeff.

»Ja, stimmt – komm, ich helf dir«, bot ich Bear an, die an den Schnüren des Beutels herumfummelte.

»Das kann ich alleine«, sagte sie, und schließlich bekam sie den Knoten auch auf und kippte den Inhalt auf den Wohnzimmerteppich.

Als Erstes fiel ein verschrumpeltes, eingetrocknetes Ding heraus, bei dessen Anblick ich erst einmal so platt war, dass mir die Luft wegblieb.

Das musste der Affenfinger sein.

Bear schüttelte den Rest des Beutelinhalts auf den Teppich. Wir sahen die stumpfe Hülse einer .22er Patrone vor uns, einen Krokodilszahn, eine Straußenkralle, große Schuppen von irgendeinem Reptil – einer Kobra? – und noch ein paar andere Teile von irgendwelchen Tieren, bei denen ich mir aber nicht ganz sicher war – und eine Tigerklaue.

Jeff nahm die Tigerklaue in die Hand und hielt sie ins Licht. »Mensch! Erkennst du die wieder? Du hast doch gesagt, dass dein Vater ’ne Tigerklaue in seinem Portemonnaie hatte, als du klein warst.«

Ich nahm ihm die Klaue aus der Hand und betrachtete sie. »Dads Tigerklaue.« Nach einer Weile sagte ich: »Das ist sie wirklich.« Ich blickte auf den Rest der seltsamen, mumifizierten Tiertalismane. »Mein Gott.«

»Ich hab dir ja gesagt, es ist wahr!«, meinte Bear und zeigte vorwurfsvoll mit dem Affenfinger auf mich.

Ich stand immer noch unter Schockwirkung. »Das kann doch nicht sein«, sagte ich.

»Und warum nicht?«, fragte Jeff. Nur wenige Augenblicke zuvor war mir diese Vorstellung derart weit hergeholt vorgekommen, aber nach diesem Fund wusste ich nicht mehr, was ich davon halten sollte.

»O Mann, o Gott.« Ich lehnte mich gegen das Sofa zurück und starrte mit ausdrucksloser Miene an die Decke. »Das ist ja verrückt!«

»Was ist denn los, Mom?«, fragte Bear.

»Das hier«, sagte ich und hielt die Tigerklaue hoch.

»Okay, gut. Mach dich halt selbst fertig«, sagte Jeff. »Das sind lediglich ein paar eingetrocknete Körperteile von irgendwelchen Tieren – gib sie doch dem Hund zu fressen.«

Ich nahm den Affenfinger in die Hand und sah, wie die Haare wie von einem alten Kaninchenlauf abfielen. »Das kann doch einfach nicht sein.«

Jeff legte den Arm um meine Schultern. »Als ich meine Nachforschungen trieb, hab ich einen Artikel von William Walton gefunden, einem Korrespondenten der *Time*, der berichtete, Papa habe selbst einmal ein paar Akademikern, die bei ihm zu Besuch waren, das unglaublichste Jägerlatein aufgetischt. Teufel noch mal, das ist wahrscheinlich eine Familientradition. Wer weiß, vielleicht sind das alles bloß Requisiten für die Geschichten.«

Ich fühlte mich noch immer wie betäubt und schüttelte den Kopf. »Nein. Zu abstrus. Ich hab meinen Vater nie, aber auch nie irgendwelche Lügen über sein Leben oder das von seinem Bruder erzählen hören. Warum sollte er das alles denn erfinden, wenn sie's erlebt haben?«

»Du glaubst also jetzt, dass die Geschichten wahr sind?«, fragte Bear.

»Das hab ich nicht gesagt.«

»Na ja, aber – warum ist das eigentlich überhaupt wichtig?«, fragte sie. »Ich mag die Geschichten. Mir ist es egal, ob sie wahr sind oder nicht. Ich wünschte nur, dass es noch mehr davon gäbe. Ich will wissen, was passiert, wenn sie Mr 'kuda fangen gehen.«

Ich lachte. »Da hast du schon Recht. Es ist auch egal. Aber – ich würde trotzdem ganz gern wissen, was wirklich passiert ist. Immerhin ist das unsere Familiengeschichte.«

»Ich hab da mal drüber nachgedacht«, begann Jeff. »Wie wär's, wenn wir am Wochenende nach Bimini fahren? Und sehen, ob wir noch irgendjemanden auftreiben können, der dabei war, als dein Vater sich verletzt hat?«

»Nach so vielen Jahren?«

Er lächelte. »Komm, irgendjemand wird sich bestimmt daran erinnern. Wie oft passiert es schon, dass sich ein Hemingway einen Fischhaken in den Fuß tritt?«

Die Flugzeuge der Chalks Airline fliegen immer noch von Watson Island an der Miami Beach ab. Und abgesehen von dem Preis von 190 Dollar für einen Hin- und Rückflug – ich hatte noch 39 Dollar in Erinnerung – war der Flug mit dem Wasserflugzeug im Großen und Ganzen noch genauso wie früher. Es war dieselbe alte sechzehnsitzige Propellermaschine, und die Motoren war auch noch genauso laut. Als wir an Bord waren, rollten wir die Rampe hinunter in die Biscayne Bay. Denjenigen, die in einem Alptraum schon einmal mit dem Auto in einen See gefahren sind, wäre die Sache wahrscheinlich nicht geheuer gewesen. Wasserflugzeuge schwimmen jedoch, und mit lautem Motorengeheul stiegen wir in die Luft und flogen über dem Government Cut entlang. Die Wagen, die unter uns auf dem MacArthur Causeway entlangfuhren, verwandelten sich wie durch ein Wunder in Matchboxautos. Die Menschenmassen an der South Beach sahen aus wie lauter Ameisen.

Man kann auf jeden Fall sagen, dass in der Zeit, wo ich nicht auf der Insel gewesen war, Miami sich mehr als Bimini verändert hatte. Natürlich mussten beide mit den Folgen von Hurrikan Andrew fertig werden. Aber die Leute in Bimini hatten nicht die Gelegenheit, die Versicherungsgesellschaften zu schröpfen, Milliarden von Dollars einzustreichen und sämtliche Wahrzeichen, mit denen ich aufgewachsen war, abzureißen, neu zu entwerfen und wieder aufzubauen. Im Prinzip sieht ein Großteil der Insel genauso aus wie früher. Das Chalks-Wasserflugzeug legt immer noch am Südende von Nordbimini an. Die Mehrzahl der Inselbewohner geht immer noch zu Fuß den asphaltierten, aber sandigen King's Highway entlang. So mit das einzig Neue auf der Insel waren, soweit ich sehen konnte, Golfwagen – davon gab's allerdings eine Menge.

Wir gingen durch den Zoll und hielten eine der drei Taxen an, die es hier gab. Es war ein ausgeschlachteter Chevy-Van. Für zwanzig Dollar, meinte der Fahrer, könne er uns überall auf der Insel hinfahren. Bis hinunter ans entgegengesetzte Ende, nach Alice Town, was knapp fünf Kilometer weit weg läge, oder bloß um die Ecke. Auf jeden Fall koste es zwanzig Mäuse. Da ich nicht mehr wusste, wie weit das Compleat Angler Hotel vom Flughafen entfernt war, beschlossen wir, zu Fuß zu gehen. Zwei Straßen weiter stellte sich dann heraus, dass das eine gute Entscheidung gewesen war.

Ich hatte Pookie auf dem Arm, während Jeff und Bear unser Gepäck trugen. Bear konnte den Blick einfach nicht vom Hafen abwenden.

»Was ist denn?«, fragte ich.

»Das ist ja so klar. Ich hab gar nicht gewusst, dass Wasser so klar sein kann.«

»Ja«, sagte ich grinsend. »Warte erst mal, bis du den Strand auf der anderen Seite siehst.«

Wir kamen an einem halben Dutzend Geschäfte vorbei. Das waren nicht irgendwelche schicken Boutiquen à la Key West, obwohl manche auch Kleidung führten. Es waren echte Tante-Emma-Läden, in denen es Dinge für den tagtäglichen Bedarf gab: Lebensmittel, Seife, Zahnpasta. In einen ging ich des Schildes im Fenster wegen hinein: »Bimini Breads.« Ein Brot kostete zwei Dollar, aber die habe ich gern bezahlt. Wenn es nur halb so gut war, wie ich es in Erinnerung hatte, dann hätte ich sogar für eine Scheibe so viel ausgegeben.

»Ich trag's dir, Mommy«, sagte Bear und roch gierig an der Tüte.

»Das könnte dir so passen.«

Wir gingen weiter, vorbei an dem alten Zollgebäude. Ich war froh, dass es noch stand, obwohl es immer noch eine Ruine war. Anfang der siebziger Jahre war es eines Nachts abgebrannt. Die Zollbeamten in Bimini waren auf einen havarierten jamaikanischen Frachter gestoßen und hatten eine Rekordmenge von Marihuana konfisziert. Kurz nachdem sie es im Zollgebäude verstaut hatten, war dort ein Feuer ausgebrochen. Vater hatte immer bezweifelt, dass das Beweismaterial tatsächlich auf so praktische Art und Weise verbrannt war. Ihm kam das etwas verdächtig vor, zumal die einzige Feuerwache auf der Insel sich direkt nebenan befand.

Mit am schönsten in Bimini ist es, dass die Kokospalmen gesund sind; sie sind, im Gegensatz zu denen in Florida, nicht von diesem tödlichen Gilb befallen. Die sich im Wind wiegenden Wedel, das leise Klopfen der Blätter, der Geruch des Bimini-Brotes in meiner Hand – das alles gab mir eine solche Ruhe. Ich war von dem Gefühl erfüllt, endlich nach Hause gekommen zu sein, und abgesehen davon, dass ich meine Töchter an meiner Seite hatte, statt die Tochter an der Seite meines Vaters zu sein, war Bimini genauso wie früher. Ich holte tief Luft und genoss den süßen Geruch von Dieselöl vermischt mit dem Gestank von verwesendem Fisch.

»Sieh mal, Bear.« Ich zeigte auf die riesigen Haufen rosafarbener Fechterschnecken, die an den seichten Stellen im Wasser lagen. »Fechterschnecken. Sind die nicht schön?«

»Kann ich eine haben?«, fragte Bear.

»Nicht, wenn die so stinken«, meinte Jeff.

Wir gingen schnell weiter und kamen zu einem einstöckigen weißen Gebäude. »Miss Opal's. Hey, da ist Dad oft mit uns essen gegangen. Das Essen war immer prima – und …«

»Lass mich mal raten«, fiel Jeff mir ins Wort, »immer billig.«

»Stimmt.« Ich lachte und warf einen Blick hinein. Ein paar Einheimische sahen fern, und ein amerikanisches Ehepaar trank Kaffee. Da stand noch immer ein halbes Dutzend Tische mit Plastikdecken und frischem Hibiskus.

»O Mann«, sagte ich. »Da ist ja noch genau wie früher.«

»Gut, dann können wir da ja Mittag essen.«

Gleich hinter Miss Opal's kam das Compleat Angler Hotel. Von allen Hotels auf der Insel hatte mir Ossies immer am besten gefallen. Es gehörte nicht zu irgendeiner Kette und war nicht nach Schema F eingerichtet; dieses Hotel konnte es nur in Bimini geben. Es hatte wirklich Charakter. Aber nicht weil die Wände voller Fotos von Ernest und eingerahmter Seiten aus *Inseln im Strom* hingen. Der Charakter des Hotels hatte mit der Gemütlichkeit zu tun, die man schon beim Betreten der Lobby spürte, und mit der Einrichtung. Die echte dunkle Holztäfelung, die sorgfältig ausgeführten Details des Kolonialstils – es war ein herrliches Stück Geschichte, und ich hatte mich hier immer wohl gefühlt. Wir betraten das Grundstück durch ein in der Form eines Bootsrahmens gebautes Tor, gingen durch einen von einem Steinzaun begrenzten Vorgarten voller roter und rosa Hibiskussträucher und stiegen dann die Treppe zu der alten hölzernen Terrasse hinauf. »Das letzte Mal saß ich hier – mit Dad und Dr. Engle. Wir haben frische Fechterschnecken mit einem Schuss Limonensaft gegessen. Schmeckt wie Hummerkaugummi.«

»Hört sich ja toll an, Mom«, sagte Bear und verdrehte die Augen. »Muss ich unbedingt probieren.«

Wir betraten die dunkle Lobby. Wegen der Holzpaneele war es dort immer düster. Ich wartete einen Augenblick, bis sich meine Augen an die Dunkelheit gewöhnt hatten. Bear hatte mit dem Lichtwechsel keine Probleme und sah sofort das Wurfringspiel, das dort an der Wand hing.

»Hallo«, sagte ich zu dem Bahamer an der Rezeption. Für Ossie war er zu jung, aber ich dachte, es könnte vielleicht ein Verwandter von ihm sein. »Ich hab hier ein Zimmer reservieren lassen. Mein Name ist Hilary Hemingway.«

»Lassen Sie mich mal sehen«, sagte er und fuhr mit seinem Bleistift die Gästeliste entlang. »Ahh, hier sind Sie ja schon. Zwei Erwachsene, ein Kind und ein Baby, Nichtraucher.«

»Genau, das sind wir.« Mein Nachname sagte ihm offensichtlich nichts, und er brachte ihn auch nicht mit den ganzen Bildern von Papa, mit denen die Wände voll hingen, in Verbindung. Vielleicht hatten sie hier dauernd irgendwelche Hemingways wohnen – Hemingways noch und nöcher. Ich habe ihn nicht gefragt. In gewisser Hinsicht war ich erleichtert. Wir nahmen den Zimmerschlüssel entgegen und gingen nach oben.

Es war ein schönes, sauberes, holzgetäfeltes Zimmer mit einem französischen Bett, einem Kinderbett und, in einer Ecke, einem kleinen Zustellbett für Bear. Ich hatte eigentlich keine richtige Lust, groß auszupacken, sondern wollte meiner Tochter und meinem Mann die Insel zeigen, und so zogen wir uns bloß schnell um und gingen wieder nach draußen. Den Samtbeutel nahm ich allerdings mit, denn ich war fest entschlossen, Antworten auf meine Fragen zu finden.

Ungefähr einen Block weiter nördlich fanden wir den Bimini Big Game Club. Wir gingen hinein, und ich begab mich zur Rezeption und zog den alten grünen Beutel aus meiner Handtasche.

»Meine Frage wird Ihnen vielleicht etwas merkwürdig vorkommen, aber ich hoffe trotzdem, dass Sie mir helfen können.«

»Yes, Ma'am. Das hoffe ich auch«, sagte der Empfangschef.

»Ich hab unter den Sachen meines Vaters diesen Beutel hier gefunden. Könnten Sie mir vielleicht sagen, wofür der benutzt wird oder – ich weiß auch nicht – was da eventuell drin gewesen sein könnte?«

»Geschickt gemacht«, flüsterte Jeff mir ins Ohr. »Frag ihn, ob sie Affenfinger als Tagesgericht haben.«

Der Bahamer lächelte. »Die haben wir früher unseren Gästen für ihren Schmuck oder ihre Andenken gegeben, und dann haben wir sie im Büro in den Safe gelegt. Das machen wir aber heute nicht mehr.« Der Mann gab mir den Beutel zurück. »Darf es sonst noch etwas sein, Ma'am?«

»Nein.« Enttäuscht schüttelte ich den Kopf. »Äh, vielen Dank.« Er lächelte, und wir gingen durch die Lobby zurück zum Swimmingpool und der Terrasse neben dem Hotel. Hinter einer Stützmauer sah ich ein leeres Grundstück. »Da war früher das Learner Labor. Die Haifischkäfige und die Bootsstege sind verschwunden – manches ändert sich anscheinend doch.«

»Schatz, das war doch bloß der Beutel«, sagte Jeff. »Was ist denn mit dem Typ, der deinem Vater geholfen hat? Der, dem das Hotel gehörte?«

»Ossie Brown.« Ich musste an seine wohlklingende Stimme und sein warmherziges Wesen denken und lächelte.

»Genau der«, antwortete Jeff. »Komm, wir gehen Ossie suchen.«

»Und was ist mit Mittagessen?«, fragte Bear. Pookie fing an sich auf meinem Arm hin und her zu winden, und ich merkte, dass es Zeit war, ihre Windeln zu wechseln. »Okay«, sagte ich. »Gehen wir zum Hotel zurück.« Kinder zu haben ist, als wenn man ununterbrochen auf Safari ist. Gerade, wenn man sich ganz sicher ist, alles eingepackt zu haben, merkt man, dass man noch einmal zum Hauptlager zurück muss, um Vorräte und Munition zu holen.

In unserem Zimmer im Compleat Angler kümmerten Jeff und ich uns um die Kinder – es gab eine Runde frische Windeln und Saft –, und dann ging ich zur Rezeption hinunter, wo derselbe junge Mann arbeitete, bei dem wir uns auch angemeldet hatten. »Entschuldigen Sie«, sagte ich und wartete, bis er aufblickte. »Ich suche Mr Ossie Brown.«

»Ossie?«

»Ja, dem hat früher das Hotel hier gehört. Mein Vater kannte ihn ziemlich gut.«

»Tut mir Leid.«

»Was tut Ihnen Leid?«

»Vor rund zwei Jahren hat Mr Ossie ’n Unfall gehabt. Ein *mon*, den er gar nich kannte, ging mit ’ner großen Rohrzange auf ihn los. Er hat dem armen Ossie eins übern Kopf geknallt.«

»Mein Gott, geht's ihm denn jetzt wieder gut?«

»Gut? Nein, was denken Sie denn? Ossie ist tot.«

»O Gott. Das tut mir aber Leid.« Ich drehte mich um und ließ ihn stehen. Ich wusste nicht, was ich sagen sollte. Ich fand Jeff und Pookie im hintersten Raum, wo sie Bear dabei zusahen, wie sie einen an eine lange Schnur gebundenen Messingring über einen Nagel in der Wand warf.

»Gehen wir dann also mit Ossie reden?«, fragte Jeff und gab mir Pookie, weil er mit dem Ringwerfen an der Reihe war.

»Da bräuchten wir jemand mit übersinnlichen Kräften.« Ich sah, wie der Ring den Nagel berührte und dann herunterfiel.

»Dicht vorbei ist auch daneben«, sagte Bear.

»Genau.« Es dauerte einen Augenblick, bis mir klar wurde, dass sie das Wurfringspiel gemeint hatte. »Ich hab keine Ahnung, wie wir in Bimini je irgendwelche Antworten finden sollen, wenn's hier überhaupt welche gibt.«

Jeff musterte mich scharf; wahrscheinlich sah er mir meine Enttäuschung an. »Komm, jetzt gehen wir erst mal ein bisschen spazieren«, sagte er.

Wir gingen zu Miss Opal's und aßen Fechterschnecken in der Schale. Das heißt, Jeff und ich aßen welche; Bear war völlig zufrieden mit einem Bimini-Brot mit Erdnussbutter und Marmelade. Pookie bekam ein Glas Gerber-Haferschleim. Vielleicht regulierte das Essen lediglich meinen Blutzuckerspiegel, aber dort mit meinen Lieben zu sitzen und gutes, einfaches Essen zu essen munterte mich wieder auf. Was sollte es, ich war endlich zusammen mit meiner Familie nach Bimini zurückgekehrt, und es war immer noch so, wie ich es in Erinnerung hatte. Ich streckte den Arm über den Tisch nach Jeff aus. Er nahm meine Hand und ließ die Augenbrauen spielen.

»Lass uns unsere Suche mal eine Weile auf Eis legen«, meinte er. »Es gibt hier auch so genug zu tun.«

Ich lächelte. »Da hast du allerdings Recht. Und ich weiß auch schon genau, wo wir anfangen«, sagte ich. Während er die Rechnung bezahlte, machte ich die Kinder sauber, und dann schlenderten wir zum Weaches-Steg hinunter und ließen für den nächsten Morgen ein Boot reservieren.

Den Rest des Tages verbrachten wir damit, durch die Touristenläden auf der Insel zu bummeln. Ich sah einen Strohhut und probierte ihn auf. »Was meinst du?«

»Dein Vater wäre stolz auf dich«, sagte Jeff.

»Komm, wir kaufen uns jeder einen.« Bear probierte einen wunderschönen grünen geflochtenen Hut auf, bei dem an der Seite zum Schmuck noch ein kleiner Vogel herunterbaumelte. Sie fand genau den gleichen noch einmal und setzte ihn Pookie auf den Kopf. Pookie lachte und versuchte, das hüpfende Vögelchen zu fassen zu bekommen, aber es war zu schnell für sie.

Langsam schlenderten wir durch den Ort und fanden schließlich die Treppen, die an der Nordseite zum Strand hinunterführten. Der Sand war weiß wie Zucker. Das Wasser war kühler, als ich es in Erinnerung hatte, aber ich war ja auch meistens im Sommer in Bimini gewesen, nie im Februar.

Jeff packte für uns beide je ein Bier aus, für Bear eine Orangenlimonade und für Pookie eine Flasche Saft. Zum Abendessen gab es Würstchen und Brot. Wir schwammen und spielten bis zum Sonnenuntergang und sahen dann zu, wie sich die fantastischen Farben über den ganzen Himmel ausbreiteten. Rosa- und orangefarbene Diamanten tanzten auf der Meeresoberfläche. Es war zu herrlich und zu voll von schönen Erinnerungen, als dass ich hätte deprimiert bleiben können. Ich trank mein Bier und lächelte.

»Besser?«, fragte Jeff.

»Ich bin froh, dass wir hierher gekommen sind«, sagte ich. »Ein Gutes hat die Kassette jedenfalls bewirkt: Sie hat mir wenigstens Bimini zurückgegeben.«

»Mhm«, sagte Jeff. »Hier ist es wirklich ideal.«

»Hey, hey, hey«, sagte Bear und schlug sich gegen das Bein. »Ich werd hier von irgendwas gestochen.«

»Ach, die Gnitzen. Kommt, wir hauen ab.« Einen Augenblick später begann Pookie wegen ihrer Stiche zu weinen. Ich nahm sie auf den Arm und wickelte sie in ein Handtuch. »Ist ja gut, Pookie. Selbst im Paradies gibt's 'n paar Insekten.«

»Der Letzte ist 'ne alte stinkende Fechterschnecke«, lachte Jeff, der seine Schuhe bereits anhatte und schnell die meisten unserer Sachen zusammensuchte. Bear und ich folgten ihm, so schnell wir konnten. Als wir den Hügel zur Hälfte hinunter waren, hörten wir dröhnende Musik aus dem Compleat Angler kommen.

»Ist das in unserm Hotel?«, fragte Bear.

»O Gott – die allabendliche Reggaeband.«

»Das wusstest du?« Jeff sah nicht allzu glücklich aus.

»Äh – das hatt ich wohl vergessen.«

Als wir durch das bootsförmige Tor traten, schallten uns die Reggaerhythmen mit einer fast ohrenbetäubenden Lautstärke entgegen. Das Gebüsch bebte von dem dröhnenden Bass, und im Vorgarten wimmelte es nur so von tanzenden Paaren, so dass wir kaum hindurchkamen.

»Wie hast du das denn vergessen können?«, brüllte Bear.

»Selektive Erinnerung!«, schrie ich zurück. »Vielleicht ist es bei uns im Zimmer nicht ganz so schlimm.«

War es aber. Es gelang uns zwar, den Lärm des Gesangs etwas abzudämpfen, indem wir die Tür schlossen und über den Türrahmen und das Fenster feuchte Handtücher hängten, aber das ganze Gebäude schien sich mit den Reggaerhythmen mitzubewegen. Bear schlief schließlich, das Kopfkissen über beide Ohren gezogen, ein. Pookie weinte noch eine halbe Stunde und sank dann in tiefen Schlaf. Jeff und ich lagen bis zwei Uhr wach, bis die Band endlich einpackte, und dann schlief auch er ein.

Ich konnte nicht schlafen.

Körperlich war ich zwar erschöpft, aber mein Gehirn lief auf Hochtouren. Vielleicht lag es nur daran, dass es schon so spät war, aber all meine unbeantworteten Fragen waren wieder hochgekommen.

Warum hatte Mutter mir diese Kassette gegeben? Was hatte sie damit bezweckt? Sie hatte Vater geliebt, sie hatte mich geliebt. Daran gab es für mich überhaupt keinen Zweifel. Warum hatte sie mir also diese Kassette gegeben? Sollte sie die Lücke füllen helfen, die sein Selbstmord hinterlassen hatte? Oder war das alles viel zu tiefsinnig? Vielleicht hatte sie damit nie irgendeine bestimmte Absicht verfolgt, sondern mir das Band einfach nur vererbt, weil sie es nicht über sich gebracht hatte, es einfach wegzuwerfen.

Aber was war mit den Geschichten? Sie wusste, dass ich diejenige in der Familie war, die mit dem Schreiben weitermachte. Und sie wusste, wie fürchterlich Dad mir fehlte. Aber die Geschichten –

So oder so, die Geschichten gehörten jetzt mir.

Und die Fragen, die sie aufwarfen, auch.

Der Sonnenaufgang wurde von Möwen- und Hahnenschreien begleitet. Als die Menschen begannen, ihrem Tagewerk nachzugehen, war die Luft erfüllt vom Knattern der Motorroller und dem leisen Brummen der Bootsmotoren im Hafen. Zum Frühstück gingen wir wieder zu Miss Opal's, und dann packten wir in unserem Zimmer ein paar Sachen für die Bootsfahrt. Aus einem unerklärlichen Impuls heraus steckte ich auch Dads Kassette und den Samtbeutel mit den Tiertalismanen mit ein. Um acht Uhr standen wir unten am Weaches-Steg. Es lagen dort mehrere Skiffs, und ganz hinten war ein altes Sportfischerboot vertäut, das, wie sich herausstellte, unsers war. Es war eine dreißig Jahre alte, rund acht Meter lange Bertram – immer noch ein schönes Boot, obwohl man ihm sein Alter schon ein bisschen ansah. Wir hatten es für einen halben Tag ohne Besatzung oder Zubehör gemietet. Da wir nicht vorhatten zu fischen, brauchten wir auch keinen Skipper, keinen Maat und keine Angelausrüstung.

Wir hatten unser Mittagessen mitgebracht und wollten zu den Three Sisters fahren, drei riesigen, in nur sechs Meter tiefem Wasser gelegenen Korallensäulen vor Nordbimini. Ich wusste, dass man dort gut schnorcheln konnte. Das ist eine der wenigen Gegenden in der Welt, wo es noch immer von Fischen nur so wimmelt. Und so füllten wir die Tanks auf, holten uns ein paar Beutel Eiswürfel und fuhren los.

Jeff steuerte das Boot von der Fly-Bridge aus, während die Mädchen und ich im Heck saßen und aufs Wasser hinausblickten. »Das ist, als wenn wir in einem Aquarium sind«, sagte Bear. »So klar ist das Wasser.«

»Kuu-ah«, stimmte Pookie ihr zu. Das war immer noch ihr Lieblingswort.

»Das schönste Wasser auf der Welt«, stimmte ich ihr zu. »Ich kann dir gar nicht sagen, wie oft ich da reingesprungen bin, weil ich dachte, das wär nicht sehr tief, und dann hab ich gemerkt, dass es mir bis weit über den Kopf reichte.«

»Gleich sind wir bei den Three Sisters«, rief Jeff uns von der Brücke herunter zu.

»Los, Bear, such dir schon mal dein Schwimmzeug zusammen.«

Jeff ließ das Boot im Leerlauf so nahe an das Riff herantreiben, wie er sich traute. Ich warf den Anker aus, und Jeff kam die Leiter herunter und zog kräftig an der Leine, um sicherzugehen, dass er auch hielt. Dann saßen wir einen Augenblick nur da und genossen die Stille und das leise Plätschern des Wassers gegen den Bootsrumpf.

Wenn man Kinder hat, dauert die Stille jedoch nie lange an. Bear kam von unten hochgerast; auf ihrem Kopf thronte eine Tauchermaske. »Worauf warten wir denn noch?«, fragte sie.

»Auf dich«, antwortete Jeff. »Los!«

Im nächsten Augenblick waren er und Bear ins Wasser gesprungen. Ich zog Pookie ihren Badeanzug mit dem eingenähten Rettungsring über. Dann schwamm ich neben ihr her und musste lachen, als ich das Gesicht sah, das sie zog, wenn sie die Zunge herausstreckte, um sich das Salz von den Lippen zu lecken.

Meine Mädchen, hier in Bimini, dachte ich mit einem Gefühl von stiller Zufriedenheit.

»Mom!«, rief Bear durch ihren Schnorchel. Sie war in der Nähe des Riffs aufgetaucht. »Du musst dir unbedingt mal die Fische hier ansehen. Die sind blau und gelb.«

»Sicher, das sind Drückerfische. Die beißen nicht.«

Ich schwamm, Pookie im Schlepptau, dichter zu ihr hin und sah Jeff dabei zu, wie er eine Languste aus ihrem Versteck herauszog. Bear stieß sich langsam vorwärts, um einem lebenden Schleier aus blaugelben Fischen zu folgen, der um die Korallensäulen herumschwamm. Dann gab sie plötzlich ein paar glucksende Töne von sich und kam mit voller Geschwindigkeit zu mir zurückgeschwommen. Ich sah einen riesigen schwarzen Teufelsrochen um die Ecke kommen, wie ein großer langsamer Vogel. Seine glänzenden Flügel wirbelten mit jedem Schlag Sand vom Meeresboden auf. »Das ist ein Manta«, sagte ich zu Bear. »Der ist in Ordnung. Der tut dir nichts.« Sie drehte sich um und betrachtete ihn, und ich konnte beobachten, wie ihre Angst von Staunen abgelöst wurde. »Wahnsinn«, sagte sie, als der Teufelsrochen schließlich langsam in der Ferne verschwand.

Nachdem ich eine Stunde herumgeschwommen war, fingen die Taucherflossen an, mir die Füße wund zu scheuern, und die Maske fühlte sich an, als sei sie an meinem Gesicht festgeklebt. Und so stiegen Pookie und ich aus dem Wasser und ließen uns trocknen. Ich war gerade dabei, sie zu füttern, als Jeff und Bear ihre Flossen aufs Deck warfen und an der Badeplattform hochkletterten.

Ich blickte zu den beiden hinüber. Sie saßen tropfnass auf dem Spiegelheck und grinsten sich gegenseitig an, grinsten zu mir herüber, grinsten in die helle Sonne hinein und zu dem wunderschönen Wasser hin.

»Ich bin richtig froh, dass wir nach Bimini gefahren sind«, sagte ich.

»Ich auch«, meinte Bear.

Jeff kam herüber und gab mir einen Kuss. »Das war ein toller Tag«, sagte er. Und das stimmte auch. Selbst Pookie schien dieser Meinung zu sein.

Unsere Zeit war fast um, aber wir wollten sie noch etwas strecken. Und so fuhr Jeff den weiten Weg zurück, durch das tiefe Wasser, das die Insel etwas weiter draußen umgab. Während wir langsam durch die sich verändernden Farben hinausfuhren, stieg ich zur Fly-Bridge hoch. Bear saß bei Jeff auf dem Schoß und half ihm beim Steuern.

»Das war wirklich eine schöne Zeit hier«, sagte Jeff. »Selbst wenn wir keine weltbewegenden Antworten gefunden haben.«

»Wer sagt denn das?« Da Pookie herumquengelte, nahm ich sie auf den anderen Arm. Ich griff in meine Umhängetasche und suchte ihre Saftflasche. Sie lag auf dem Samtbeutel mit den verblichenen Goldbuchstaben. Ich gab Pookie die Flasche, und dann holte ich den Beutel heraus und die alte Kassette, die uns hierher gebracht hatte. »Ich glaube, so ein Tag wie heute, hier in Bimini, zusammen mit meiner Familie – ich glaube, das ist vielleicht die wahre Antwort.« Ich blickte von der Brücke auf die langsam vom Meer heranrollenden Wogen hinaus. Wir hatten zwar weder Ossie ausfindig machen noch irgendetwas über die Geschichte mit dem Fischhaken oder den Professor erfahren können, aber ich merkte, dass mich das nicht mehr bedrückte. »Ich finde, wir sollten Dads Geschichten als das sehen, was sie sind – Geschichten. Nicht mehr und nicht weniger.«

»Genau so mag ich sie auch«, sagte Bear.

Jeff beugte sich herüber und gab mir einen Kuss mitten auf den Kopf. »Wenn du glücklich bist, dann bin ich auch glücklich.«

Ich blickte auf die Kassette und den Beutel. »Dieses ganze Zeug hier, das brauchen wir nicht«, sagte ich. »Die Kassette hat mich daran erinnern sollen, wie sehr mein Vater das Leben und das Abenteuer liebte. Das hat sie auch getan. Wenn wir der Kassette oder diesen Trophäen einen größeren Wert beimessen, dann machen wir den gleichen Fehler wie dieser Professor.«

Ich blickte auf das tiefe saubere Wasser hinaus und spürte, dass das, was ich gerade gesagt hatte, richtig war. Sich an der Kassette festzuklammern, überall herumzurennen, um herauszubekommen, ob das nun alles den Tatsachen entsprach oder nicht – das hieß bloß, den wahren Wert der Kassette zu mindern und den Grund zu verkennen, weshalb, wie ich mir jetzt sicher war, meine Mutter sie mir vererbt hatte.

Und so hielt ich Pookie fest gegen meine Hüfte gedrückt, holte mit dem Arm aus und schleuderte den Beutel und die Kassette weit über das Heck hinaus ins tiefe blaue Wasser Biminis.

»Hey!«, rief Jeff, und Bear sprang auf die Füße und starrte mich voller Entsetzen an, aber es war zu spät. Ich war eine ziemlich gute Softballspielerin, und das war ein guter Wurf gewesen. Die Kassette und der Samtbeutel mit den Talismanen landeten mit einem Platsch rund dreißig Meter hinter uns. Sie wirbelten in den Schaumkronen unseres Kielwassers umher, und dann versanken sie.

»Warum hast du denn das gemacht?«, fragte Bear. Eher verblüfft als wütend, als wäre das das Letzte gewesen, was sie von mir erwartet hätte. Ich legte einen Arm um meine älteste Tochter. »Weißt du noch, wie dein Großvater gesagt hat: ›Mit der Wahrheit ist es 'ne komische Sache, Junge‹? Tja, ich glaube, gerade hab ich's begriffen.«

»Aber diese Sachen waren doch unsere einzigen Beweise«, protestierte Bear.

Ich schüttelte bloß den Kopf. »Nein. Wie Kreskin meinte: Wenn du glaubst, dann ist kein Beweis nötig, und wenn du nicht glaubst, dann ist kein Beweis möglich. Und das ist die wirkliche Wahrheit. Dads Geschichten sind das einzig Wichtige. Nicht, dass wir den Professor finden oder die zweite Kassette oder irgendwas anderes. Die Geschichten sind dazu da, dass du, dass ich, dass alle meinen Vater als den Menschen kennen lernen, der er wirklich war, ein Mann, der den Mut hatte, das Leben zu lieben. Darum hat Mom mir die Kassette gegeben.«

Jeff blickte mich lange an. Dann schüttelte er den Kopf, bückte sich, öffnete unsere Strandtasche und zog eine Flasche Wein hervor. »Da das unser letzter Tag hier im Paradies ist, dachte ich mir, ich würd dich überraschen. Du hast mich«, sagte er und machte eine Kopfbewegung zu der Stelle hin, wo die Kassette und der Samtbeutel im Wasser versunken waren, »natürlich geschlagen.«

Er entkorkte die Flasche und hielt sie hoch. »Ist das nicht ein prima Tag?«, sagte er, eine ziemlich gute Nachahmung des Tonfalls, in dem mein Vater das immer auf der Kassette gesagt hatte. Dann reichte er mir die Flasche. »Na los. Sag einen kleinen Trinkspruch.«

Ich hielt die Flasche in der Hand. Sie war noch immer ein bisschen kühl, und an ihrer Seite lief ein Tropfen Kondenswasser auf meinen Fuß herunter. Das ist wirklich ein prima Tag gewesen, dachte ich. Ich hielt die Flasche zum Gruß hoch. »Auf euer Wohl, Mom, Dad, Onkel Ernest«, sagte ich und blickte auf das helle blaue Meer hinaus. »Vielen Dank für alles.« Ich spürte, wie mir die Tränen kamen, und weil ich mich so glücklich fühlte wie schon seit Monaten nicht mehr, fragte ich mich, warum ich eigentlich weinte. Und dann wusste ich es.

Hier, auf dem wunderschönen blauen Wasser vor Bimini, weinte ich um sie alle, um Dad und um meine Mutter, denn endlich, nachdem ich es fast fünfzehn Jahre unterdrückt hatte, endlich konnte ich es. Zum ersten Mal konnte ich wirklich um meinen Vater trauern. Und als mir das klar wurde, da dachte ich auch an meine Mutter und daran, warum sie mir diese lädierte Kassette hinterlassen hatte. Sie hatte sie mir hinterlassen, weil sie wusste, dass ich sie mir anhören würde, und weil sie wusste, was ich dabei empfinden würde. Das war Mutters letztes großes Geschenk für mich.

Sie hatte mir meinen Vater zurückgegeben.

Leicester Hemingway in Bimini, 1979

Danksagung

Dieses Buch hätte nicht ohne die freundliche Unterstützung, den Enthusiasmus und ein paar kräftige Rippenstöße von Freunden und Familienangehörigen geschrieben werden können. Unser Dank gilt Carlene Brennen, Annie Hemingway-Feuer, Bill Feuer, Dr. August und Tommie Freundlich, Ed Gorman, Jake und Mary Hemingway, Peter und Natalie Hemingway, Patrick und Carol Hemingway, Dr. Jim Nagle, George Dixon, Jack Smith, Julius Szalay, Trish und Rob MacGregor, James Lee Burke und Randy Wayne White sowie Jimmy Vines von der Vines Literary Agency für seinen schöpferischen Weitblick und schließlich Erin Bush und unserer fabelhaften Lektorin, Lady Celina Spiegel, bei Riverhead Books.

Und natürlich Doris und Les Hemingway.